AF612544

À Marie-France,

Crimes et Châtiments

de Canadiennes

Tome I

Jean-Claude Castex

P.-O. Éditions
Vancouver

Castex, Jean-Claude, 1941-

Titre : Crimes et châtiments de Canadiennes, **Tome I**

ISBN : 978-2-921668-43-9

Couverture : La potence permanente de la prison de Bordeaux à Montréal. Autorisation de l'*Établissement de Détention de Montréal.*

Distributeurs : www.lulu.com
www.amazon.fr
www.fnac.com
www.chapitre.com
www.librairieduquebec.fr
www.lalibrairie.com

©Éditions P.O., Vancouver

Dépôt Légal 3e trimestre 2016.
Bibliothèque Nationale, Ottawa.
Bibliothèque Nationale du Québec, Montréal.

Avant-propos

Il m'est venu à l'esprit une espèce de démangeaison, un désir d'appeler ce premier chapitre "Acclimatation" car nous entrons ici de plain-pied dans l'univers de l'horreur, de l'épouvante, de la peine capitale. Et il est souhaitable de s'attendre au pire. C'est un domaine que beaucoup —et parmi eux les "bien-pensants[1]"—, feignent de profaner de leur mépris mais qui les fascine comme subjuguent la mort et les espaces inconnus et angoissants de l'Au-delà. Je me suis attaché à faire *revivre* toutes ces femmes victimes de la potence pour leur donner la chance unique de proclamer encore leur innocence, si tel était le cas. Car certaines sont en droit de nous convaincre qu'elles ont malheureusement été victimes d'erreurs judiciaires et que la vie leur a été indûment confisquée, pour la simple satisfaction d'un Procureur vaniteux ou par l'incurie d'un avocat inexpérimenté ou inepte. Dans ces cas, l'injustice irréparable intensifie encore la monstruosité de l'acte, de même que notre exaspération. Tirer ces femmes de l'oubli était le plus bel hommage que je pouvais leur rendre car toutes ont souffert, et, à ce titre, méritent notre bienveillante mansuétude. Si les deux tomes de cet ouvrage ne répondent pas à l'attente du lecteur, la faute en incombe à l'auteur et non à son sujet.

♦

J'ai souhaité faire revivre, le temps d'une éphémère lecture, 17 femmes, dont quatorze dans les deux tomes de ce recueil, avec leurs forces et leurs faiblesses, leur crime et leur châtiment, leur culpabilité ou leur innocence. Ce sont les seules Canadiennes qui sont mortes par décision de Justice sur le territoire qui est aujourd'hui notre grand pays[2]. Les

---

1 •Les *bien-pensants* embourgeoisés, pour utiliser une expression vieillie du poète Georges Brassens.

2 •Eleanor Power (1754), Catherine Snow (1834), Mary Aylward (1862), Phoebe Campbell (1872), Elizabeth Workman

mobiles de ces crimes sont particulièrement remarquables, comparés à ceux des 699 hommes qui subirent la peine capitale[1] : l'amour extraconjugal fut la motivation principale pour 15 d'entre elles[2], le vol et la discrimination religieuse dans 2 cas[3], et la vengeance dans un[4]. Pour les hommes, l'ordre des mobiles fut pratiquement inversé, et l'ivresse des soûleries plus fréquente que celle de la passion amoureuse.

Le mode opératoire de ces crimes fut assez varié : par armes à feu (4 cas), par le poison (3 cas), à la hache ou à la faucille (4 cas), à coups de bâton (2 cas), par l'incendie (1 cas), par étouffement (1 cas), sous les coups de poing (1 cas), et enfin par explosif (un seul cas). Ce qui est habituellement frappant, c'est la jeunesse de l'amant par rapport à l'époux. Cela explique que ce fut souvent l'amant qui porta le coup fatal, à l'instigation de l'épouse. Les criminelles francophones sont habituellement nées au Canada ; les autres ont généralement vu le jour en Angleterre, en Italie ou ailleurs.

(1873), Emily Blake (1899), Cordélia Viau-Poirier (1899), Florence Lassandro (1923), Marie Beaulne (1929), Tomasina Sarao (1935), Elizabeth-Anne Tilford (1935), Marie-Louise Cloutier (1940), Élizabeth Popovitch (1946) et Marguerite Ruest-Pitre (1953). Les dossiers de Marie-Joseph Angélique (1734), de Marie-Josèphte Corriveau (1761) et de Marie-Anne Crispin (en 1858) ont été traités par le même auteur dans deux ouvrages intitulés La ballade des pendues : la tragique histoire de trois Québécoises pendues pour crime, Presses de l'Université du Québec, Québec, 2011 ; et aussi dans Les Grands dossiers criminels du Canada, Tomes 1 et 2, Éditions Pierre Tisseyre, Ottawa, 1990.

1 •Depuis 1867.

2 •Phoebe Campbell. Elizabeth Workman. Emily-Hilda Blake. Cordélia Viau-Poirier. Florence Lassandro. Marie Beaulne. Tomasina Sarao. Elizabeth-Anne Tilford. Marie-Louise Cloutier. Marguerite Ruest-Pitre. Marie-Josèphte Corriveau. Marie-Anne Crispin.

3 •Eleanor Power. Catherine Snow. Mary Aylward.

4 •Marie-Joseph Angélique. Le total donne 18, à cause de la multiplicité des mobiles chez certaines.

-1-

Un long cri dans la nuit

L'Affaire Phœbe Campbell (1871)

En toute chose, il faut évoquer son contraire, suggérait un philosophe[1] : «ainsi, dans le bonheur, se représenter l'infortune ; dans l'amitié, l'inimitié ; dans l'amour, la haine et dans la confiance, la trahison.» Si nous agissions ainsi, nous serions plus sages et plus prudents dans nos rapports amoureux. Mais qui oserait alors s'aventurer dans le coupe-gorge du mariage ? Le dossier Phœbe Campbell en est la claire illustration.

Dans la plupart des maisons du petit village ontarien de Thorndale, la semaine de travail se terminait fort agréablement dans le paradis artificiel des vapeurs de bière, de whisky et de genièvre. C'était habituellement dans ces plaisirs de pauvres que se consolaient tous les besogneux de ce *Val-des-Épines,* nom bien mérité que lui avait octroyé son premier fondateur James Shanly en apercevant ce site couvert de bosquets et de buissons épineux. Mais en cette soirée du vendredi 14 juillet 1871, alors qu'une nouvelle province était en train de se joindre au Canada[2], personne ne se doutait que ce village infécond, et même insignifiant, allait pour une fois faire parler de lui.

♦

La petite aiguille de l'horloge de Hugh Macdonald avait depuis longtemps déjà franchi le haut du cadran pour entamer la journée suivante, lorsque tout commença. Aux alentours de 1h40 du matin, en ce samedi 15 juillet 1871,

1 •Ce philosophe était Arthur Schopenhauer dans son recueil *Parerga et Paralipomena,* ce qui signifie en grec *Suppléments et omissions.*

2 •La Colombie-Britannique venait d'adhérer à la nouvelle Confédération canadienne, par peur de se faire absorber par les États-Unis dont les chercheurs d'or envahissaient cette colonie anglaise.

Hugh se préparait à se coucher après avoir longuement admiré les étoiles qui scintillaient dans le grand drap noir du ciel. L'alcool aidant, il rêvait qu'il attrapait toute cette poussière d'étoiles dans un filet à papillons, avant qu'elle ne disparût dans la brume nocturne. Hugh Macdonald habitait un cabanon de rondins à pièce unique, situé à 5 km du village, au bord de la Rivière La Tranche que les Anglais d'Ontario allaient bientôt rebaptiser Thames (la Tamise) pour leur rappeler le cher pays qu'ils avaient dû quitter pour fuir la pauvreté. Il s'allongea sur son lit et ferma les yeux après avoir enlacé sa femme endormie. Un voile de nébulosité commençait déjà à estomper le disque d'or de la lune et toutes les constellations qui lui faisaient une cour assidue. Soudain des hurlements stridents déchirèrent le calme serein de la nuit : «*À l'assassin !*»... «*Vite !...*» Et puis, après un moment de silence pesant : «*Y'a donc personne ici qui m'entendra ce soir ?*»

Ces cris de femme, ces appels de détresse, qui résonnaient si lugubrement dans les ténèbres, provenaient de toute évidence de la cabane des Campbell située à deux cents mètres de celle des Macdonald. C'était leur plus proche voisin dans ce village à l'habitat fort dispersé sur une large étendue, à une époque où chacun pouvait construire sa maison où bon lui semblait, sans se soucier de règlements municipaux qui n'existaient pas encore.

Historiquement les clans Campbell et Macdonald étaient d'irréductibles ennemis, les Campbell ayant de tout temps collaboré en Écosse avec les troupes royales pour soumettre ou détruire leurs frères écossais, les Macdonald[1]. Trente ans plus tôt, lors de l'insurrection des Canadiens-Français (en 1837), ce furent des régiments de Highlanders écossais que le gouvernement anglais envoya pour les écraser. Finalement, tous ces régiments Highlanders reçurent, en guise de récompense, des concessions agricoles en Ontario, autour du Québec, afin d'être à même d'intervenir prompte-

1 •Cette collaboration se faisait sur une base religieuse : les Macdonald ou McDonald étaient catholiques, tandis que le clan Campbell était devenu protestant, comme les Anglais. Il y eut même des massacres (Glencoe). "Le grand secret de venir à bout de tout ennemi réside dans l'art de savoir mettre la division entre eux." Sun Tzu, *L'Art de la Guerre*, Art. 13, *De la concorde et de la discorde*. Ainsi furent vaincus les Écossais ; là où les légions romaines avaient échoué, les soldats anglais n'eurent même pas à combattre eux-mêmes.

ment s'il prenait envie aux Québécois turbulents et fougueux de s'insurger à nouveau.

— À l'assassin !... Vite !... Y'a donc personne ici qui m'entendra ce soir ?

Type de cabane des Campbell.
Collection privée

Ce cri féminin de détresse, implorant, poussé dans le silence paisible de la nuit, jeta la panique dans l'esprit placide d'Hugh Macdonald. Il se leva d'un bond, puis, courageux sans être téméraire, il se précipita... non pas au secours de Phœbe Campbell qu'il connaissait fort bien et dont la voix lui était si familière, mais plutôt chez deux autres voisins écossais, William Craig et Richard Blackmore, pour les réveiller et s'en faire escorter jusque chez les Campbell, au milieu des ténèbres les plus aveuglantes. L'un des voisins immédiats de Phœbe, un Anglais nommé Thomas Davis, encore plus précautionneux que les deux Écossais, mit 15 longues minutes à se montrer sur les lieux du crime, au point que tout le monde trouva cette lenteur fort insolite et même très compromettante, car dans certains cas, l'excès de prudence peut être incriminant.

À leur arrivée, tous ces "sauveteurs" découvrirent un curieux tableau : Phœbe, l'épouse de la malheureuse victime, était assise sur le seuil de la porte avec sa fillette Mary-Anne dans les bras.

— Mon pauvre George a été assassiné ! leur lança-t-elle en les voyant approcher avec circonspection.

— Assassiné ? répondirent-ils horrifiés.

— Oui ! Deux hommes noirs se sont introduits dans la maison et l'ont coupé en morceaux à coups de hache !

— À coups de hache... coupé en morceaux ? répétèrent-ils en ébauchant une sinistre grimace dans les ténèbres.

Phœbe[1], 23 ans, mariée depuis 4 ans et mère de deux enfants, se lança alors dans la description de l'horrible bou-

1 •Phœbe vient du grec Φόϊβὸς = pur et lumineux comme le soleil. Gaston de Foix était surnommé Phébus (ou Fébus) parce que ses cheveux blonds le faisaient ressembler au soleil, dans une région, le Sud-Ouest de la France, où les hommes étaient bruns.

cherie qui s'était déroulée peu auparavant :

— Deux vagabonds noirs sont entrés dans notre cabanon et se sont précipités sur le pauvre George en criant : «La bourse ou la vie !». George a répondu qu'il n'avait pas d'argent, alors l'un des noirs a mis un pistolet sur sa tempe et il a appuyé sur la queue de détente, mais un simple déclic métallique a indiqué que l'arme était enrayée. Alors il a jeté le pistolet à terre. Une lutte à mort s'est engagée entre George et les deux intrus dans l'unique pièce de notre cabane. George m'a hurlé : «Passe-moi la hache, Phœbe !» Mais, en entendant cela, l'un des agresseurs me l'a prise des mains et en a frappé George. Mon mari m'a alors crié : «Passe-moi le grand couteau de boucherie, Phœbe !» Mais là encore, l'un des noirs s'en est emparé...

— Quelle malchance ! Continuez !

— Les trois hommes se jetaient les uns sur les autres, se frappaient comme des déments. Ils sont même tombés sur le lit escamotable dans lequel dormaient les enfants. Les enfants se sont alors réveillés et ont commencé à pleurer. J'ai pris la plus jeune dans mes bras et je me suis assise sur le lit où je l'ai tenue bien serrée tandis que les hommes se battaient comme des forcenés frénétiques autour de nous... Je n'ai pas essayé de me sauver car les enfants pleuraient et je ne pouvais pas les laisser seuls...

Le récit de Phœbe, l'épouse, paraissait extravagant, si ce n'est délirant. Comment ce combat acharné aurait-il pu se dérouler dans cette pièce minuscule et totalement obscure sans réveiller les enfants ? Comment serait-elle restée là, à attendre que les deux assassins aient terminé de hacher son mari à grands coups de cognée ! Comment ni elle ni les enfants n'avaient-ils été atteints dans les ténèbres absolues par la redoutable lame du couteau ou, pire, par la lourde hache qui devait voler dans le noir aveuglant comme un vautour assoiffé de sang ? Plus encore, dans une obscurité totale —à cette époque où seuls les riches pouvaient s'offrir l'éclairage électrique—, comment avait-elle pu noter que les assaillants étaient noirs ? En outre, au début du récit, les deux assaillants étaient noirs, mais vers la fin, c'étaient des *blancs qui s'étaient maquillés de noir...* Malgré cette variation importante dans sa singulière description, elle continua de se référer à eux comme à "*des noirs*".

Phœbe parla longuement, et, pour couronner le tout, finit curieusement par conclure son récit en précisant qu'elle "*regrettait ce qui était arrivé.*" Ce commentaire étrange frappa les trois voisins. Ils ne manquèrent pas de le mentionner ultérieurement aux enquêteurs qui trouvèrent ces mots fort significatifs. En se brûlant les doigts à la flamme d'une ou de deux allumettes, les Écossais aperçurent, à l'intérieur, le corps de George gisant sur le plancher. Aucun des trois ne s'aventura à l'intérieur. Alors Phœbe entra seule et ramena son bébé —un poupon de 11 mois— qu'elle passa à l'un des hommes. Puis elle prit la main de la petite Mary-Anne (3 ans) et s'éloigna de la maison en répétant à plusieurs reprises à la petite fille que : «*Deux hommes noirs avaient tué son papa* !» Elle semblait vouloir l'en persuader... et surtout s'en convaincre elle même

Cinq ans et demi seulement s'étaient écoulés depuis le fameux 18 décembre 1865 qui avait marqué l'abolition de l'esclavage aux États-Unis par le XIIIe Amendement à la Constitution étatsunienne. Depuis ce jour glorieux et mémorable, de nombreux noirs, grisés par leur liberté nouvelle, vagabondaient tout au long des cent mille chemins des États-Unis et du Canada, à la recherche d'un hypothétique travail rémunéré. Car les propriétaires qui s'efforçaient de fournir de l'emploi à tous ces Noirs lorsqu'ils travaillaient gratuitement, rechignaient désormais *à les payer pour leur travail.* Conséquemment, le thème récurrent du *vagabond noir qui avait commis un crime* était largement utilisé par les criminels pour éloigner les soupçons aussi loin que possible d'eux-mêmes. De ce fait, nombreux furent les noirs qui furent lynchés pour s'être trouvés dans les parages d'un crime au moment où il avait été perpétré ; "au mauvais endroit, au mauvais moment," comme disent certains. De même qu'au Moyen-Âge, les juifs étaient souvent accusés de répandre les épidémies de peste, de choléra ou de lèpre, toutes les polices des siècles récents —municipales, comtales, provinciales et fédérales— avaient maintes fois entendu cet *air connu*, ce refrain du *rôdeur noir bouc émissaire* ; une antienne qui n'impressionnait plus que les novices dans l'art subtil de l'investigation criminelle.

Pour ce qui fut du pistolet évoqué par l'épouse dans son récit irrationnel, il fut retrouvé. L'enquête démontra qu'il avait appartenu à William Robert Taylor, un jeune homme de Sainte Marie, bourgade située à quelques kilomètres de London, à 75 km de Paris[1]. Taylor affirma l'avoir vendu à un jeune adolescent irlandais de 19 ans à peine, au visage imberbe, du nom de Thomas Coyle. Toutefois, l'enquête prouva par la suite que Coyle s'était fait arnaquer par le vendeur, car le percuteur était absent et l'arme à feu totalement inoffensive,... sauf en la lançant avec force à la tête de l'ennemi.

Alors que Blackmore et Macdonald allaient réveiller le village et alerter le policier local qui dormait du sommeil du juste, William Craig conduisit les deux enfants et Phœbe elle-même chez leur père et grand-père, Joseph McWain.

Dès le lendemain après-midi, un Jury du Coroner, assemblé à la hâte, vint observer le corps du "pauvre George", totalement défiguré et fendu sur toute sa surface de mille crevasses sanglantes comme par la lame d'un hachoir de boucherie. C'était le début de l'été et il fallait se hâter de procéder à l'inhumation. On s'empressa, dès le dimanche matin, d'exposer la dépouille dans une bière capitonnée de satin blanc, au centre de la pièce unique de sa propre maison. Le cercueil reposait sur le lit même sur lequel George avait été sauvagement égorgé. Les autorités exigèrent qu'il fût inhumé dans l'après-midi pour éviter les méfaits de la corruption qui, malheureusement, ne se contente pas de dégrader les politiciens, les avocats et les magistrats.

---

1 •En Europe, ces deux villes se situent à 450 km l'une de l'autre. Le juge Thomas Galt était né à Londres, Angleterre, en 1815, et avait immigré au Canada en 1833 à l'âge de 18 ans pour y travailler avec la *Canada Co.*(une compagnie de colonisation destinée à peupler l'Ontario de sujets anglais. Il devint juge par la suite à la *Court of Common Pleas for Ontario (Cour des plaids-communs)*. Les plaids-communs sont les affaires entre les sujets (les citoyens), par opposition à celles qui impliquent l'État (la Cour du Banc du Roi ou de la Reine). Les crimes de sang dépendaient du Banc du Roi ou de la Reine, dont Thomas Galt était devenu juge.

La population du village et du comté fut horrifiée à l'annonce de cette boucherie inhumaine et impitoyable. D'ailleurs, à l'issue de l'enterrement, la foule fulminait et rugissait littéralement comme un tigre furieux, dans un état de surexcitation qui frisait l'émeute. De ce fait, les larmes de crocodile de Phœbe se muèrent rapidement en sanglots de frayeur. Un millier d'hommes et de femmes de Thorndale et de la rive nord du Lac Ontario vinrent s'amasser comme un essaim bourdonnant autour de la cabane de rondins de Phœbe Campbell qui se lamenta de plus belle avec des larmes de désespoir, en évoquant son "*pauvre George*" en termes affectueux, surtout quand la populace haineuse se mit à l'invectiver en accusations ponctuées de nombreux blasphèmes. Les larmes de l'épouse n'étaient plus feintes, loin de là, car elle craignait de plus en plus que l'horreur de l'assassinat n'entraînât ses voisines et ses voisins à la pendre haut et court, conformément aux canons bibliques : "Œil pour œil, dent pour dent !" et à la politique expéditive du juge Lynch[1].

En dépit de la porte close, barrée de deux traverses, derrière laquelle Phœbe s'était réfugiée dès qu'elle avait senti brûler le torchon de la haine et de la vengeance, elle entendait clairement certains éclats de voix commenter chaque détail du meurtre, et analyser chaque théorie plutôt menaçante pour sa propre vie :

— Moi, je te dis que c'est elle ! C'est sûr ! clamait un homme en scandant ses accusations de blasphèmes assez frénétiques pour déconcerter le Très-Haut en personne.

— George Campbell, vitupérait un autre homme avec rage, possédait une grosse somme d'argent et cela a certainement été la cause du meurtre !

Une prime de 500 $ fut immédiatement promise par la Municipalité de Thorndale à quiconque permettrait l'arrestation du ou des tueurs. L'inspecteur Harry Phair de la *Police Municipale* de London reçut le dossier des mains de son su-

1 •Selon la tradition, le juge Lynch tronquait les procès des Anglais royalistes qui s'opposaient à l'indépendance des États-Unis, durant la Révolution américaine, et les exécutait sans preuves suffisantes.

périeur hiérarchique et se porta très vite sur la scène du crime. Immigrant irlandais originaire d'Armagh, arrivé au Canada alors qu'il était enfant, il était devenu cordonnier puis policier vers 1862. Excellent investigateur et taraudé par l'ambition, il avait rapidement gravi l'échelle hiérarchique. À son arrivée à Thorndale, il avait déjà acquis quelque notoriété en s'occupant du dossier des fameux Donnelly à Lucan[1]. Il mourut le 19 octobre 1892, victime du devoir, tué par les armes à feu de deux bandits qu'il essayait de mettre sous les verrous.

Par respect pour la Procédure criminelle mais sans conviction aucune, l'inspecteur Harry Phair commença sur le champ à rechercher les deux hommes noirs évoqués par Phœbe. Comme il s'y attendait, il établit rapidement que ce n'était qu'une fausse piste lancée par madame Campbell, la jeune veuve de 23 ans. Cela l'amena à la soupçonner, elle ; ce qui était bien mérité, car pour quelle autre raison aurait-elle souhaité induire la police en erreur ?

En arrivant, Phair apprit aussi que la suspicion populaire concernant l'identité du tueur planait sur la tête de l'Anglais Thomas Davis, l'homme qui, pour une raison inconnue, avait mis 15 longues minutes à se porter à l'aide des Écossais. Certains excités, plus expéditifs proposaient même de le pendre immédiatement au prunier voisin pour lui faire payer un crime qu'il n'avait peut-être pas commis. La populace se montrait si exaltée dans son désir de "prendre la loi dans ses propres mains" comme on disait à cette époque, que le policier se vit dans l'obligation immédiate de faire arrêter Thomas Davis et de l'incarcérer, plus pour le protéger contre l'incohérence des "justiciers bénévoles" que pour l'empêcher de prendre la clé des champs. Davis lui-même avait d'ailleurs supplié Phair de le mettre à l'abri de tous ces vengeurs survoltés, aveuglés par la rage ou par la rancune ethnique. Son retard sur les lieux du crime ? Il n'y avait aucun

---

1 •Le canton ontarien de Lucan Biddulph avait été défriché et fondé par des esclaves noirs évadés des États-Unis et réfugiés au Canada. Mais pour diverses raisons peu avouables (perpétrées par les Orangistes anglais) le canton fut presque entièrement abandonné par les noirs et repeuplé par des immigrants irlandais fraîchement arrivés. Une dispute de voisinage déclencha le massacre d'une entière famille irlandaise par des Orangistes protestants. Ils surnommaient les Donnelly *les Black Donnelly* par mépris.

mystère, «il avait simplement été retardé par une banale crise d'épilepsie !» Ces crises le frappaient sauvagement lorsque le stress étreignait son esprit. C'était le cas ce soir-là ! La peur, sans doute ! Au moment des faits, il venait juste de se relever d'un violent accès de cette maladie, que jadis on croyait d'origine divine depuis qu'un Empereur romain déifié en avait été affligé. Davis était en train de retrouver ses esprits avec difficulté au moment où un voisin était venu l'aviser du crime. C'était certes une excellente raison de ne pas se précipiter sur les lieux du massacre, n'est-ce pas ? Certainement ! rétorquaient les méchantes langues, mais l'épilepsie était plus facile à avouer que la poltronnerie ou pire… la culpabilité !

Malheureusement pour Davis, le policier trouva à son domicile, des vêtements encore humides qui venaient d'être lavés et qui présentaient des restes de *taches de sang*. En ce temps-là, au Canada anglophone, chaque village, chaque quartier, faisait curieusement le lavage le même jour. La lavandière qui avait le courage d'étendre son linge avant le lever du soleil avait le plaisir intime de se considérer comme la personne la plus vaillante, la plus vertueuse du comté ; et de se persuader que tous ses voisins la voyaient comme telle. Cela pouvait être une enivrante compensation pour d'autres défauts, physiques ou moraux, ou pour une pauvreté avilissante. Or, dans ce "Val-des-Épines", le jour du lavage était le lundi et ce linge que l'on avait trouvé le samedi matin pouvait prêter à toutes sortes d'interprétations malveillantes. Pourquoi donc Davis avait-il violé la règle non écrite du lavage du lundi ? Et la réponse surgissait clairement dans tous les esprits : *"Pour se laver de son forfait !"* Élémentaire, mon cher Watson !

— Non, pas du tout ! répondait Thomas Davis. J'ai tué… des poulets.

Comme aucun cadavre de poulet ne pouvait étayer ses prétentions, et que personne ne se risqua à lécher les traces brunes pour tenter de découvrir s'il s'agissait de sang sec, de terre ou de… quelque autre substance organique dans le genre scatologique, Davis fut arrêté et détenu durant huit jours, jusqu'à la fin de l'Enquête du Coroner. Et pour faire bonne mesure, son beau-père John Priestley, qui était censé passer ses nuits avec lui, fut lui aussi mis sous les verrous pour présomption de complicité, et pour... le soustraire lui aussi aux zélotes de la pendaison expéditive avant jugement. «*Parmi ces derniers,* pensait le policier en se grattant la barbe comme un patriarche perplexe, *devait ricaner le véritable assassin*» encore plus enfiévré que les autres dans la recherche du criminel pour se dédouaner de tout soupçon et se laver de la défiance de ses ennemis. Les deux suspects étaient blancs, couleur qui ne coïncidait plus avec la première déposition de la veuve Campbell, mais au diable ces détails insignifiants !

Les commérages des voisines, toujours fort appréciés dans une enquête criminelle, apprirent très rapidement à l'investigateur Phair, que le couple Campbell battait de l'aile comme un oiseau blessé. Mais c'était aussi le cas dans la plupart des ménages prématurément usés par la pauvreté, la routine, l'alcool et les disputes exaspérantes. Certains assuraient même que le couple était carrément "on the rocks" comme les panachés de whisky qui lubrifiaient chaque soir les relations conjugales. En fait, leur couple n'avait jamais vraiment fonctionné correctement en dépit de la présence de deux enfants, dont les seins dodus de Phœbe nourrissaient encore le plus jeune. George était beaucoup plus âgé qu'elle, et, à ce qu'elle prétendait, il se montrait particulièrement jaloux de sa jeune, trop jeune épouse ; et très soupçonneux vis-à-vis d'un tout jeune garçon du voisinage, nommé Thomas Coyle, qui paraissait lui aussi enclin à partager avec Bébé le corsage bien rebondi de Maman. Thomas Coyle ? Tiens ! Tiens ! L'homme qui avait acheté un pistolet, peut-être ! Le vieux George aurait même, à une occasion, bousculé sa femme dans un accès de jalousie... "*non justifié !*" avait-elle certifié à plusieurs voisins. Les plus mauvaises langues assurèrent à Harry Phair que les deux amants avaient *au moins une fois* franchi le Rubicon, comme César sur les traces de Pompée.

Le sort en était jeté, cette idylle pastorale ne pouvait que se terminer au bout d'une corde de chanvre. Le policier-investigateur trouva que tous ces commérages étaient très instructifs, et s'engagea résolument sur la piste de l'adultère, si banale mais si généralisée dans la société victorienne de l'époque, avide de "consolations sulfureuses" pour rassasier leur libido en dépit de l'hypocrite morale qui, selon eux, les opprimait.

Phair apprit que le séducteur pour lequel Phœbe avait perdu la tête, Thomas Coyle, n'avait que 19 ans et tenait la fonction de journalier à quelques kilomètres de là, dans la ferme de Joseph McWain, qui se trouvait être justement le père de Phœbe. Comme le monde est petit ! Les pièces du puzzle se plaçaient d'elles-mêmes. L'investigateur alla questionner l'adolescent et en conclut que c'était bien lui qui était allé à Sainte-Marie acheter le pistolet défectueux, chez William Taylor, lequel lui avait vendu le revolver comme une arme en état de fonctionner. Taylor vint même discrètement identifier, de loin, l'acheteur Coyle. À n'en pas douter, si ce n'était lui, il lui ressemblait comme deux gouttes de whisky ! Phair procéda donc à l'arrestation de Thomas Coyle et l'incarcéra pour éviter qu'il ne prît le large ou fût pendu *haut et court* par des Justiciers du dimanche.

À ce point de l'enquête, le policier était persuadé que Phœbe était la meurtrière, avec le jeune Coyle comme partenaire et complice *possible*. Pourquoi *possible* ? Parce que trois travailleurs agricoles juraient avoir passé la soirée et la nuit du crime avec Thomas à la ferme McWain. C'était un alibi en tungstène, métal d'une résistance inouïe que les Espagnols venaient de découvrir 89 ans plus tôt.

Un autre élément qui sans aucun doute contribua à incriminer Phœbe aux yeux des jurés de l'*Instruction du Coroner*, fut qu'elle insista très lourdement sur le fait qu'elle avait souvent été rudoyée par son vieux mari. Elle s'obstina à souligner ce fait avec une telle emphase que les enquêteurs ne manquèrent pas d'y voir un aveu. Cherchait-elle ainsi à justifier le crime qu'elle refusait pourtant d'avouer ? Sans aucun doute ! Quant à la thèse des deux maraudeurs assassins, si l'avocat de la défense ne semblait pas du tout convaincu de cette spéculation, pourquoi les jurés y auraient-ils souscrit ? D'autant plus qu'elle changeait de version à la moindre brise comme une girouette bien huilée. Phair qui souhaitait sonder l'implication de Coyle avait reçu de Phœbe des réponses variées et même contradictoires. La jeune épouse avait d'abord argué de l'existence des deux mystérieux maraudeurs noirs, puis blancs grimés de noir, après quoi elle tenta d'accuser son jeune amant ; et enfin rejeta le crime sur John McWain, son propre cousin.

Le 20 mai, la jeune femme avait donc rédigé une confession de huit pages dans laquelle elle impliquait son amant, le jeune Coyle. Selon cette déclaration, deux mois avant l'assassinat, elle avait confié sur l'oreiller ses malheurs à Coyle. Son mari était très rude avec elle, prétendait-elle en versant des larmes de détresse. Pris de pitié entre deux abordages polissons, le jeune homme avait suggéré qu'il "*pourrait lui donner un coup de main*" selon elle, "*à condition qu'elle l'épousât par la suite.*" Si le désir de "*se mettre la corde au cou*" avait été la motivation première de Coyle, il manqua de peu de se la voir offrir par la Justice canadienne en guise de châtiment ! À une autre occasion, les deux amants pensèrent au poison, plus discret, puis ils se décidèrent pour l'arme à feu, certes plus bruyante mais si rapide et performante (à condition que le pistolet ait eu un percuteur, ce qui n'avait pas été le cas). Coyle acheta donc le pistolet. La date de l'exécution du mari fut même fixée au 15 juillet, un vendredi soir après la paye[1], à l'issue d'une semaine harassante de travail. Comme on le voit, Phœbe gardait bien les pieds sur terre. Ainsi les deux amants pourraient fêter dignement leur succès et leur nouvelle liberté sans entraves.

Selon la confession écrite de Phœbe, le jeune Coyle "avait ainsi accepté de tuer le mari." Le fameux soir du crime, il entra dans la chambre où reposait paisiblement le

1 •La paye était alors hebdomadaire.

vieux mari sur le point de sombrer dans un sommeil réparateur. L'amant visa la tête qu'il devinait à la sombre tache sur l'oreiller. Il tira dans l'obscurité, mais le pistolet ne fonctionna pas ; et pour cause ; il n'avait pas de percuteur. Ce détail rendait le pistolet aussi efficace qu'un jouet d'enfant. Heureusement, le mari confiant n'avait pas réagi au déclic de l'arme enrayée. Coyle sortit alors de la maison et revint avec la hache dont il frappa le mari avec le dos non coupant. Sous le choc, George émergea enfin de son premier sommeil, se leva et se précipita sur l'assaillant. Les deux hommes se battirent avec ardeur et désespoir. Coyle était plus jeune et plus robuste, et n'avait pas été blessé par la hache comme George. Malgré ces avantages, Coyle cria à Phœbe de lui passer le grand couteau de boucherie, utilisé pour tuer le cochon. Muni de cette arme redoutable, Coyle eut le dessus. Il trancha la gorge de George. Puis, toujours selon elle, l'assassin se lava les mains et examina (dans l'obscurité presque totale) ses vêtements pour enlever le sang. (!) Cela fait, il retourna à la ferme McWain et se recoucha sans se faire remarquer des autres journaliers endormis. Soucieuse de laisser à Coyle le temps de se remettre au lit, la jeune femme patienta un certain temps avant de sortir sur le chemin dans le but de lancer ses appels de détresse à la lune.

À la suite de cette deuxième version qui incriminait l'amant[1], Phair plaça le jeune Thomas Coyle dans une cellule située tout près de celle de Phœbe sa maîtresse. Il espérait que les deux amants communiqueraient et que leurs conversations débridées révéleraient le rôle joué par chacun. Effectivement, le stratagème se révéla presque excellent. Phœbe, méfiante et convaincue d'être sur écoute, se mit rapidement à accuser deux hommes, non seulement Coyle mais aussi son cousin[2] John McWain. Toutefois, elle se garda bien de donner la moindre preuve... et pour cause ! Leurs commentaires confirmèrent, si besoin était, que les rapports entre Phœbe et le jeune et bel apprenti n'étaient pas des plus chastes, même

1 •Rappelons que la première version accusait deux vagabonds noirs, puis blancs grimés de maquillage noir.

2 •Le cousin de Phœbe, bien entendu.

si la belle jouait le rôle de *la Vertu outragée* lorsque Coyle lui rappelait les excellents moments passés dans le lit conjugal des Campbell. Cela s'était surtout déroulé lorsque Coyle avait pris pension chez le couple lui-même. Ainsi furent confirmées les rumeurs variées, selon lesquelles le vieux mari George Campbell ne s'était jamais avisé d'adresser un seul mot de reproche à son épouse concernant son comportement fort peu orthodoxe.

Le 19 juillet, un ami de la victime, John Barry, fut aussi arrêté et incarcéré, car un voisin l'avait un jour entendu prophétiser : «*Seul comme tu l'es dans cette maison isolée et loin de tout, tu vas te faire assassiner un de ces quatre matins !*» Ce jour même, le policier Phair, en voiture à cheval, conduisit à London la veuve en pleurs. Elle était toujours en pleurs lorsqu'on l'interrogeait. Elle pensait vraisemblablement que ses larmes de crocodile qui avaient tant ému son papa, dans sa jeunesse, et lui avaient évité de subir les conséquences de ses frasques, lui épargneraient aussi tout châtiment devant le juge et les jurés. Phœbe fut soigneusement interrogée, une fois de plus. Deux jours plus tard, elle fut de nouveau rappelée à London avec son père et son frère Hugh pour un complément d'enquête et une confrontation. À l'issue de ce second interrogatoire, les trois témoins furent tous maintenus en prison. Le lendemain 22 juillet, le cousin de la veuve, John McWain, fut lui-même mis en garde-à-vue pour interrogatoire. Après la sixième incarcération pour le même meurtre, on commença à craindre que le village tout entier finît par se retrouver derrière les barreaux.

Le 27 juillet, les 18 membres qui constituaient l'équipe d'enquêteurs du Coroner[1] et qui s'étaient réservé quelque repos durant le week-end, reprirent leur investigation qui avait été interrompue par les spiritualités dominicales. Trois des détenus, Priestley, Barry et Davis, furent finalement relâchés

---

1 •Dans l'Angleterre *franco-normande*, on trouvait quatre ou six coroners par comté. "On les appelait autrefois *coronatores*, parce qu'ils étaient particulièrement chargés de maintenir partout la paix *au nom de la Couronne*." tiré de Du Boys, Albert (1804-1889). *Histoire du Droit criminel des peuples modernes, considéré dans ses rapports avec les progrès de la civilisation, depuis la chute de l'Empire romain jusqu'au XIX siècle*, par Albert Du Boys,... 1860. Chapitre IV, *Des coroners*, dans *Britt. Loix d'Angleterre*, folio 3. p.72. Texte consultable sur le site *Gallica* de la Bibliothèque Nationale de France.

pour insuffisance de preuves. Le 4 août, à l'issue de l'Enquête du Coroner, un premier verdict déclara qu'*il y avait bien matière à poursuites judiciaires contre l'épouse et son amant Coyle* : «Nous, membres du jury, chargés d'enquêter sur la mort de George Campbell, sommes venus à la conclusion, après avoir examiné le corps et entendu les preuves, que George Campbell a été assassiné par deux personnes que nous croyons être Thomas Coyle et Phœbe Campbell.» Conséquemment, le frère et le père de Phœbe furent immédiatement relaxés eux aussi.

Le procès des amants devant la Cour du Banc de la Reine (les Assises) fut fixé au printemps 1872.

♦

Le premier avril 1872, le procès d'Assises de Phœbe Campbell s'ouvrit à London devant le juge Thomas Galt. Ce fut un événement sensationnel qui défraya la chronique judiciaire de l'époque. Les accusations étaient enfin portées, mais il fallait en convaincre un jury de Cour d'Assises, bien plus rigoureux qu'un jury de Coroner. Me Kenneth McKenzie représentait la Couronne et Me Frank Cornish et Edmund Meredith, la Défense. *Phœbe se présenta en vêtements noirs de deuil*, notèrent certains journalistes. Beaucoup pensèrent qu'elle portait déjà *le deuil d'elle-même.* De longues tresses rousses cascadaient sur ses épaules comme une lave volcanique en fusion, symbole même de son tempérament audacieux et emporté. Malgré tout, elle resta calme et sembla en pleine possession d'elle-même. En guise de Poisson d'Avril, Phœbe qui avait, plusieurs fois déjà, changé de défense, sortit de sa manche une autre stratégie, une autre version des faits qui désarçonna, encore plus, l'avocat préposé à sa défense.

Devant l'imagination débordante de l'accusée, la foule se montra tout de suite houleuse et hostile. Dès la première heure de la séance, une bande d'hommes tenta même de s'introduire de force dans la salle du tribunal. Le juge rétablit l'ordre en menaçant de faire arrêter les plus agités et de les faire patienter derrière les barreaux pour leur permettre de cuver l'alcool qu'ils avaient ingurgité avec trop de désinvolture. Quant à Thomas Coyle qui avait fourni l'inutile arme à feu, il fut simplement remis en liberté, sans doute à cause de sa jeunesse et des fausses accusations dont l'avait abreuvé Phœbe. Chacun avait la prémonition qu'elle avait séduit cet adolescent dans le seul but de lui faire porter le chapeau : il avait 19 ans lors du crime, et sa maîtresse 23. Manifestement, les accusations abracadabrantes de Phœbe durant l'Enquête du Coroner jouaient en faveur du jeune homme.

Les deux premiers jours, défilèrent plusieurs témoins qui avaient été en contact direct avec Phœbe la nuit même de l'assassinat. Tous évoquèrent la première version du crime qu'elle s'était efforcée de leur faire croire, et qui avait été imaginée par l'esprit trop fertile de l'accusée, puis bien vite abandonnée : celle des prétendus rôdeurs de race noire, refrain fort commun à l'époque.

Le soir du 4 avril, Phœbe, sans doute peu satisfaite de la crédibilité accordée à toutes ses versions fantaisistes, convoqua l'avocat général comtal, M. Hutchinson, pour lui faire enregistrer une nouvelle version du crime qui, cette fois, accusait sans détour son amant de la responsabilité *pleine et entière* en niant toute complicité de sa part : «Mon mari et moi-même sommes allés nous coucher à 23h00. Je m'étais endormie avec mon bébé dans la partie arrière du lit, lorsque j'ai été réveillée par les cris de mon mari. J'entendais distinctement les coups que quelqu'un passénait sur mon mari. (*Il faisait bien entendu une nuit d'encre*)... Mon mari a demandé le couteau, à voix haute, et je l'ai attrapé (*La pièce unique de la maison était petite*). Le tueur a hurlé : «Ne lui donne pas de couteau ou toi aussi tu vas subir le même sort !» J'ai immédiatement reconnu la voix de Thomas Coyle.... qui le frappait à coups de hache... Coyle m'a répété plusieurs fois, après le crime, ce que je devais déclarer et je l'ai fait. J'avais peur de dire la vérité parce qu'il m'avait avertie que, si je le dénonçais, je serais pendue moi aussi.»

Sa nouvelle version complétée et signée, uniquement destinée à la mettre totalement hors de cause, Phœbe demanda à voir son père. Puis, elle voulut rendre visite au jeune Thomas Coyle dans sa cellule (avant qu'il fût libéré, bien entendu) pour lui révéler qu'elle l'avait généreusement chargé de tout le fardeau du crime devant les autorités judiciaires. Peut-être espérait-elle qu'il accepterait, par amour, de se sacrifier pour elle, comme elle avait cru ou voulu le comprendre entre deux étreintes. Mais il n'en fut rien ! Un témoin de la conversation affirma que Coyle en fut très surpris et même amusé, en quelque sorte, comme s'il trouvait du plus haut ridicule cette invraisemblable dénonciation.

Mais cette réaction plus amusée que coléreuse de Coyle eut un effet surprenant sur l'esprit de Phœbe. Dès le lendemain matin, soucieuse de renforcer la valeur persuasive de ses dernières révélations, elle apporta en sa propre faveur le témoignage complaisant de nul autre que... son propre mari défunt. Un témoignage qu'elle jugeait imparable et absolument irrécusable :

— Hier soir, George m'est apparu dans une vision nocturne, affirma-t-elle au juge médusé, en arborant un air fort inspiré. Il m'a déclaré : "Phœbe, j'affirme que tu es innocente. Le blâme de ma mort ne peut retomber que sur les épaules de ce pauvre Coyle !"

Comment contester les paroles de la victime elle-même ? Bon ! Le crime avait été perpétré dans les ténèbres les plus totales. Mais Phœbe ne doutait pas que, vu du Ciel, ce meurtre devait montrer la plus grande limpidité. Elle jura que, cette fois, elle disait la vérité ; *juré craché !* Ce qui provoqua un silence découragé de son avocat et une immense explosion de colère du Procureur de la Couronne : «Comment pouvez-vous espérer que de telles balivernes puissent être crues[1] ?» tonna-t-il dans le prétoire avec la hargne de Cicéron dans *les Catilinaires*.

De ce fait, dès le lendemain, désireuse sans doute de trouver un coupable plus crédible, Phœbe changea d'assas-

---

1 •"You can hardly expect anyone to believe such nonsense !"

sin. Pour cela, elle ajouta un détail qu'elle jugeait incontestable et imparable pour convaincre définitivement les jurés de sa propre innocence et de la culpabilité de nul autre que… John McWain. Cette fois, elle raconta que la première chose dont elle s'était rendu compte, en se réveillant dans l'obscurité absolue, était qu'une hache frappait son mari, et que ce dernier hurlait.

— Je ne voyais pas la hache mais je pouvais l'entendre, affirma-t-elle. Il faisait trop noir pour identifier l'homme...

Dans la nuit d'encre, tout en frappant à grand coups de cognée sur la tête de son mari, comme si, de peine et de misère, il abattait un sapin, l'assassin tenta d'expliquer à Phœbe les raisons de sa colère et de son désir de représailles :

— Il fallait que je me venge de ton mari. Je l'aurais tué d'un coup de feu si le pistolet ne s'était pas enrayé.

Situation cauchemardesque, ou plutôt... irrationnelle et même extravagante ! Alors, Phœbe demanda :

— C'est toi, John McWain ?... Je voulais confirmer que cette voix était bien celle de mon cousin John, expliqua-t-elle aux jurés.

Et l'homme répondit —*matter of fact*— tout simplement, comme si de rien n'était, en continuant imperturbablement de massacrer le vieil homme :

— Oui, c'est moi !

— Pourquoi donc assassines-tu mon George, John ? demanda l'épouse comme dans une causerie devant une tasse de thé :

— Parce que quand j'étais détenu à la prison de Stratford, ton mari a abusé de ma femme !

Et le dialogue délirant divagua ainsi un bon moment comme un "bateau ivre" rimbaldien, devant les yeux ahuris et les oreilles médusées de la Cour, du Jury et d'une bonne partie de la population du Val-des-Épines.

Le lendemain, en apercevant sa sœur qui venait lui rendre visite, Phœbe éclata en sanglots :

— Je sais... j'ai dit trop de mensonges... Mais hier j'ai absolument dit toute la vérité et je vais m'y tenir !

— Mais tu as dit tant de mensonges contradictoires que tout le monde te croit coupable.
— Je suppose que je vais devoir souffrir pour cela... Je suppose qu'on va me pendre !

Elle attendait sans doute d'être rassurée, mais ses diverses versions étaient si invraisemblables que sa sœur ne put que hocher la tête avec fatalisme en ouvrant les mains en signe d'impuissance. Pour sa part, John McWain nia bien entendu toutes les déclarations de Phœbe et plus particulièrement la liaison plus ou moins forcée que George était censé avoir entretenue avec sa femme lors de son propre séjour en prison.

Le 18 août, Phœbe et John McWain furent confrontés l'un à l'autre sous l'œil critique des jurés. De toute évidence, Phœbe n'accusait désormais John que dans l'espoir de sauver son jeune et bel amant Thomas Coyle. Pour épargner l'un, elle n'hésitait pas à condamner l'autre à une mort affreuse en lui imputant brutalement l'horrible forfait. John McWain lui demanda calmement ce qui la poussait à mentir ainsi. La jeune femme répliqua sur une autre gamme :
— Mon mari était allé fendre du bois de chauffage pour ta "petite dame" et il m'a dit qu'il avait *pratiquement* couché avec elle.

"Pratiquement !" Que voulait donc dire cet adverbe ? La fornication "av*ait-elle été ou n'avait-elle pas été*", comme l'aurait proclamé l'Italien John Florio, plus connu sous le pseudonyme de *Shakespeare* par ses formules bien frappées. Là était la question !
— Phœbe, par tes faux témoignages sous serment, tu es en train de ruiner ma vie ! murmura McWain découragé.
— Tu sais très bien que c'est toi qui as fait le coup, John ! Il est inutile de le nier, répondit-elle d'un air qui se voulait décisif et convaincant. Tu pourras peut-être tromper tes frères humains sur terre, mais tu ne pourras jamais tromper le Seigneur, là-haut !

Bon ! Voilà que, après avoir fait témoigner en sa faveur la victime elle même, son propre mari, Dieu montait aussi au

créneau pour sauver sa tête ! Elle faisait intervenir le Seigneur en personne ! Comment aurait-on l'audace de la croire comédienne et chafouine après cela ?
— Je pense que c'est toi qui devrais te repentir, lança McWain, outré de tant de pharisaïsme.

Un témoin décrivit la position du corps mutilé de la victime au moment où les voisins purent enfin observer la scène du crime aux premières lueurs de l'aube :
— George gisait par terre, sur le dos, la tête du côté de la porte. Ses pieds disparaissaient sous le lit. Son visage, ou ce qu'il en restait, était tourné vers la gauche dans une immense flaque de sang. La hache ensanglantée reposait à côté du corps et un pistolet apparaissait sous son épaule. La main droite, rougie de sang, semblait presque sectionnée. De grosses flaques de sang poisseux maculaient le petit lit gigogne, à roulettes, sur lequel dormait la gamine. Le grand lit des parents semblait un peu moins taché, à l'exception de l'un des oreillers.

Le docteur Charles Moore qui avait fait les constatations initiales déclara :
— Les coups de hache les plus violents semblent avoir été portés alors que la victime était hors du lit, couchée sur le sol. La tête était en bouillie à la suite de 6 ou 7 coups de dos de hache... La boite crânienne, fracturée, restait béante. Le cerveau apparaissait à nu... La précision des coups indiquait qu'ils ne pouvaient pas avoir été donnés dans l'obscurité absolue... Il y avait sans doute eu un violent combat avant que le sol ne fût maculé de sang car les plantes de pieds de la victime étaient restées propres... Le poignet droit portait une coupure profonde qui rendait le bras inutilisable... L'avant-bras gauche présentait aussi des crevasses sanglantes... La grande coupure à la gorge avait été infligée au moment de la mort... La pièce toute entière était totalement souillée. Le sang couvrait la moindre surface...

Selon tous les témoins qui défilèrent dans la matinée, c'était une véritable boucherie : le sang maculait les rondins des murs, le dessous du toit et, bien entendu, le plancher, les meubles, les lits. La hache abandonnée à côté du cadavre était toute poisseuse de sang mêlé à des cheveux, à des fragments de cerveau et d'os crânien du vieil homme. De longs poils de la moustache de George Campbell sortaient d'une entaille de hache faite dans le bois de la porte ; juste à côté d'une trace de main sanglante. Le mari agonisant s'était appuyé là pour tenter de reprendre son souffle. Des vêtements qui pendaient sur les murs étaient pareillement souillés d'éclaboussures. Une soucoupe de sel s'était humectée de fluide. *Tout était rouge, excepté la plante des pieds de la victime,* répéta le médecin légiste ; alors que le sol était entièrement maculé de sang. Cela indiquait ou bien qu'il n'y avait pas eu de combat comme le prétendaient certains enquêteurs ; ou bien, que le combat avait eu lieu avant que le sol ne fût souillé.

La partie du lit habituellement occupée par Phœbe n'avait pas été défaite. L'autre moitié, en grand désordre, était la place de George. Ce qui montrait que le mari était bien dans son lit mais que sa femme mentait. Elle ne s'était pas encore couchée au moment de l'assassinat, comme elle l'avait prétendu.

Pendant cette horrible démonstration, Phœbe gardait farouchement la tête dans ses mains comme pour se protéger de la pluie de culpabilité qui l'inondait. Au troisième jour du procès, on sentit qu'elle sombrait dans l'accablement de devoir mourir et dans l'angoisse de l'Au-delà avec son cortège de châtiments diaboliquement pervers. Elle sentit sans doute le nœud coulant se serrer irrésistiblement autour de son cou de cygne gracieux. Elle se dissimulait de plus en plus le visage dans un mouchoir comme pour refuser de contempler la macabre perspective de son beau corps de jeune femme, symbole de Vie, suspendu comme une guenille lamentable.

Pour ce qui était des rapports conjugaux de ce couple Campbell, presque tout le monde s'accordait à affirmer que les deux époux offraient habituellement l'apparence d'une entente tout à fait cordiale. Chacun manifestait le plus grand respect pour l'autre ; tout au moins jusqu'à l'assassinat.

Phœbe et son mari étaient des personnes douces, agréables, respectueuses, qui travaillaient dur pour le bien-être de leur famille. Comment une personne aussi douce et aussi paisible avait-elle pu ainsi basculer en quelques heures dans la folie criminelle ? Seuls l'amour passionnel et le bouillonnement irrésistible de la concupiscence avaient pu déséquilibrer l'esprit de la jeune femme au point de la faire chavirer et sombrer dans une telle démence de perversion. C'était effrayant ! Et chacun dans l'audience se sentit un instant interpellé et même sans doute menacé en se posant la question cruciale pour tenter de discerner si son gentil conjoint ne pouvait pas de la même manière tomber follement amoureux d'une autre personne et basculer dans l'horreur criminelle.

George et son épouse Phœbe avaient, durant un certain temps, résidé dans la maison paternelle et tout allait bien entre eux. Le seul et unique point de mésentente, apprit-on, provenait d'une certaine *reconnaissance de dette* que Monsieur Campbell-père avait signée à son fils George pour un travail que ce dernier avait effectué en sa faveur, et qu'il n'avait pas eu les moyens de payer comptant. Or, il avait libellé le récepissé à l'ordre de son fils seulement, et la reconnaissance de dette était ainsi devenue en un instant un vrai *talisman de discorde* qui avait soudainement éveillé les frustrations de Phœbe et empoisonné la coexistence pacifique au sein des deux couples. À une occasion, Phœbe avait même explosé en un vrai esclandre de colère. Pour calmer son esprit en fusion, le beau-père avait promis qu'il annexerait ce document à son testament pour le seul et unique profit de Phœbe. L'idée avait fort satisfait sa belle-fille, mais pour ne pas trop léser et enrager ses autres enfants —et sans doute à leur demande—, le beau-père avait alors commencé à compiler certains frais d'alimentation pour son fils qui l'avait aidé, dans le but évident d'en déduire ultérieurement les sommes de la *quittance* totale. Agacée par le subterfuge, Phœbe avait alors insisté pour que la dette soit payée au comptant et immédiatement ; en vain. Le beau-père n'en avait pas les moyens... pour l'instant.

Au fond de son cœur, George aurait souhaité rendre ce service à son père *à titre gratuit*. Mais, devant les colères impétueuses et persistantes de son épouse, il avait décidé de rendre discrètement à son père la fameuse reconnaissance de dette, objet de tout le litige ; sans le mentionner à sa femme, bien sûr. Il lui avait donc effectivement rendu le précieux document quelques jours avant le meurtre. Phœbe l'avait vraisemblablement appris… et la colère l'avait alors fait sombrer dans la folie meurtrière. Certaines personnes trop dominatrices, tyranniques même, ne peuvent tolérer que le moindre détail ne soit soumis à leur contrôle absolu, selon leur volonté égoïste. Ce n'était sans doute pas la folie amoureuse qui avait déclenché le drame, mais plutôt le despotisme frustré. Les coléreux sont de redoutables manipulateurs auxquels seuls d'autres manipulateurs savent résister. Ce fut ainsi que, le 18 mai, Phœbe rédigea une nouvelle version de sa confession dans laquelle elle attribuait, cette fois, la responsabilité de toutes leurs difficultés conjugales à ses beaux-parents qui les avaient hébergés. Selon elle, George avait toujours agi en leur faveur sans discernement. Il avait travaillé pour eux, avait été mal payé sans protester. C'était à la fois frustrant et intolérable !

Le jeune et bel apprenti Thomas Coyle qui habitait aussi avec eux n'avait, semble-t-il, été qu'un simple instrument pour assouvir sa haine et mettre sa vengeance à exécution. Elle avait asservi l'adolescent à sa volonté en lui accordant toutes les commodités lubriques qu'elle refusait désormais à son mari récalcitrant. Voyant que Phœbe semblait la plus malheureuse des femmes dans son milieu familial, Coyle la plaignit et elle sut développer dans le cœur de cet adolescent la compassion pour la victime qu'elle prétendait être, afin qu'il lui prêtât une épaule miséricordieuse. La compassion s'était immédiatement transformée en passion chez cet enfant lorsqu'elle lui avait fait connaître avec des raffinements insoupçonnés les riches plaisirs de la chair. Un plaisir puissant inventé par le Créateur pour que les humains asservis par cette drogue irrésistible peuplent involontairement le vaste monde ; jusqu'au jour où les humains rusés inventèrent les moyens anticonceptionnels qui leur permirent de lécher le miel en délaissant la tartine[1].

Subjugué par la volupté et désormais en demande irréfrénable, le jeune garçon lui avait alors proposé, selon elle, de «l'aider à la débarrasser de son mari afin qu'ils puissent vivre ensemble» libres et heureux. Comme précisé plus haut, ils discutèrent longuement pour élaborer la meilleure stratégie afin de liquider ce vieux mari encombrant.

Sous les yeux éberlués de l'assistance, s'éclairaient les tenants et les aboutissants de cet horrible crime. Grâce à la nouvelle version de Poebe, et aux pièces du puzzle habilement assemblées par les policiers et par le Procureur de la Couronne, les Thorndalois commençaient à reconstituer l'histoire de cet assassinat hors du commun. La soirée du crime avait commencé comme à l'accoutumée, en tout cas pour la victime. George Campbell lut la Bible suivant son habitude, et la médita un moment. Ah! S'il avait su qu'il était si proche de la *Jérusalem céleste* peut-être alors aurait-il envisagé autrement le Paradis ! Cela fait, il causa calmement avec Phœbe durant quelques minutes avant de se coucher. Assise et rapetassant quelques vêtements à la lumière tremblante d'une lampe à huile, celle-ci lui répondit paisiblement aussi. Comment peut-on échanger des idées avec une personne que l'on se prépare à égorger dès qu'elle aura fermé l'œil ? Peu après vingt-trois heures, alors que le vieil homme dormait du sommeil du juste, Phœbe perçut un signal venant des ténèbres de la nuit. Elle sortit pour retrouver son amant qui l'attendait fort ému avec le colt dépourvu de percuteur. Ils discutèrent un moment pour savoir *qui* devrait abattre le mari endormi. Elle prétendit qu'elle avait peur de le manquer et de provoquer le réveil intempestif du vieil homme. Il valait mieux qu'il le mit à mort lui-même. Coyle, armé du pistolet sans percuteur, avait finalement trouvé le courage d'entrer dans la cabane de sa maîtresse. Craignant que le pistolet

---

1 •La Providence vindicative se vengea de s'être ainsi fait berner en faisant disparaître de la carte du monde ces peuples trop matois, incapables de maintenir un taux de natalité satisfaisant dans le seul but de survivre. Les autres peuples, trop nombreux, disparurent aussi, dans des guerres pour l'espace vital.

ne s'enrayât, et que l'immense George qui mesurait quinze bons centimètres de plus que lui, ne se réveillât, l'adolescent avait demandé à Phœbe de préparer la hache de bûcheron et le couteau de boucherie. L'utilisation du couteau confirma le diagnostic du Dr. Moore qui avait pressenti que le coutelas avait été utilisé à la fin du massacre pour achever la victime en lui tranchant la gorge, dans le but ultime de s'assurer avec certitude de la mort de l'homme qui ne pourrait ainsi devenir témoin à charge contre l'assassin.

Devant les yeux de Phœbe, à la tremblante lueur de la lampe à huile de baleine —poursuivit cette dernière—, Coyle visa la tête du vieillard qui s'était paisiblement endormi de son dernier sommeil en pensant sans doute à quelque scène biblique de l'Ancien Testament. Mais, bien entendu, le pistolet s'enraya (comment aurait-il pu en être autrement sans percuteur ?) et George bougea comme s'il était sur le point de s'éveiller. Alors Phœbe tendit à un Coyle terrorisé par la crainte de voir la victime se lever, la hache qu'elle tenait prête. L'adolescent frappa l'homme de deux coups de dos de hache, mais le colosse réussit tout de même à se dresser sur son séant et à empoigner la cognée. Les deux s'en saisirent et tentèrent de se l'arracher comme dans un cauchemar :

— Mon pauvre mari et Coyle se sont alors battus à travers toute la pièce dans un combat à mort, sanglota Phœbe.

À la stupéfaction de tous, elle versa de véritables larmes d'amertume et de contrition,... plus certainement de regrets de s'être fait prendre.

Mais le combat à mort tourna soudain à l'avantage de George. La situation devenait tragique pour le jeune tueur horrifié. Pris de panique, ce dernier demanda à sa maîtresse d'empêcher le vieillard d'utiliser cette arme terrible contre lui. Alors, Phœbe en saisit le manche et immobilisa la hache de tout son poids, de toute sa force. Coyle lui cria de lui passer le grand couteau de boucherie. Elle prit le couteau dans sa main libre :

— Coyle l'a pris de ma main et a tranché la gorge de mon pauvre mari qui est tombé sur le sol !

Le crime accompli, Coyle disparut dans la nuit. George agonisait à terre. Sa femme attendit plus d'une heure avant d'appeler à l'aide afin que toute trace de vie, toute palpitation, l'ultime souffle, aient disparu du cadavre encore chaud. Elle ne tenait pas du tout à ce qu'on lui portât secours et qu'il pût témoigner contre elle. Elle termina sa confession écrite par ces mots :

— J'ai fait et dit beaucoup de choses lorsque j'étais prisonnière de cette passion amoureuse. Mais je n'en blâme personne sinon moi-même, car j'étais une femme mariée et j'aurais dû mieux me comporter. Je mérite d'être punie autant que Thomas Coyle, et peut-être même plus, car j'ai raconté tant de mensonges, et même accusé un innocent.

Non ! Son sens du regret n'allait pas jusqu'à exonérer de tout blâme le garçon qu'elle avait entraîné dans son crime. Un autre innocent était son cousin John McWain à qui elle avait précédemment tenté de faire porter le chapeau pour sauver son prétendu amant Coyle. Mais, en fait, Coyle avait-il vraiment trempé dans ce crime ? Certains coups de hache dans les rondins des murs étaient si profondément incrustés qu'il avait nécessairement fallu un tueur très vigoureux ; mais Phœbe était justement une personne très bien bâtie… musculairement parlant... mais pas seulement ! La plupart des observateurs parièrent qu'elle en était bien capable. La plupart des observateurs, certes,… mais les jurés aussi… et ils décidèrent en moins d'une heure de délibérations que Phœbe était, sans aucun doute possible, la seule et unique meurtrière. D'ailleurs, Phœbe avait tellement menti tout au long de l'enquête et du procès, que le jeune amant fut ultérieurement blanchi de toute accusation.

Elle avait menti non seulement pour se justifier, mais pour intimider et discréditer les enquêteurs. Ainsi, en représailles contre le policier Harry Phair qui avait procédé à son arrestation pour l'interroger, au tout début de l'enquête, Phœbe, qui ne reculait devant rien pour terroriser ceux qui bravaient sa volonté inflexible, l'avait même accusé de tentative de viol durant leur voyage vers London en voiture à cheval. La plainte avait été dûment enregistrée mais rapidement abandonnée par la suite devant l'accumulation extraordinaire de mensonges inconcevables qui ne pouvaient avoir été inventés que par une imagination mythomaniaque. La crédibilité de Phœbe en avait tellement souffert que, comme nous l'avons dit plus haut, le doute le plus complet sauva la tête de Thomas Coyle, d'autant plus facilement qu'il apparut aux jurés n'être qu'un jeune adolescent encore imberbe[1], qu'elle avait subjugué au moyen de son corps voluptueux, et qui lui obéissait comme un automate soumis. Il est sûr que le policier Phair, que Phœbe avait eu l'imprudence d'accuser de viol sur elle-même, dut faire en sorte que la jeune femme ne puisse nuire à d'autres, même peut-être au point d'exonérer un coupable, et de violer, lui-même,... la Justice humaine.

La faveur populaire, dont la jeune femme avait joui au début des investigations, au sein d'une partie notable de la population du Val-des-Épines, était retombée comme un soufflé mal cuit. En effet, pour sauver sa tête, elle avait trop souvent changé de versions, faisant preuve d'une imagination rappelant celle d'un oracle de Delphe, dans l'Antiquité grecque, qui se prénommait justement Phébé. Le reste de sympathie du public en faveur de la veuve sombra alors dans une haine implacable car son invention des deux cambrioleurs noirs n'avait été imaginée par elle que pour dissimuler son adultère avec un adolescent, ce qui, chez ces prolétaires à l'esprit imbibé de morale victorienne[2] autant que de cervoise locale, semblait la pire des perversions.

En entendant l'inévitable verdict de culpabilité, Phœbe resta totalement impassible jusqu'à ce que le juge prononçât la sentence de mort dans le silence absolu de la salle d'audience. Peut-être espérait-elle, en affichant le calme et la soumission, que le juge se montrerait plus clément. Pourtant, ce fut sans état d'âme que le magistrat suprême énonça la formule rituelle :

---

1 •Selon la description même de celui qui lui avait vendu le pistolet inutilisable.

2 •En dépit du fait que la reine Victoria ne détestait pas s'inspirer des centaines de positions du Kama Sutra pour varier les plaisirs hindous avec son amant, après la mort de son cher époux. Victoria anoblit Sir Richard Francis Burton qui traduisit le Kama Sutra en anglais à partir de la version française.

— Le 20 juin 1872, vous serez pendue par le cou jusqu'à ce que mort s'ensuive...

Alors la jeune femme se mit à hurler, à crier, à gémir et à se plaindre "*de façon pitoyable*" affirmèrent les journalistes présents, peu soucieux de lui accorder la moindre clémence. Gardons-nous de lui jeter la pierre, car si nous étions nous-mêmes condamnés à une mort imminente, nous paraîtrions peut-être plus lamentables que Phœbe. Certes, nous sommes tous condamnés à mort, mais nous en ignorons la date, et ainsi la Camarde peut s'approcher de nous avec grande discrétion, à pas de loup, et nous surprendre dans notre lit, ou nous égorger au coin d'une rue obscure sous le couteau acéré d'un voleur sanguinaire.

♦

À mesure que le jour de l'exécution approchait, Phœbe se montrait plus résignée face à son Destin tragique. Finalement, l'imminence de l'exécution provoqua dans son esprit une brutale culbute spirituelle lorsqu'elle réalisa qu'aucun atermoiement, aucun mensonge, aucune larme factice ne retiendraient les ciseaux de la vieille Atropos[1] qui se préparait à couper le fil de son existence. Elle se déclara alors "heureuse de son sort de condamnée à mort qui allait très bientôt expier son crime et paraître devant le Juge Suprême. Elle versa même dans les limbes de la sainte prière, des oraisons interminables et même des cantiques de louanges roucoulés d'une douce voix de tête, la voix même qu'elle utilisait jadis pour plaire à un nouvel amour.

En dépit de tous les subterfuges spirituels grâce auxquels elle voilait par moment son désespoir, les ultimes jours de sa vie semblaient presser le pas, comme pour la faire souffrir davantage. Le bourreau arriva enfin de Toronto, avec son éternelle petite valise contenant les sinistres cagoules qui avaient caché tant de grimaces d'agonie, et, les terrifiantes

1 •Selon la religion mythologique des anciens Grecs, les Trois Parques étaient des divinités, maîtresses du Destin des femmes et des hommes.

cordes, ces cordes qui hantaient les nuits des condamnés en ondulant comme des serpents venimeux. Le jour, il dirigeait l'érection de l'échafaud. La nuit, il dormait dans une cellule verrouillée à double tour, seul endroit où il se sentait en sécurité. Car personne n'aime celui qui exécute les décisions de Justice, qu'il soit huissier, gendarme ou bourreau. D'ailleurs il gardait son nom absolument secret. Même les surveillants gardaient leur distance, de même que le personnel. Roger Duguay écrira que[1], en apercevant le bourreau, «la réaction du personnel était à peu près la même que celle d'un marcheur paisible qui trouve une vipère sur sa route.» Quant aux autres détenus, inutile de préciser quels étaient leurs sentiments en voyant apparaître un tel personnage. Ils exprimaient leur haine, à l'heure des repas, «en crachant dans ses plats et en souillant sa nourriture[2].» Certains cuisiniers ou marmitons peu délicats n'hésitaient même pas, dans les cas extrêmes, à y déverser... leur semence.

L'Exécuteur des Hautes Œuvres érigea donc la potence dans la cour de la prison[3] de ce comté de Middlesex, à London. Elle pouvait être aperçue des bâtiments voisins. L'arrière de la potence était caché par des planches. Dès que l'échafaud fut dressé, le bourreau vérifia soigneusement le bon fonctionnement de sa machine «pour voir si la trappe *jouait* bien, et si elle s'ouvrait au signal ; il pendait un sac de sable au bout de la corde, qu'il laissait tomber à répétition. Le bruit que la trappe faisait, en s'ouvrant et en se refermant, mettait les détenus hors d'eux-mêmes[4].» Était-ce des repré-

---

1 •Duguay, 1979, p.43. Même si l'époque n'est pas celle de Roger Duguay, les humains restent sensiblement les mêmes face aux problèmes similaires.

2 • Ibidem. p.44. Les cuisines fonctionnaient habituellement avec des détenus. Le commentaire final du paragraphe est un souvenir personnel de l'auteur de cet ouvrage qui occupa, dans une autre vie, ce genre de fonctions.

3 •Il y eut 11 personnes pendues à la prison du comté de Middlesex. Le 29 décembre 1868, Thomas Jones qui avait assassiné sa nièce de 12 ans Mary Jones. Le 28 décembre 1871, Cyrus Pickard (20 ans) pour l'assassinat de Duncan McVannell. Le 20 juin 1872, Madame Phœbe Campbell pour l'assassinat de son mari George Campbell. Le 27 novembre 1885, Benjamin Simmonds qui avait assassiné Mary Ann Stokes. Le 14 juin 1890 Henry Smith, pour l'assassinat de sa femme Lucy Smith. Le 17 mai 1899, Marion 'Peg Leg' Brown, pour avoir tué le policier Michael Toohey. Le 10 avril 1924, Sidney Ernest Murrell, 26 ans, pour le meurtre de Russell Campbell. Le 10 avril 1924, Clarence Topping (23 ans) qui avait assassiné Geraldine Durston (trio d'amour). Le 26 avril 1932, Wallace Ramesbottom (18 ans), qui avait assassiné Samuel Weinstein. Le 26 avril 1932, Henry Quinn (36 ans), qui avait assassiné le même Samuel Weinstein pour le voler. Le 5 juin 1951, Walter George Rowe (29 ans) qui avait assassiné Clare Galbraith. La prison du comté de Middlesex fut fermée en 1972.

4 •Ibidem.

sailles vengeresses de la part de cet homme qui se sentait injustement méprisé de tous ? Tout le monde en était profondément persuadé.

Le jeudi 20 juin 1872, jour de l'exécution, Phœbe Campbell, 24 ans, écrivit une toute dernière confession dans laquelle elle demandait à Dieu pardon pour son crime inexpiable, et exhortait ses sœurs et ses frères humains à ne pas se laisser aller au péché. Que n'y avait-elle pensé plus tôt! Peu après 8h00 en ce matin calme, la jeune femme quitta sa cellule et marcha à la mort d'un pas ferme et déterminé, sans hésitation aucune. Elle serrait dans sa main un mouchoir brodé de quelques fleurs des champs. Les journalistes qui la détestaient pour tous ses mensonges (ils n'aiment pas la concurrence !) la dépeignirent comme une "*tueuse sans cœur*" et écrivirent qu'elle "marcha vers l'échafaud "*sans la moindre trace d'émotion*." Ils auraient sans doute aimé qu'elle se livrât à des implorations humiliantes. Mais Phœbe resta digne. En dépit de ces commentaires négatifs, elle s'agenouilla sur la trappe pour une dernière prière à Dieu afin de préparer son arrivée désormais si proche. Elle se leva enfin. Un oiseau chanta avec insistance ; peut-être pour lui souhaiter bon voyage au-delà des traînées blanches d'un cirrus, là-haut dans le ciel. Le bourreau lui passa la cagoule, fixa la corde, puis tira sur le déclencheur. Mais là encore et selon son habitude, il avait trop arrosé l'arrivée du soleil, sans doute pour se donner le courage de tuer froidement ses sœurs et ses frères humains. De ce fait, la taille et surtout le poids de la victime avaient été mal calculés. La corde, un peu trop longue, fit que les pieds de la morte touchèrent le sol en bout de course. Ses genoux fléchirent comme dans une ultime imploration, et sa tête s'inclina vers l'avant, comme pour une dernière prière muette. Il était précisément 8h30 du matin. La centaine d'invités, dont beaucoup de journalistes, qui siégeaient silencieusement dans la cour de la prison de London furent émus de voir que, lorsqu'on coupa la corde, Phœbe tenait encore dans sa main crispée le petit mouchoir brodé de fleurs des champs.

"L'oiseau s'en va, la feuille tombe,
L'amour s'éteint, car c'est l'hiver.
Petit oiseau, viens sur ma tombe
Chanter quand l'arbre sera vert[1] *!"*

♦

Cette funeste histoire aurait pu —et aurait dû— s'arrêter là, mais des voix s'élevèrent afin de rappeler que Phœbe avait vraisemblablement un jeune complice, et qu'il fallait peut-être le juger lui aussi. Le 2 octobre 1872, plus de trois mois après que sa maîtresse eut rejoint son époux dans un lieu que chacun imagine selon sa religion, Thomas Coyle fut finalement inculpé de complicité d'assassinat et présenté le 7 octobre 1872 devant une Cour d'Assises présidée par le juge John Hagarty. Ce jour-là, il pleuvait des hallebardes.

Le témoin principal, celui qui avait vendu le revolver à Thomas Coyle se montra incapable de l'identifier sans la moindre hésitation ; ou du moins, sachant que son opinion allait envoyer l'adolescent à la potence, il feignit cette fois de ne pas le reconnaître avec certitude. Quant au deuxième témoin, le journaliste du *Globe,* il affirma qu'*il avait perdu son carnet de notes* dans lequel il avait consigné les conversations entre Phœbe et Thomas. Il tâcha de décrire "de mémoire" toutes les conversations entendues, mais l'avocat de la Défense, David Glass, réussit fort habilement à montrer aux jurés que la mémoire de son client était défaillante. Glass mit aussi en évidence que, dans le cas peu probable où Thomas Coyle serait vraiment coupable, il n'était qu'un adolescent naïf qui s'était laissé manipuler par les sentiments et la sensualité. Le rusé avocat sortit aussi de ses manchettes fertiles un témoin surprise, Mary Springtead, qui avait en juillet 1871 partagé la cellule de Phœbe. Lors de sa libération, Mary avait réussi à transmettre une lettre de Phœbe à son soi-disant complice, Thomas Coyle. Ce dernier avait

---

1 •*La comédie de la mort.* Poème de Théophile Gautier, qui mourut cette même année 1872.

franchement refusé de lire la missive, prétextant qu'il ne voulait rien avoir à faire avec elle. On le comprend. Le policier Phair raconta aussi que lorsqu'il voulut arranger la visite de Thomas dans la cellule de Phœbe, Thomas s'y était longuement opposé. Tout cela était loin de constituer des preuves à décharge pour Coyle, mais ce fut présenté comme tel.

Finalement, le juge Hagarty qui semblait lui aussi pencher en faveur de l'accusé, influença sans doute les jurés qui donnèrent en moins d'une heure un verdict de non-culpabilité. Ainsi Thomas Coyle sauva fort heureusement sa tête ! Alors, prenant ses jambes à son cou, il embarqua immédiatement dans le premier vaisseau à voiles en partance pour retourner dans son Angleterre natale. Il ne revint jamais au Canada !

♦

Chaque année, depuis 2005, dans le cadre d'une *Journée Porte-Ouverte*, dans le *The Lost Soul Stroll*, la ville de London —en mal de célébrités et d'attractions touristiques—, célèbre avec faste celle que les féministes locaux surnomment la "*Jack l'Éventreur canadienne*" en la personne de Phœbe Campbell. Cette célébrité insolite doit, sans aucun doute, faire sourire le vieux George, tout balafré de cicatrices, qui, lui, a sombré dans l'oubli le plus total chez ces Londoniens d'Ontario.

Qui a dit que le crime ne paie pas ?

Et puis, une *Journée Porte-Ouverte* dans une prison, n'est-ce pas déjà un signe certain d'*humour canadien* ?

♠

-2-

L'infernal ménage à trois

Le cas de Cordélia Viau-Poirier, 1899

Cordélia Viau, épouse Poirier, était une femme heureuse car elle n'avait pas *coiffé Sainte-Catherine,* une coutume aujourd'hui obsolète, destinée à forcer les femmes au mariage et à la procréation avant 25 ans[1]. À 24 ans, elle avait épousé un homme de 40 ans. Quand on sait que la longévité humaine en cette fin de XIXe siècle n'était que de 45 ans, et que les femmes restaient mineures jusqu'à l'âge de 25 ans, on se rend compte que ce mariage dut fort étonner le village de Sainte-Scolastique, aujourd'hui disparu sous la pierre tombale, pardon ! sous la piste de béton du magnifique mais inutile aéroport international de Montréal-Mirabel[2].

En 1891, Isidore baignait dans ses 46 hivers tandis que Cordélia n'alignait que 30 printemps. Le mariage avait été pour Cordélia un vrai don d'Isis[3] : le don de la Liberté qui lui avait octroyé l'autonomie en cette ère où les femmes n'étaient jamais libres de choisir leur vie. La gérontophilie consiste à rechercher des partenaires beaucoup plus âgés pour des raisons très diverses. Ce peut être pour l'expérience, le calme de ces personnes qui ont eu le temps de vivre et qui se trouvent disponibles, prêtes à écouter l'autre.

---

1 • Sainte Catherine d'Alexandrie, jeune femme fort pieuse et fort érudite, n'avait pas trouvé d'homme assez modeste pour épouser une femme qui lui serait supérieure. Elle resta donc vierge jusqu'à sa mort et la tradition chrétienne, soucieuse de peupler la terre, utilisa son image pour pousser les jeunes filles à trouver mari "*au plus sacrant*", avant 25 ans, sous peine de "coiffer Sainte-Catherine" ; ce qui était un couronnement ridicule pour les jeunes filles laissées pour compte par les hommes. Curieuse coutume aujourd'hui emportée par le tsunami de l'éducation libertine, par le féminisme pur et dur, et par le concubinage généralisé.

2 •L'Aéroport International de Montréal fut construit sur ordre du Gouvernement fédéral de Pierre E. Trudeau pour des sommes fabuleuses. Des milliers de cultivateurs furent expropriés à bas prix et ruinés. Lorsque l'aéroport fut terminé, les compagnies aériennes refusèrent d'obéir à Trudeau et de quitter Dorval. En remerciement pour cette faiblesse indigne d'un Gouvernement responsable, l'Aéroport international de Dorval fut nommé *Aéroport international Pierre E. Trudeau.*

3 •Allusion à l'étymologie d'Isidore qui signifie "don d'Isis." La déesse Isis, épouse de son frère Osiris, pleura toutes les larmes de son corps qui furent la cause des inondations annuelles du Nil, lorsque son époux et frère fut assassiné. L'eau est une condition de *liberté* pour l'Égypte.

L'aspect rassurant de la personne âgée est souvent déterminant. Cordélia n'était pas particulièrement jolie et un mariage avec un homme d'une génération antérieure lui laissait la satisfaction d'être vénérée comme une princesse médiévale en dépit de l'ingratitude de son aspect physique.

Ce n'était pas un lointain complexe d'Électre[1] mal digéré qui avait attiré Cordélia dans une relation gérontophilique en lui faisant épouser Isidore Poirier, vieil homme austère à la barbe inquiétante, de seize ans son aîné. C'était qu'aucun jeune de son âge n'avait éprouvé le désir de la courtiser. Un affreux psoriasis l'avait jusque-là forcée à se réfugier dans une vertu irréprochable. Jamais un homme n'avait pu apercevoir la moindre parcelle de sa peau, surtout celle souillée de stigmates, et Cordélia s'était taillé dans le roc précambrien des Laurentides une réputation de pudeur et de vertu aussi solide que le Rocher de Bonaventure en Gaspésie. Aussi n'était-ce pas un pur hasard si le vieux garçon Isidore Poirier avait voulu unir sa propre solitude à celle de la jeune femme. Ce fut surtout cette pudeur inviolable qui plut à Isidore. Elle lui apparut comme la garantie d'infaillibilité du lien conjugal, une assurance indestructible que leurs deux âmes resteraient dans la *Voie du Seigneur,* un chemin certes cahoteux et amer, mais qui avait le mérite de mener *droit* au Paradis. Son chemin serait rude et ardu, mais ce qu'ignorait Isidore, c'était que, par ce choix matrimonial, son épouse lui apporterait le Paradis, mais pas le Paradis sur Terre,... le vrai, celui auquel on aspire tous, mais le plus tard possible. Isidore ne parviendrait même pas à connaître le XXe siècle que les habitants des Laurentides voyaient approcher avec curiosité.

Chaque être est un mystère d'autant plus opaque que nous ne parvenons pas à nous connaître nous-mêmes. Cordélia, pour sa part, n'était pas la tendre épouse qu'elle aurait souhaité paraître. Elle se rappelait avec une sainte horreur ses cours d'économie domestique donnés par les Sœurs

---

1 •Appelé ainsi non pas par Freud mais par le psychiatre suisse Carl Gustav Jung (1875-1961).

Grises de Montréal : «Écoutez-le [votre mari lorsqu'il revient du travail]. Il se peut que vous ayez une douzaine de choses importantes à lui dire, mais son arrivée à la maison n'est pas le moment opportun. Laissez-le parler d'abord. Souvenez-vous que ses sujets de conversation sont plus importants que les vôtres. Faites en sorte que la soirée lui appartienne... Ne remettez jamais en cause son jugement ou son intégrité. Souvenez-vous qu'il est le maître du foyer et qu'en tant que tel, il exerce toujours sa volonté avec justice et honnêteté... Faites en sorte de ne pas l'ennuyer en lui parlant, car les centres d'intérêt des femmes sont souvent assez insignifiants comparés à ceux des hommes.» La plupart de ses consœurs bouillaient d'irritation en entendant ces paroles infâmes. Certaines avaient même protesté. Mais les religieuses avaient balayé les critiques d'une seule phrase : «C'est la volonté de Dieu !» Pourquoi donc la volonté de Dieu passait-elle par la bouche de ces chanoines vétustes, vieux garçons endurcis, pour lesquels les deux seules femmes dignes de ce nom étaient leur propre mère et la Vierge Marie ?

Et ces vieux ecclésiastiques, archaïques et même surannés, se croyaient autorisés à pénétrer dans des domaines qu'ils étaient censés ignorer : «En ce qui concerne les relations intimes avec votre mari, il est important de vous rappeler vos vœux de mariage et en particulier votre obligation de lui obéir. S'il estime qu'il a besoin de dormir immédiatement, qu'il en soit ainsi. En toute chose, soyez guidée par les désirs de votre mari et ne faites, en aucune façon, pression sur lui pour provoquer ou stimuler une relation intime. Si votre mari suggère l'accouplement, acceptez alors avec humilité tout en gardant à l'esprit que le plaisir d'un homme est plus important que celui d'une femme. Lorsqu'il atteint l'orgasme, un petit gémissement de votre part l'encouragera et sera tout à fait suffisant pour indiquer toute forme de plaisir que vous aurez pu ressentir[1].» Comment la psyché d'une Ca-

---

1 •Texte absolument authentique. *Livre de piété de la jeune-fille au pensionnat et dans sa famille*, Aubanel Frères Éditeurs, Avignon, 1862. 847 pages.

nadienne-Française —même si elle n'était pas encore une Québécoise pure et dure— pouvait-elle ne pas exploser de révolte sous cette burqa psychologique ?

En épousant Isidore, Cordélia qui manquait jusque-là de confiance en elle, avait ainsi choisi ce moyen d'être métamorphosée en princesse vénérée. Si elle avait épousé un garçon de son âge, sa vie n'aurait certes pas été aussi douce et sa mort aussi atroce au bout d'une corde de chanvre indien, matière dont l'usage conduit habituellement dans l'antichambre de l'Au-delà.

♦

Dès les débuts de leur mariage, le vieil Isidore voua à sa petite femme une adoration sans bornes et chercha à combler tous ses caprices. Or on sait que le vase des désirs n'a pas plus de fond que le tonneau des Danaïdes et qu'il ne peut être comblé. Si Cordélia avait dû gagner son argent à la sueur de son front, elle aurait compris qu'elle devait limiter ses ambitions à ses moyens matériels. Mais le mariage lui avait conféré l'oisiveté... Comme elle avait horreur de faire le ménage, Isidore s'en chargea durant ses loisirs. Cela évitait à son épouse les éruptions cutanées de psoriasis (prétendait-elle) et les frustrations plus éruptives encore. La longue vie de célibat d'Isidore l'avait aussi habitué à cuisiner. Il continua, s'estimant parfaitement heureux qu'une femme ait simplement jeté sur lui et sur sa barbe noire la moindre marque d'intérêt. Dans un couple, le développement harmonieux des deux est exceptionnellement rare. Si ce n'est l'un qui profite outrageusement de l'autre, c'est l'autre. Lorsque *les deux* se sentent incapables de s'épanouir totalement, cela semble optimal pour l'équité des efforts et des sacrifices. Le couple est un équilibre instable dans lequel l'égoïsme et le narcissisme de l'un doivent être comblés par l'abnégation et la générosité de l'autre. À défaut de quoi c'est l'échec. C'est pourquoi, il n'y a pas comme les égoïstes pour apprécier les altruistes et les généreux. «Ce que j'apprécie le plus chez les gens, c'est leur générosité !» affirment-ils, sans se rendre compte qu'ils révèlent ainsi leur propre vice. L'équilibre est rarement atteint dans un couple mais tout le monde met sa mauvaise foi à se croire du bon côté de la balance, du côté du sacrifié. Le profiteur inexpiable est toujours l'autre.

Isidore était si soumis aux caprices de son épouse idolâtrée, qu'elle en profita pour se faire bâtir une nouvelle maison dans la ville voisine de Saint-Canut où Cordélia n'était pas connue comme à Sainte-Scolastique. Il est parfois bon de faire peau neuve, surtout quand la réputation n'est pas à la hauteur des ambitions. Quelques mois plus tard, le couple aménagea donc dans leur nouvelle maison au coin de la rue Principale et de la Côte Saint-Colomban. Ensuite, il fallut la meubler de neuf, et puis on dut renouveler la garde-robe de madame. Le budget du pauvre Isidore était toujours dans le rouge écarlate. Cordélia accepta de travailler à condition qu'elle pût choisir son métier. Elle décida de pratiquer le métier qu'elle avait appris au couvent : couturière[1]. Elle se spécialisa dans... les pantalons d'hommes. Allez savoir pourquoi ! D'ailleurs de nombreuses rumeurs plus ou moins véridiques couraient alors sur le métier de couturière, en tout cas celles qui s'étaient munies d'une machine à coudre, car ce genre d'instrument était considéré comme une *machine infernale* pour la Vertu féminine. «L'ébranlement de la pédale, dans son va-et-vient, imprime à la partie inférieure du tronc, le mouvement de frottement des grandes lèvres sur les petites, et la chaleur qui en résulte occasionne fréquemment l'onanisme[2].» La machine à coudre devenait un instrument de perdition[3]. Cordélia acquit rapidement un doigté et une dextérité absolument remarquables à échancrer une braguette ou à biseauter une poche. À tel point que, ameutés par le bouche à oreille, les messieurs commencèrent à affluer non

1 •La première machine à coudre vraiment fonctionnelle datait de 1830. Le brevet avait été déposé par un Lyonnais nommé Barthélémy Thimonnier, pour fabriquer des uniformes de l'Armée Française.

2 •Diane Ducret, *La chair interdite*, Albin Michel, 2014.

3 •C'est en tout cas ce qu'assure le docteur Thésée Pouillet dans son *Essai médico-philosophique sur les formes, les causes, les signes, les conséquences et le traitement de l'onanisme chez la femme*, Éditions A., 1876. Delahaye. (le texte est cité par Diane Ducret, p.80.)

seulement de la bourgade de Saint-Canut mais de toute la contrée. Le travail ne manquait ni pour l'un, ni pour l'autre, aussi Isidore dut embaucher un jeune apprenti menuisier, auquel Cordélia demanda d'effectuer les travaux ménagers qu'elle renâclait à faire. Le nouveau domestique était un beau jeune homme nommé Samuel Parslow.

Tandis que le loup entrait dans la bergerie, Cordélia voulut se mettre au diapason. Elle commença à se maquiller, oubliant les directives des vieux chanoines qui fustigeaient les femmes par ces mots : «Le désir de plaire est à lui seul une source de péché, surtout quand c'est par l'*ajustement* qu'on veut plaire[1].» Quoique mieux lotis en égard à la morale étriquée de l'époque, les hommes n'étaient pas totalement épargnés. Les chanoines gardaient une réserve de vieux tabous à dégainer en cas de tentations impérieuses : «Songez à votre mère ou à votre sœur ; c'est l'une des plus sûres sauvegardes contre les pensées coupables!» conseillaient-ils dans le secret du confessionnal, aux dévoyés dont la Vertu se sentait dangereusement assiégée à la vue de jambes émoustillantes ou d'un corsage trop expressif.

Isidore n'avait même plus besoin de gâter Cordélia en vêtements de toutes sortes et en bijoux divers ; elle s'en chargeait très honorablement elle-même, à tel point que le budget de la maison Poirier mordait la poussière. La menuiserie ne rapportait pas assez. Loin s'en fallait. Aussi durent-ils prendre le taureau par les cornes. Isidore s'exila en Californie dans l'espoir de trouver de l'argent et surtout de l'or. Les mines tournaient à plein régime dans la *Grass Valley* nichée au pied de la *Sierra Nevada*. Isidore n'avait que l'embarras du choix puisque le Klondike et les Rocheuses canadiennes se peuplaient aussi de chercheurs d'or armés de bâtées d'orpaillage. Malheureusement, sa chère femme refusa obstinément de l'y suivre. Il partit donc solitaire, le moral au plus bas, et y resta deux interminables années qui ne furent pas vraiment couronnées de succès, car Cordélia savait aligner

---

1 •Selon le *Dictionnaire de l'Académie française*, le mot "*ajustement*" signifiait dans ce sens archaïque : le fait d'apporter du soin à sa toilette; autrement dit le *maquillage* et la *coquetterie*. *Livre de piété de la jeune-fille au pensionnat et dans sa famille*, Aubanel Frères Éditeurs, Avignon, 1862. 847 pages fort savoureuses.

ses dépenses bien au-delà des revenus. Malgré cela, Isidore s'obstinait à vouloir renflouer le vaisseau familial qui prenait eau de toutes parts. Il souhaitait trouver de l'argent et surtout de l'or afin de combler le *tonneau des Danaïdes* qu'était devenue son mariage. Dans la région, les commérages volaient aussi bas que les maringouins par temps d'orage. Le curé Pinault de Saint-Canut et la mère de Samuel Parslow ne savaient que dire et que faire pour délier ce nœud gordien avant qu'il n'ait étranglé quelqu'un.

Harcelée par la solitude, la jeune et intelligente Cordélia qui disposait ainsi de nombreux loisirs à meubler, organisa un salon littéraire au cours duquel on discutait littérature, fredonnait des chansons populaires et déclamait des poèmes. Dans le village, la rivière de commérages grossit en fleuve. Les bavardages enflèrent à un point tel que Cordélia dut faire preuve de quelque prudence. L'égérie commença à signaler à ses secrets visiteurs si la voie était libre : une lampe à pétrole dans la fenêtre signalait à ses chers soupirants alanguis qu'ils pouvaient se présenter à l'une des trois portes de la résidence sans risquer de bousculer un autre visiteur de la nuit. Et d'ailleurs comme par un fait exprès, la nouvelle maison comptait bien *trois portes,* sur trois côtés de la bâtisse, à l'exemple des trois portes du temple maçonnique soucieux de satisfaire les amis de la contrée. Ces trois portes firent ultérieurement penser au Procureur de la Reine Victoria que Cordélia avait mûri et prémédité son plan de débauche longtemps auparavant. Mais, en dépit de cette prudence vigilante, on pouvait difficilement se cacher des voisines, surtout à cette époque sans radio ni télévision. Les seules aventures intéressantes se déroulaient toujours dans les maisons voisines. Aussi les ombres furtives étaient-elles soigneusement répertoriées par les voisines, gardiennes fidèles et circonspectes de la Vertu des autres.

Monsieur le curé Pinault, incapable de faire pression sur Cordélia qui, fort en avance sur son temps, se souciait peu de l'opinion du Clergé, prit sa meilleure plume pour écrire à Isidore, afin de lui faire savoir que sa femme courait... des dangers. Et lui aussi, bien entendu ! Mais, paradoxalement, au lieu de considérer les paroles de l'ecclésiastique comme un conseil digne de foi, Poirier, dont l'esprit macérait encore dans la vénération passionnée des premiers jours, fut outragé de constater que le curé se faisait le porte-parole des commérages de la petite ville à peine plus grosse qu'un bourg. Il expédia sur le champ la lettre de dénonciation à sa femme en lui conseillant d'exercer des représailles contre le prêtre, par exemple en refusant de tenir l'harmonium paroissial. Mais Cordélia ne se "dévouait" à cette tâche que parce que cette haute fonction flattait sa vanité, et non pour rendre service au prêtre qu'elle détestait. Elle adorait moduler, de ses jeunes doigts et de ses mains fuselées, le *Kyrie* de Ropartz ou la *Petite Messe solennelle* de Rossini. Ses doigts façonnaient le son brut et frivole en délicates harmonies comme la main du potier apprivoise l'argile triviale en vase gracieux. En fait, elle n'acquiesça qu'à son dernier conseil. Il terminait sa lettre par ces mots candides : «Fais tout ce que tu pourras pour te désennuyer !» Elle s'y employa sans faiblir.

Chacune des lettres de Cordélia était une perpétuelle demande d'argent. Isidore envoyait ce qu'il pouvait –et même plus– mais sans jamais la contenter. «Je vais faire mon possible pour t'envoyer autant d'argent que je pourrai de Fresno (Californie), et si je peux trouver quelqu'un pour m'en prêter, je t'en enverrai au plus vite. Je ne gagne que deux dollars par jour, et quand j'ai payé ma pension de 4,50$ [par semaine], tu peux voir que ça ne va pas très vite. Je vais tâcher de me trouver une chambre pour me nourrir moi-même... Ça me décourage d'avoir tant de dettes à payer, l'assurance, la machine à coudre, et l'assurance encore. Tu vois si ce n'est pas assez pour décourager un homme. Si ça continue, je ne pourrai pas m'en aller au printemps et tout cela me fait m'ennuyer encore bien plus. Et pour me faire encore plus de peine, voir tout ce monde jaloux autour de toi qui te fait de la peine... N'oublie pas de répondre à celui qui vit pour toi et qui pleure pour une femme qu'il aime et qu'il aimera toujours.» Son innocence puérile faisait de lui une victime certaine de l'égoïsme narcissique de sa conjointe.

En 1897, déçu par la Californie dont l'argent que l'on croyait facile ne parvenait pas à entamer la montagne de dettes de Cordélia Viau-Poirier, Isidore revint à Montréal pour y chercher du travail. Dès qu'il obtint un emploi, en août 1897, Cordélia commença à le harceler afin qu'il lui envoie *la totalité de son salaire* : «Je voudrais que tu me fasses plaisir [Sic!], car tu sais qu'il faut forcer un bon coup pour sortir du trou... Bien, mon cher, aussitôt que tu auras la paye, tu me l'enverras, et Modeste peut attendre pour ta pension car il a sa paye toutes les semaines... *mais il viendra un jour peut-être pour moi où je ne pleurerai pas...*» La dernière phrase de la citation aurait dû jeter l'inquiétude dans l'esprit de Poirier. Les yeux et le cœur voilés par sa burqa de passion dévorante, il n'y vit aucun sujet d'appréhension. Il est certain que Cordélia était en train d'échafauder depuis plusieurs mois déjà une machination qui lui apporterait la fortune... ou l'échafaud. En fait, ce fut l'échafaud et la corde !

Depuis longtemps déjà, en fait, depuis le séjour en Californie, Isidore Poirier évoquait dans ses lettres *les* assurances-vie que lui avait fait contracter Cordélia. Elle l'avait contraint, en Californie, à se couvrir d'une première assurance-vie de 1.000$. Dès qu'il fut installé à Montréal, elle le fit souscrire à une deuxième assurance-vie pour la même couverture, toujours en sa faveur à elle. Mais inquiète de savoir si elle toucherait cette fortune en cas d'assassinat, elle eut la maladresse de demander à l'agent d'assurance lui-même, Émile Champagne : « [Mon mari] demande s'il venait à mourir de n'importe quelle mort, se faire tuer dans n'importe quel accident, ou être empoisonné, ou être tué par les chars [les automobiles], il veut tout savoir...» Et Cordélia précisait plus loin de ne discuter ce problème qu'avec elle, car c'était elle qui s'occupait des affaires : «Répondez-moi et ensuite j'irai m'arranger avec vous car mon mari ne peut pas laisser son ouvrage... *Si vous venez, ne dites pas que je vous ai écrit.*» Bien sûr, l'agent d'assurance comprit immédiatement que la situation devenait complexe et périlleuse chez les Poirier. Il fut l'un des témoins à charge.

Comme on pouvait s'y attendre, l'étape montréalaise ne réussit pas, elle non plus, à remonter les finances du couple. Et il semble bien que Cordélia ait alors décidé de précipiter les événements, de prendre les grands moyens pour régler le problème une bonne fois pour toutes. Elle fit alors revenir son mari afin de mettre à exécution son grand projet de *fraude à l'assurance-vie* dont Isidore serait la vedette involontaire, le chevreau immolé dont la mort devait rapporter fortune, bonheur et abondance. À la fin de 1897, Isidore revint donc vivre *–mourir*, devrions-nous dire– dans le village de Saint-Canut. Puis, au printemps, tandis que Cordélia échafaudait le scénario de l'assassinat, il dut aller travailler à Saint-Jérôme où il participa à la construction de la magnifique cathédrale qui existe encore. Une vraie œuvre d'art. Cordélia loua une chambre chez une famille de cette ville, officiellement pour éviter trop de déplacements, mais en réalité parce qu'il lui semblait plus convenable de pouvoir se trouver loin des lieux du crime lorsqu'il serait perpétré à Saint-Canut. Madame Meunier, la propriétaire de la chambre louée, se rendit vite compte que le couple qu'elle hébergeait était, pour le moins, inusité, en comparaison des couples de l'époque. Elle ressentit pour Cordélia une méfiance immédiate ; sans doute après avoir constaté que la jeune épouse s'adressait à son mari de façon abrupte et même dictatoriale. Âme sensible et curieusement intuitive, elle enregistra tout naturellement dans sa mémoire –et peut-être même sur papier–, les moindres détails, les plus brèves allées et venues de Cordélia qu'elle se mit à surveiller de près. Elle devint ainsi le principal greffier et le plus efficace témoin à charge dans le terrible assassinat qui suivit ces préliminaires.

♦

Le vendredi 18 novembre, Samuel Parslow, toujours à la solde de Monsieur Poirier et aux ordres de Madame, vint à

Saint-Jérôme prendre les ultimes directives auprès de sa maîtresse. Selon l'enquête criminelle, ce fut ce jour-là que Cordélia lui donna le signal de tuer Isidore. Madame Meunier témoigna de trois visites au domicile de Cordélia durant cette seule journée. Fort prudent, l'amant resta dehors et ce fut Cordélia qui sortit en dépit du froid vif des Laurentides. Malheureusement pour eux et heureusement pour le bon déroulement de l'enquête, leur *langage corporel* les trahit. Leurs dialogues ressemblaient à des conciliabules de comploteurs qui ourdissent un attentat. Leurs yeux fouineurs et tendus surveillaient les environs comme font les conspirateurs et les chiens de Prairie dressés sur leurs pattes arrière. Leur gestuelle était si excessive qu'un mime professionnel n'aurait pas mieux exprimé la préparation d'un complot.

Ce soir-là, lorsqu'Isidore revint du travail après une longue journée de labeur au froid sur la vaste toiture de la cathédrale en construction[1], dans le vent glacial du Bouclier canadien, sa femme lui intima l'ordre de ramener Samuel à Saint-Canut où le domestique avait ordre de le mettre à mort. Ainsi, serait-elle loin des lieux du crime et personne ne pourrait l'impliquer directement dans cet homicide ; du moins le croyait-elle. Fatigué de sa journée de travail et désireux de se reposer, son mari essaya de tergiverser, de louvoyer, de refuser, mais Cordélia leva la voix et Isidore n'eut plus qu'à se plier à sa volonté dictatoriale. Satisfaite d'avoir humilié et vaincu le vieil homme par quelques vociférations, Cordélia —que l'on qualifierait aujourd'hui de *perverse-narcissique*— se tourna vers les Meunier qui contemplaient la scène, fort choqués, et s'écria, en présence de son mari qui se levait pour aller atteler le cheval à la charrette :

— Quand je lui dis quelque chose, il m'écoute !

Les deux hommes —l'assassin et la victime— partirent immédiatement. Dès que le cheval s'ébranla, Cordélia cria à son mari de "*coucher à Saint-Canut*"... où Samuel devait l'exécuter le soir même.

---

1 •En fait, cette église prit le titre de cathédrale en 1951. Les vitraux étaient fabriqués en France par des maîtres verriers-vitraillistes très réputés et les grandes orgues furent élaborées et créées par les fameux facteurs d'orgues, les frères Joseph et Samuel Casavant de Saint-Hyacinthe (Québec). Joseph avait appris le métier à Versailles.

Le lendemain matin, Cordélia parut soucieuse et tendue.

— Madame, vous paraissez bien inquiète. Attendez-vous votre mari ? demanda Madame Meunier.

— Je ne pense pas qu'il vienne ce matin, répliqua Cordélia avec un demi-sourire, sans réfléchir à ce que sa phrase révélait.

Or à 6h30, en voyant arriver son mari qui se rendait au travail, elle parut surprise, contrariée et, pleine de dépit de le voir encore vivant. Elle monta se coucher alors que d'habitude, c'était elle qui lui préparait le petit-déjeuner, selon la tradition de l'époque.

— D'habitude, c'était elle qui lui servait à manger, commenta Madame Meunier au procès.

Selon l'enquête qui suivit, Samuel Parslow n'avait pas trouvé en lui, ce soir-là, suffisamment de détermination pour l'assassiner. Ce qui est tout à son honneur ! Isidore était passé à deux doigts de la mort. Après s'être fait lourdement réprimander par Cordélia qui le menaça d'interrompre leurs relations, ce ne fut que le surlendemain dimanche que Samuel put rassembler les forces nécessaires, ou plutôt *assez de vilenie et de lâcheté*, pour assassiner son patron... pendant son sommeil.

L'enquête révéla que les deux amants avaient décidé que le crime serait exécuté à l'arme blanche (le grand couteau de boucherie) pour éviter d'ameuter les voisins par les déflagrations d'une arme à feu. Dans ce but, Samuel aiguisa soigneusement un grand couteau qui servait à tuer le cochon, chaque année dans les fermes laurentiennes, pour la consommation charcutière de la famille.

Le samedi 19 novembre, les Poirier prirent donc le chemin de Saint-Canut, comme ils le faisaient chaque semaine, car Cordélia tenait à jouer de l'harmonium à la messe du dimanche. C'était son petit moment de gloire. Elle en jouait fort bien, et personne n'aurait pu la convaincre d'abandonner le projet, même si ce plaisir narcissique l'obligeait à se trouver sur les lieux de l'assassinat quand elle aurait dû s'en éloigner le plus possible. Elle ne put renoncer à ce moment de gloriole même le jour où elle fit tuer son Isidore. Cela allait lui coûter le gibet.

Il neigeait légèrement. Les flocons fous leur piquetaient les joues de frimas. La soirée se passa bien. Isidore engrangea la récolte de tabac en compagnie de Samuel Parslow tandis que Cordélia parcourait des magazines de mode à la lueur blafarde d'une lampe à huile de baleine blanche du Golfe Saint-Laurent. Le lendemain, tout le monde se rendit à la messe ; Madame pour tenir l'harmonium, Samuel pour chanter dans la chorale paroissiale, et Monsieur pour... simplement prier et écouter avec admiration les belles sonorités qui jaillissaient des longs doigts de sa chère Cordélia. Pourtant, à midi, Samuel refusa de venir dîner chez les Poirier comme à l'accoutumée. Il préféra exceptionnellement se rendre chez sa mère qui vivait à quelques centaines de mètres de là.

—Pourquoi n'est-il pas venu dîner avec nous ? dut demander Isidore à Cordélia qui lui répondit sans doute par une question comme font habituellement les fourbes. Ils ont la conviction de ne pas mentir par ce subterfuge.

—Comment veux-tu que je le sache ?

Comment Samuel aurait-il pu l'assassiner sereinement dans l'après-midi s'il avait fraternisé en copain à midi[1] ? On peut imaginer que le repas ne fut pas des plus gracieux entre Isidore et Cordélia, et on se demande bien quelle attitude elle affichait devant le vieil homme qui vivait ses dernières minutes. Pensait-elle qu'il ne verrait pas la soirée et que le soleil allait se coucher définitivement pour lui ? Se sentait-elle puissante de tenir entre ses mains la clé de sa vie, comme Atropos, la troisième Parques de la Mythologie évoquée plus haut, dont les ciseaux bien aiguisés, étaient chargés de couper le fil de l'existence humaine ?

Il fallait vraiment qu'Isidore aimât aveuglément sa jeune épouse pour ne pas la voir telle qu'elle était. Peut-être prenait-il à son compte les directives utilisées dans la forma-

1 • *Copain* signifie : qui mangent leur pain ensemble.

tion des jeunes-filles en ce temps-là : «*Oh ! Qu'il y a à gagner avec des personnes de mauvais caractère, rien qu'en les supportant*[1] *!*» Supporter l'insupportable; c'était le plus sûr chemin vers le Ciel. Ce le fut pour Isidore, ce soir-là !

Certaines personnes, peu soucieuses d'objectivité et d'équité, ont tenté de présenter Cordélia comme une victime de son mari en niant l'évidence avec une mauvaise foi perverse. Pourtant, dans ce crime, cette "évidence" fut présentée par une femme, Madame Bouvrette. Ce fut cette voisine qui raconta la chronologie des événements de l'après-midi avec une pléiade de détails qui firent le bonheur du Procureur de la Reine Victoria. Madame Bouvrette semblait passionnée par cette histoire car elle avait déjà pu en suivre plusieurs épisodes, par exemple lorsqu'Isidore était en Californie ou à Montréal, quand Samuel et les autres fervents admirateurs venaient rendre de discrètes visites nocturnes à leur égérie et que les visiteurs, trop ardents et trop impatients, dispensaient les premières marques de galanterie à Cordélia avant de disparaître dans l'anonymat de la maison. Madame Bouvrette imaginait peut-être le reste avec un brin de jalousie.

Tendons délicatement l'oreille pour écouter la voix de Madame Bouvrette nous détailler la chronologie de cet ultime après-midi dominical si peu ordinaire en dépit des apparences, comme elle le fit à la barre des témoins, dans le prétoire, devant les jurés fascinés : «En ce dimanche 20, donc, vers 2 heures de l'après-midi, Cordélia s'est rendue aux vêpres[2] pour en revenir vers 3 heures et quart avec Samuel.» Isidore consacrait ses derniers instants de vie à se reposer inutilement dans son grand lit conjugal, croyant pouvoir reprendre dès le lendemain matin l'épuisant fardeau du travail quotidien. «Entre 3 heures et demie et 4 heures, j'ai aperçu Samuel Parslow qui attelait le cheval à la voiture. Puis il l'a dételé car Cordélia semblait avoir changé d'idée.» Elle avait sans doute envisagé un instant de s'éloigner du site où devait se perpétrer le crime. «Habituellement, c'était Isidore qui

1 •*Livre de piété de la jeune-fille au pensionnat et dans sa famille*, Aubanel Frères Éditeurs, Avignon, 1862. 847 pages.

2 •Les vêpres étaient autrefois un office religieux dominical célébré en fin d'après-midi.

sortait pour atteler, mais cette fois-là Samuel l'a fait.»

À 4h25 du soir, «Mme Poirier est sortie et s'est installée dans la voiture que Parslow venait d'atteler de nouveau. Madame est partie seule. Samuel est entré de nouveau dans la maison et n'en est ressorti qu'à 6h00 du soir pour retourner vers la maison de son frère chez qui il prenait *chambre et pension*. Il disposa donc de plus d'une heure pour égorger son patron et ami.» Chez son frère, où il se réfugia après le meurtre, l'enquête révéla que l'assassin soupa de bon appétit –Comment est-ce possible ?– et ne repartit que le lendemain matin après un solide déjeuner. Cordélia passa inexplicablement la nuit chez son propre frère, contrairement à son habitude. Avait-elle peur des morts ?

Le lundi matin vers 7h00, avant de revenir chez elle, elle s'arrêta chez Parslow qui se contenta de lui annoncer laconiquement :

— *Tout est fini !*

Elle revint seule chez elle pour jouer la scène suivante, celle de la découverte du corps. C'était une scène essentielle qui devait être des plus convaincantes si elle voulait sauver sa tête. Parslow, l'assassin, était le seul à détenir l'unique clé de sa maison et elle oublia de la récupérer chez son domestique. Invraisemblable comportement ! Avec lenteur et grandes hésitations, Cordélia monta jusqu'à la porte de son perron et trouva comme prévu la porte verrouillée. Elle alla donc frapper à la porte des Bouvrette. Elle ne tenait pas à se trouver, seule, devant une scène de carnage. Madame Bouvrette qui avait observé le manège avec grande attention vint ouvrir la porte. Cordélia lui dit :

— Il faut absolument que j'aille jouer de l'orgue à l'église. J'ai un mariage à 8h00. Votre mari pourrait-il atteler mon cheval ? Je reviendrai après la cérémonie.

La messe achevée, Cordélia revint chez les Bouvrette. À sa demande, M. Bouvrette s'arma d'un tournevis, souleva une fenêtre à guillotine pour aller ouvrir la porte par l'intérieur. Soucieuse de ne pas être celle qui découvrirait le carnage, elle dit alors :

— Pouvez-vous aller voir dans la chambre de mon mari ? J'ai un étrange pressentiment.

Ce curieux commentaire fut dûment rapporté aux jurés. Comme on peut s'en douter, il fit grande impression. À peine entré, Bouvrette poussa un hurlement :

— Votre mari est là, Madame Poirier ! Il a la gorge tranchée d'une oreille à l'autre avec un couteau de boucherie !

Isidore était étendu en travers du lit dans une mare de sang. Sur l'oreiller, à sa gauche gisait le grand coutelas tout ensanglanté. Le corps, totalement exsangue, révélait six blessures graves dont deux mortelles, comme le soulignera plus tard le médecin légiste.

Cordélia s'approcha jusqu'au seuil de la chambre mais ne poussa aucun cri lorsque l'horrible tableau s'offrit à ses yeux. Paradoxalement, elle n'émit pas le moindre mot, le moindre son, se contentant de cacher ses yeux dans ses mains, «*sans aucune larme*» constata Monsieur Bouvrette. Ce dernier amena Cordélia chez lui pour lui préparer un cordial qui la réconforterait. Elle resta là jusqu'à midi. Samuel Parslow la rejoignit, prit place auprès d'elle, mais, autre singularité révélatrice et incriminante, *ils ne parlèrent pas du tout de la mort d'Isidore*. Curieux ! Le juge Taschereau qui présida la Cour du Banc de la Reine, trouva ce silence accablant. C'était un *silence assourdissant* de culpabilité[1] !

Selon la reconstitution du Coroner, le vieil Isidore se reposait sur le lit en attendant le retour de sa femme bien-aimée, lorsque Parslow, armé du grand couteau de charcuterie le frappa au visage de plusieurs coups. L'une des estafilades partait de la tempe gauche et traçait une longue plaie de 15 à 20 cm jusqu'à la gorge. Sous la vive douleur, Poirier sortit de son demi-sommeil et porta ses mains en avant, en protection. Il tenta alors de se lever et de saisir la lame. Sa main et ses doigts furent coupés jusqu'à l'os, les tendons des mains sectionnés.

Un deuxième coup frappa la victime au menton. Le tueur et la victime s'étreignirent alors dans une lutte à mort

1 •J'emprunte avec plaisir à *La Chute* d'Albert Camus cet oxymoron fort adéquat.

qui dura un bon moment. Mais le vieil Isidore, totalement désarmé, perdait son sang en abondance, et la faiblesse le força bientôt à s'appuyer au mur blanc sur lequel l'empreinte sanglante de sa main s'imprima clairement. Les coups de couteau pleuvaient toujours sur Isidore. Épuisé, il appuya sa joue contre le même mur où la trace du visage s'imprima comme celle du Christ sur le voile de Sainte-Véronique. Finalement, à bout de forces, il tomba sur le plancher. Le jeune amant de Cordélia le prit alors à bras le corps pour le replacer sur le lit, en travers du matelas. Ceci fait, soucieux de s'assurer qu'Isidore était bien mort et qu'il ne pourrait pas dévoiler le nom de son tueur, le domestique planta son couteau près d'une oreille, et trancha le cou jusqu'à l'autre; ce geste détacha presque la tête du corps.

♦

La nouvelle du féroce assassinat et l'horreur du crime se répandirent comme une véritable traînée de poudre dans la ville de Saint-Canut, tout au long des Laurentides, puis à travers l'immense Province de Québec toute entière. Qui avait bien pu se livrer à ce carnage ? Très vite, grâce aux observations judicieuses et assidues de Madame Bouvrette, dignes du meilleur limier de la Gendarmerie, la police put facilement procéder à l'arrestation des présumés assassins. Mais cette humble voisine ne fut pas le seul témoin à charge, loin de là.

Le procès commença au Palais de Justice de Sainte-Scholastique, et les témoins défilèrent à la barre. L'un avait vu au cours des mois, les marques d'affection fort significatives, juste avant que l'un des nombreux "invités" ne pénètre dans "*la maison coquine aux trois portes.*" Un autre avait saisi "*au vol*" des commentaires qui ne lui étaient pas destinés et qui laissaient entendre que Cordélia avait assisté à la perpétration du crime (ce qui expliquerait pourquoi elle n'avait pas eu l'air surprise en apercevant "*le théâtre*" de la mise à mort.) Le gardien de la prison entendit d'ailleurs un jour Cordélia

murmurer à son amant à travers la porte de sa cellule :
—*Sam, dis que je n'y étais pas. Ce sera clair !*

Car si Samuel restait enfermé dans sa cellule, Cordélia avait le privilège de circuler dans les couloirs de la Maison d'Arrêt.

À l'issue du procès, le 2 février 1898, Cordélia fut trouvée coupable après deux petites heures de délibérations. Mais en Appel, le 5 décembre, le verdict fut cassé pour vice de forme, et un nouveau procès commença le jour même. Finalement le 16 décembre, elle fut déclarée coupable, et, le 10 mars 1899, le juge Taschereau la condamna à périr par pendaison en compagnie de son amant qui venait aussi d'être trouvé coupable à l'issue d'un procès parallèle.

♦

Le bourreau Daniel James Ratley Prior était à cette époque *l'Exécuteur des Hautes-Œuvre du Dominion du Canada*. Il reçut la tâche lucrative de mettre fin aux jours des deux amants. Pour le commun des mortels, il se cachait derrière le pseudonyme de Radclive ou parfois même Radcliffe, vraisemblablement le nom de jeune-fille de sa mère.

Le 7 mars 1899, Ratley fit ériger une double potence devant les barreaux de la fenêtre de Samuel Parslow ; gentille attention qui dénote très certainement un certain degré de sadisme. Le matin de l'exécution, le 10, l'ultime messe fut célébrée à 7h00 dans la cellule-chapelle de la prison civile de Sainte-Scolastique. Cordélia savait depuis la veille que la Grâce royale était rejetée par la vieille reine Victoria qui n'allait pas tarder à rejoindre les deux condamnés dans le mystérieux *Monde-des-Ombres* qui terrorise plus encore les croyants que les incroyants. Comme à l'accoutumée, certains groupes avaient violemment protesté contre l'exécution d'une femme. En vain. Lorsqu'il franchit la Rivière des Outaouais qui sépare la province d'Ontario de celle de Québec, le bourreau Ratley se rendit vite compte qu'il n'était le bienvenu ni dans le comté de Terrebonne ni ailleurs au Québec, surtout pour exécuter une femme.

Le 21 mars 1902, trois ans après cette double exécution de 1899, Ratley reviendra à Gatineau[1], pour exécuter Stanislas Lacroix convaincu du meurtre de sa femme. À cette occasion, ce même bourreau déclenchera un petit scandale en déclarant, en état d'ébriété avancée, dans un bar de la ville, qu'il venait "*pour pendre un "French" et qu'il espérait que ce ne serait pas le dernier.*" Il prit ce jour-là une correction inoubliable et se rendit compte que les Québécois n'étaient pas des sujets de Sa Majesté tout à fait comme les autres. Il fallut un peloton de policiers "francophones" pour le secourir, visage tuméfié, dents cassées, et lui épargner l'ignominie de se faire infliger par des Québécois ce qu'il faisait aux autres : mourir au bout d'une corde.

Les bourreaux vendaient alors en petits fragments les cordes des pendus. Certains superstitieux croyaient fermement qu'elles portaient bonheur. Ratley avait même la réputation, pour arrondir de façon frauduleuse ses fins de mois, d'acheter des cordes de même calibre et de les vendre en guise de cordes de pendus. Le successeur de Ratley, le bourreau English, raconta dans l'Entre-Deux-Guerres qu'un shérif de Colombie-Britannique avait un jour surpris Ratley dans une quincaillerie de Vancouver, achetant des tronçons de corde afin de les débiter en *porte-bonheur.* En Espagne, les bourreaux vendaient la graisse des pendus qui était réputée anesthésier les douleurs rhumatismales[2].

Quelques années plus tard, dans la même ville de Vancouver, le quotidien *Star* écrivit que Ratley s'était permis, le 18 décembre 1908, de suggérer de couper la tresse d'un Chinois nommé Lee Chung condamné à mort pour le meurtre d'un compatriote, Young Ah Hing, et qui devait être exécuté derrière les murs crénelés du pénitencier fédéral de New

---

1 •La ville de Gatineau s'appelait alors Hull.

2 •Le sergent Bourgogne de la Garde impériale napoléonienne en fit la dure expérience lorsqu'il subtilisa trois pots de graisse "animale" pour cuire ses haricots. Le propriétaire de la maison chez qui le soldat avait reçu un "billet de logement" n'était autre que le bourreau de la ville. (Adrien-Jean-Baptiste-François Bourgogne, *Mémoires du sergent Bourgogne*, Gallica, Bibliothèque Nationale de France, Paris.)

Westminster (CB), aujourd'hui en partie disparu sous la couche de béton et d'asphalte qui envahit chaque jour comme un glacier continental le delta du Fleuve Fraser. Désireux de faire de l'argent sur la misère humaine, il voulait ainsi « couper cette queue en petits morceaux pour en faire des souvenirs de l'exécution, et il s'exprima [selon le journaliste du *Star*] de telle façon qu'il révéla la vulgarité de son tempérament.» Finalement, Lee Chung fut effectivement pendu sans sa tresse, ce qui laisse penser que Ratley réalisa son méprisable projet[1]. Lee Chung fut d'ailleurs exécuté en compagnie de deux autres condamnés : James Jenkins, un noir de 34 ans accusé d'avoir violé Mary Morrisson et de lui avoir tranché la gorge près du lieu-dit Hazelmere[2] dans la municipalité de Surrey, et John Pertella, un autre noir de 44 ans pendu pour avoir battu Madame Jenkins à Vancouver.

Les juges de Colombie-Britannique, en ce début du XXe siècle, se montraient particulièrement sévères envers les minorités visibles, en tout cas lorsqu'il s'agissait d'octroyer le gibet, d'autant plus que les théories de Charles Darwin[3] commençaient à diffuser parmi les nations anglo-saxonnes ses hypothèses sur l'*évolution des espèces et des peuples,* et sur la « *survie des plus forts seulement*». Toutes ces théories furent utilisées au XXe siècle pour prôner et étayer différentes perspectives idéologiques, y compris le laisser-faire économique incontrôlé, le nazisme sordide, le colonialisme parfois néfaste mais aussi source d'évolution rapide dans certains pays, le racisme étroit, l'impérialisme paralysant "*à l'anglaise*", et même le Mondialisme sauvage des néo-

---

1 •Le missionnaire canadien Blanchet nous donne la raison de l'effroi du Chinois : «C'est une offense digne du pénitencier pour tout Américain de couper la tresse d'un Chinois [d'Amérique ou du Canada] ; la raison en est que celui-ci ne peut plus rentrer en Chine, pendant sa vie, et après sa mort ses os ne peuvent être transportés dans la terre du Céleste Empire.» François-Xavier Blanchet, *Dix ans sur la Côte du Pacifique, par un missionnaire canadien,* Imprimerie Léger Brousseau, Québec, 1873. p.80

2 •Hazelmere est aujourd'hui un golf où l'auteur de ces lignes a l'habitude de se rendre le dimanche.

3 •Théories confirmées en 1912 par le paléontologue charlatan Arthur S. Woodward, Président de la *London Geological Society* et Conservateur en chef du *Departement d'Histoire du British Museum*. Voir à ce sujet l'*Homme de Piltdown,* une imposture pseudo-scientifique destinée à servir de chaînon manquant et à confirmer les théories de Darwin.

conservateurs d'outre-frontière, dans une certaine mesure[4].

♦

Mais revenons à ce 7 mars 1899, alors que s'érigeait dans la prison de Sainte-Scolastique la double potence destinée au couple d'amants Cordélia et Samuel. Littéralement terrorisé par l'accueil des Québécois, le bourreau Ratley dut prendre pension au Palais de Justice, personne au Québec ne voulant lui louer la moindre chambre. Finalement, craignant pour sa propre vie, il insista auprès du chérif Lapointe pour que l'heure de l'exécution fût avancée. Les billets avaient été vendus très cher à la population (l'équivalent de 500 $ d'aujourd'hui), et il n'était pas question de laisser gâter le spectacle par une émeute qui aurait peut-être entraîné un remboursement général.

Après l'ultime messe, Cordélia reçut ses pauvres parents éplorés qui n'en revenaient pas que leur vertueuse fille ait pu se laisser aller à perpétrer un crime si horrible. *Une enfant si gentille et si sérieuse !* Puis, la triste procession s'ébranla en direction de la potence. Le shérif ouvrait la marche. Derrière, suivait la condamnée, mains liées derrière le dos et accompagnée de deux religieuses pleines de compassion. Ah ! Si elle avait su écouter leurs recommandations poussiéreuses, obsolètes et ringardes ! Elle n'en serait pas là ! Ces nonnes trotte-menu avaient fait l'impossible pour adoucir les dernières heures de la condamnée dans sa cellule. Maintenant, elles récitaient à mi-voix le sinistre psaume pénitentiel No130 :

De profundis clamavi ad te, Domine. Domine, exaudi vocem meam.
Du fond de l'abîme, je crie vers toi, Seigneur, Seigneur, écoute mon appel !

Le groupe sortit dans la cour de la prison où se dressaient les Bois de Justice. L'aumônier, le père Meloche, prit

4 •Quoique le Mondialisme commence à laisser entrevoir que les peuples les plus forts ne sont pas nécessairement ceux que l'on croyait. L'impérialisme "paralysant" car les lois coloniales de l'Angleterre interdisaient aux colonies de concurrencer la métropole dans le domaine manufacturier.

la jeune femme par le bras pour l'aider à gravir les 13 marches de l'escalier qui auraient pu être glissantes. Elle frissonnait dans l'air glacial ; l'hiver n'avait pas encore baissé son pavillon de frimas. La foule immobile sur des chaises de bois et de paille semblait envoûtée par l'horrible spectacle, totalement insensible au froid marmoréen.

À l'extérieur des murs, des centaines de curieux s'étaient juchés sur des toitures, sur les moindres poteaux télégraphiques et dans les arbres. Le bourreau Ratley qui encaissait une solide commission sur le prix des billets, s'était arrangé pour surbaisser la potence d'un bon mètre afin d'empêcher tous ces resquilleurs d'apercevoir les pendus depuis leurs perchoirs, sans en avoir payé le prix. Pour cela, il avait creusé une fosse sous la potence. Désireux de décourager les tricheurs et les filous les plus opiniâtres, le shérif tira même plusieurs coups de feu en l'air pour les effrayer et les forcer à évacuer. En vain ! La curiosité et le goût de l'horrible furent les plus forts.

Samuel, ébranlé et pantelant, s'appuyait sur l'épaule de deux prêtres. Pourquoi donc n'avait-il pas su résister à cette femme et à sa propre passion dévorante ? Cordélia Poirier pour sa part restait digne. Elle avait longtemps espéré tirer son épingle du jeu en laissant Samuel payer seul leur crime. Au cours du procès, elle s'était d'ailleurs défendue –avec un geste de répulsion–, d'éprouver le moindre amour pour cet homme qui avait tué pour elle. Sa moue outragée avait, croyait-elle, réhabilité sa Vertu en péril. Les jurés, d'ailleurs, en avaient été fort impressionnés. Elle semblait presque plus outragée par le soupçon de dévergondage que pour avoir orchestré le crime. Triste époque ! Samuel devait-il payer seul la facture globale *pour solde de tout compte ?* Devant les hésitations des jurés, le juge les avait mis en garde contre une telle injustice. Ils n'avaient pas le droit d'épargner celle qui avait été l'instigatrice du crime sous le prétexte qu'elle était une femme, en rejetant tout le blâme sur celui qui n'avait été que le couteau. Le cerveau et la main devaient payer un prix égal. Telles étaient la Justice et l'Équité[1].

Quelles que furent ses faiblesses, en voyant apparaître l'inéluctable bout de son chemin, Cordélia sut garder sa dignité. Elle serra fermement la main du bourreau dans sa cellule avant qu'il lui attache les avant-bras. Curieusement, en dépit de l'opposition assez généralisée à l'exécution d'une femme, il s'en trouva qui approuvèrent le châtiment de Cordélia. De nombreux détenus l'invectivèrent avec bruit pour avoir tenté de faire porter toute la responsabilité du crime à son jeune amant, après lui avoir laissé croire qu'elle l'aimait en lui accordant les agréments de ses charmes pour le fidéliser et l'asservir à sa volonté. Fièrement, Cordélia fit face à tous ces mâles vociférants et arrima longuement son regard chargé du plus grand mépris sur ceux qui hurlaient leur haine. Son amant, Samuel Parslow semblait pour sa part totalement désespéré.

Dès qu'elle fut arrivée sous la potence commune, Ratley commença immédiatement sa routine habituelle. Il abaissa la cagoule —noire cette fois—, pour ne pas voir le regard éperdu des deux condamnés dont il savait que les yeux le hanteraient dans ses insomnies. « *La nuit quand je suis allongé sur mon lit, j'entends les hurlements de chacun des exécutés qui viennent me hanter. Je peux les voir l'un après l'autre sur la trappe, attendant de rencontrer leur Créateur. Ils m'obsèdent et m'emplissent de frayeur*[2] » révéla-t-il à un témoin.

Puis le bourreau attacha rapidement les jambes des condamnés afin qu'ils ne puissent se retenir au bord de la trappe. Il passa la corde de manille de calibre 18 mm autour de leur cou et resserra le gros nœud coulant qu'il plaça contre leur oreille gauche. Après quoi, enflant sa voix pour rappeler celle du Dieu Tout-Puissant, il jeta dans le lourd si-

---

1 •Pauline Cadieux publia, en 1977, aux *Éditions Libre Expression*, un ouvrage (*La lampe dans la fenêtre*) qui souhaitait blanchir Cordélia afin de la présenter comme une victime injustement condamnée par la Justice des Hommes. En vain. Si effectivement certaines femmes de ce livre furent injustement condamnées à mort (comme par exemple Eleanor Power, Emilie Blake ou Marguerite Pitre), la culpabilité de Cordélia Viau-Poirier reste une certitude absolue. L'adhésion ou non au principe de la peine de mort est un autre problème.

2 •Ses paroles furent dévoilées peu après la mort du bourreau par la psychologue américaine Rachel MacNair.

lence qui écrasait tout, son exhortation habituelle laquelle arracha les personnes présentes à leur étrange fascination :

— *The Lord's Prayer*[1] !

L'aumônier commença, à voix basse et monocorde, en insistant bien sur chaque mot :

— *Je vous salue Marie, pleine de grâce...*

Et, quand le prêtre arriva à : « *Délivrez-nous du mal !* » le bourreau déclencha les trappes qui claquèrent sinistrement dans le froid épais. Les deux condamnés disparurent subitement de la vue de tous, comme s'ils avaient, d'un seul coup, passé du monde visible à l'empire invisible. Seules s'agitaient encore les deux cordes tendues.

Ce fut alors que les spectateurs les plus hardis, les plus impudiques, se précipitèrent pour arracher la jupe noire qui voilait le soubassement de la potence où soubresautaient encore les deux pendus à l'agonie. Tous ces curieux, avides de sensations fortes, avaient payé fort cher et voulaient voir, voir, se repaître des dernières palpitations de vie qui s'échappaient rapidement des deux agonisants comme les bulles d'air d'une épave engloutie.

Dix minutes après la chute sinistre, les deux amants avaient enfin cessé d'exister. Les médecins déclarèrent que les cœurs ne battaient plus. C'était, à cette époque, la marque de la mort, alors que l'on sait aujourd'hui que le cerveau continue à vivre de nombreuses minutes encore, de telle sorte que les personnes exécutées pouvaient entendre et comprendre, bien après "la mort officielle", les commentaires de l'entourage. Le bourreau allongea les cadavres dans les cercueils qui gisaient au fond du grand trou, récupéra les cordes et les débita en plusieurs fragments qu'il vendit aux spectateurs comme porte-bonheur. Un filet de sang perlait au coin des lèvres de Cordélia. Un sinistre spectateur y rougit son mouchoir.

Dans la Mythologie, les Danaïdes assassinèrent leur époux le soir même de leurs noces. Elles furent pour ce crime, condamnées à remplir sans fin un tonneau percé. À

---

1 •« *La prière à Dieu!* »

Saint-Canut, ce fut aussi l'époux qui fut assassiné pour avoir tenté de remplir le tonneau sans fond des désirs toujours inassouvis de sa femme.

Ainsi moururent les amants infernaux.

Isidore et Cordélia Poirier (Coll. Privée.)

-3-

Vendetta entre Orangistes et Papistes

Le cas Mary Aylward, 1862

S'il est, de par le monde, et en dehors des juifs, un peuple qui a souffert pour sa religion, c'est bien le peuple irlandais. Et si les juifs étaient soutenus dans leurs épreuves par le fantasme selon lequel ils étaient le seul Peuple choisi, le Peuple élu, préféré de Dieu, les Irlandais, par contre devaient leur malheur à un pape, un Pontifex trop patriote, lequel avait offert l'Irlande à l'Angleterre comme on offre un chat à son enfant, sans se préoccuper de connaître le sort de l'animal. C'était Adrien IV, le seul pape anglais[1] qui régnât sur la chrétienté romaine. À partir de ce jour, l'Angleterre commença à envahir l'île, à l'avaler lentement, et à repousser les Celtes, ces êtres qualifiés de vulgaires et d'incultes, au-delà d'une palissade de bois[2], premier Mur de la Honte jamais érigé.

Comme, selon Denis Diderot, "il n'y a qu'un pas entre le fanatisme et la barbarie", l'oppression sociale dans cette île devint religieuse, draconienne, la pire de toutes, à l'avènement de la Réforme ; et elle alla jusqu'au nettoyage ethnique du XIXe siècle, quand le Gouvernement de la reine Victoria refusa d'apporter de l'aide alimentaire aux Irlandais papistes décimés par la fameuse famine de la pomme de terre (mildiou) et par les maladies infectieuses. Des familles entières de 10 ou 12 enfants moururent dans les bois verdoyants de la Verte Érin, dans les champs piquetés de mar-

---

1 •Nicolas Briselance ou Breakspear, né dans le Hertfordshire vers 1100 et mort en 1159 à Anagni. Vraisemblablement un Franco-normand membre de l'immense communauté française partie coloniser et encadrer l'Angleterre en remplacement de la classe dirigeante chassée par Guillaume le Conquérant, Nicolas poursuivit ses études en France et devint pape (Adrien IV) de 1154 à 1159. Selon la tradition il donna l'Irlande à l'Angleterre mais le texte de cette donation semble être un faux.

2 •De cette époque et de cette palissade qui séparait les civilisés des sauvages, reste encore l'expression anglaise: "That's beyond the pale !" C'est de l'autre côté de la palissade = C'est vulgaire ! C'est sauvage ! C'est dangereux ! Les palissades étaient faites de pals (pales), de pieux, comme la palissade qui entourait la ville de Pau (pal).

guerites, de boutons d'or et de coquelicots, le long de rivières dont l'eau gringottait entre les galets. Car les seigneurs anglo-protestants les avaient expulsés de leurs maisons dont ils ne pouvaient payer les loyers. Des centaines de milliers de cadavres pourrissaient dans les bois, empoisonnant les fontaines et les nappes phréatiques, et déclenchant des épidémies de choléra et de typhus. Ces maladies se joignirent à la famine pour décimer la population irlandaise qui passa de huit millions à quatre en peu de temps.

Mary Aylward
Source : Paul Kerby

Telle était l'infernale "colonie" irlandaise dans laquelle Mary Aylward avait vécu les toutes premières années de son enfance. Elle avait vu ses proches et ses voisins mourir de faim par familles entières. Elle se rappelait encore les odeurs de mort envahissant parfois les villages quand un vent mauvais apportait les émanations pestilentielles qui provenaient des multitudes de cadavres que les vivants affaiblis n'avaient plus la force d'ensevelir. Elle se souvenait de la faim qui taraudait son corps. Elle voyait encore ses mains fouiller la terre dans l'espoir de trouver une dernière pomme de terre qui aurait échappé au mildiou corrupteur. La pomme de terre était alors la nourriture des catholiques d'Irlande (les pauvres), tandis que le blé était réservé aux riches, aux anglo-protestants. Mais le "phytophthora infestans" n'avait épargné aucune pomme de terre. Les tubercules étaient tous corrompus ; aussi corrompus que les Parlements d'Irlande et d'Angleterre qui n'émirent aucune protestation devant ce crime contre l'Humanité pour lequel la reine d'Angleterre, Élizabeth II, demanda pardon du bout des lèvres[1] au peuple d'Irlande en 2011.

1 • *"Du bout des lèvres"* car la reine anglaise a simplement dit : «To all those who have suffered as a consequence of our troubled past, I extend my sincere thoughts and deep sympathy», ce qui n'était pas une vraie reconnaissance de culpabilité mais tendait à inclure dans cette "responsabilité" le peuple d'Irlande qui n'avait fait que s'insurger en représailles contre l'Angleterre. La culpabilité pénitentielle ? What's that?

Et puis un jour, grâce à de bonnes âmes —et aussi grâce à l'émigration catholique fortement stimulée par le Gouvernement—, Mary put embarquer sur un vaisseau à voile en partance pour l'Amérique. Tous ces bateaux allaient chercher du bois de construction dans le Nouveau Monde, et les armateurs rentabilisaient le voyage vers l'Ouest en emplissant leurs cales de malheureux Irlandais en guise de fret, 20.000 par mois ! Mary revoyait encore dans sa tête cette pauvre humanité aux yeux vitreux qui mourait tout au long du chemin. Les marins jetaient dans la houle profonde les cadavres recroquevillés par les souffrances de l'agonie. Elle avait eu la chance inouïe de survivre à ce long calvaire et de ne pas être parmi les 10% qui étaient morts en cours de route. Ils avaient tous été immergés dans les profondeurs glauques et mystérieuses de l'Océan Atlantique.

Elle débarqua ainsi à New York avec son frère qui mourut peu après du typhus contracté en chemin. Elle le vit dépérir avec désespoir alors qu'ils étaient captifs dans le grand camp de quarantaine de Castle Garden[1]. Il arrivait tant de catholiques à New York que les populations protestantes de cette ville et de Nouvelle-Angleterre poussèrent les hauts cris et commencèrent à migrer vers la Côte-Ouest où elles fondèrent de nouvelles villes[2]. Le Gouvernement américain réagit en interdisant cette immigration papiste aux États-Unis, sous peine de confiscation des navires. Le fameux idéal[3] qui sera plus tard gravé sur la Statue de la Liberté (lorsque la France l'aura offerte aux Américains pour célébrer le centenaire de leur indépendance), n'était pas encore mérité. Les voiliers durent aller décharger leurs misérables cargaisons au Canada dans le camp de quarantaine de la

---

1 •L'île d'Ellis n'était pas encore en fonction. Castle Garden reçut 11 millions d'immigrants de 1820 à 1892. Le camp de Castle Garden se trouvait à la pointe de Manhattan dans le parc de La Batterie. Pour éviter les évasions, les autorités américaines déplacèrent le camp dans l'île d'Ellis.

2 •Par exemple Portland dans l'Orégon, du nom de Portland dans le Maine.

3 •Sur le socle de la Statue de la Liberté, ces mots ont contribué à accréditer le mythe de la porte ouverte, dans ce pays balayé par la xénophobie :"*Laissez venir à moi vos pauvres, vos foules fatiguées, qui aspirent à respirer librement, misérables rebuts de vos rivages surpeuplés. Envoyez-moi ces sans-abri ballottés par la tempête*." Les hypocrites *Lois des Quotas* de 1921 puis de 1924, limitent à 2% du nombre de ressortissants aux États-Unis du pays en question, le maximum d'entrées autorisées; par exemple, si 10.000 Russo-Ukrainiens habitaient aux États-Unis, l'Ukraine ne pouvait envoyer que 200 nouveaux immigrants.

Grosse-Île où moururent aussi des milliers et des milliers d'Irlandais. Encore aujourd'hui, à la Grosse-Île devenue un mémorial, une croix celtique affiche l'écriteau suivant, en celte : «Les enfants de Gaël moururent par milliers dans cette île, après avoir fui les lois et les tyrans étrangers, ainsi qu'une famine artificiellement provoquée. Que Dieu leur accorde ses loyales bénédictions. Que ce monument soit un témoignage des Gaëls d'Amérique à leur nom et à leur honneur. Que Dieu sauve l'Irlande[1] !»

Enfin relâchée du camp de quarantaine de Castel-Garden, Mary, désolée d'avoir perdu son frère, le seul être vivant sur qui elle pût vraiment compter, obtint des emplois de bonne-à-tout-faire ici et là, partout en Nouvelle-Angleterre. Elle changea plusieurs fois d'emploi pour finir enfin à Poughkeepsie. Là, elle rencontra enfin l'Amour sous les traits d'un nommé Richard Aylward ; un bel Irlandais qui, lui même, avait débarqué aux États-Unis à l'âge tendre de 14 ans, chassé lui aussi de son pays par les famines organisées et les maladies contagieuses propagées par le non-ensevelissement des millions de morts.

Richard et Mary se marièrent. C'était encore la coutume dans ce passé déjà lointain, perdu derrière l'horizon du temps. Cet heureux événement se déroula le 15 août 1855, fête de la Sainte Vierge. Plus tard, les jeunes mariés quittèrent la Nouvelle-Angleterre aussi intolérante que l'ancienne. À cette époque, le développement de l'industrie textile attirait des multitudes d'immigrants en provenance du Québec. Cet afflux remplissait les New-Englanders de l'épouvante d'une invasion papiste, d'un "*Grande Remplacement*" des protestants par les catholiques ; comme aujourd'hui, les chrétiens d'Europe se considèrent en danger d'être remplacés par les musulmans. Les peuples qui ont peur deviennent redoutables et sombrent dans l'intolérance qui les amène à persécuter la différence. Soucieux de fuir les préju-

1 •Les versions françaises et anglaises n'ont pas été autorisées à mettre à mal l'honneur de la Reine Victoria et de son Premier ministre John Russell qui fut le plus virulent contre les Irlandais. Les lois évoquées sont le Test Act. L'adjectif "étranger" fait référence au fait que le Gouvernement de Londres était étranger aux victimes irlandaises.

gés, notre couple d'Irlandais déménagea alors au Canada, dans l'espoir que ce pays exerçât moins de discriminations à leur encontre. Richard et Mary reçurent une concession agricole en Ontario. Trois filles naquirent de leur grand amour. Au moment de la mort tragique de leurs parents sur l'échafaud de l'Injustice, la plus âgée n'avait que sept ans et la plus jeune seize mois. Elles n'hériteraient que d'un patrimoine de misère.

Nos deux Irlandais papistes eurent tôt fait de se rendre compte que l'herbe ontarienne n'était pas plus verte que celle de Nouvelle-Angleterre ou d'Irlande, et que les démons de la haine qui secouaient alors la Chrétienté —protestants contre catholiques— n'allaient pas leur rendre la vie facile et agréable, comme ils avaient d'abord cru pouvoir l'espérer. En Ontario, Richard et Mary constatèrent avec appréhension que leur propriété agricole était environnée de fermes tenues par des Anglo-protestants. Il suffisait de regarder la physionomie hostile des villageois pour prévoir que leur existence ne serait pas de tout repos en ces lieux. Leur voisin immédiat était d'ailleurs un certain William Munro[1], et comme cela se produisait souvent entre voisins de religions différentes, les Aylward sentirent immédiatement une grande animosité se développer à leur encontre et un mur de méfiance ghettoïser leur propriété. La haine envers les papistes irlandais avait essaimé de la Mère-Patrie vers toutes les colonies de l'Empire britannique, même si le vecteur de cette haine (*Les Test Act*) avait été officiellement aboli par Georges IV, juste avant le règne de Victoria. Une enquête du journal anglais *The Telegraph* datée du 5 août 2013, concluait qu'aujourd'hui encore, "des millions d'Anglais snobaient leurs voisins[2]" pour mille et une raison. Mais, par chance, ils ne sont pas armés.

---

1 •Le clan Munro était écossais, donc gaélique, mais de religion protestante. Sir Robert Munro, 6e baronet de Foulis s'était battu dans les rangs anglais au cours du soulèvement écossais catholique (jacobites) de 1715. Fort ingénieux dans l'art de neutraliser leurs ennemis en les opposant entre eux, les Anglais utilisaient toujours des régiments protestants écossais pour écraser les Irlandais catholiques et vice versa. La haine entre les frères celtiques était donc à son comble.

2 •Sous la manchette : "Snub thy neighbour; millions are feuding with people on their street. Millions of Britons are currently not talking to at least one of their neighbours, a survey (by Swinton) has shown. 6 in 10 are not speaking to 2 neighbours."

Tout aurait certainement pu se passer sans embarras, si, à ce moment-là justement, les fermiers canadiens comme ceux des États-Unis, n'avaient été armés. Là où deux hommes désarmés se seraient distribué mornifles et torgnoles, ils en arrivaient, avec leurs armes à feu, à se cribler de chevrotines, de projectiles de guerre de calibre 303, ou même, après 1875, de balles dum-dum[1] que l'armée britannique utilisait dans les Indes contre les populations indigènes pour les convaincre d'accepter la reine Victoria comme leur Impératrice des Indes.

♦

Ce fut le 16 mai 1862, que les insultes d'abord murmurées dans le secret des chaumières allaient subitement se transformer en cris de haine. Ce jour-là, en fin d'après-midi, la voisine, madame Munro, furieuse, cria à son mari qu'il lui manquait une poule dans sa grande basse-cour et qu'elle avait entendu un coup de feu provenant de chez ces maudits "*popish*." Munro prit immédiatement son armement, sauta sur son cheval et piqua des deux, en compagnie de son fils Alexandre, pour aller affronter Aylward et l'accuser de n'être qu'un minable déchet de la société, un vulgaire voleur de poules.

Les deux accusateurs, le visage déformé d'un rictus de rage, pénétrèrent dans la propriété des Aylward et vinrent attacher leur cheval devant la porte. Des pistolets fort menaçants battaient furieusement leurs cuisses. Devant cette intrusion provocatrice et délibérée de son domicile, Richard sortit avec un fusil de chasse. Sa femme Mary qui jardinait plus loin, se porta immédiatement à son côté armée de l'outil avec lequel elle travaillait, une faucille. Ah ! Les faucilles ! Elles symbolisent tellement le travail des hommes que certains régimes totalitaires les ont adoptées comme symboles de la paysannerie. Jamais les paysans de Russie n'ont subi plus de

---

1 •Les balles dum-dum étaient fabriquées par la manufacture de munitions britannique de *Dum-Dum*, près de Calcutta. Elles faisaient un trou dans le corps de 20 cm de diamètre.

malheurs et d'abus que sous le règne de la faucille et du marteau. Des millions en moururent. Nous verrons dans cet ouvrage que cet outil de faucheur avait déjà envoyé Eleanor Power et plusieurs de ses compagnons à la potence[1], et il n'allait pas manquer d'y faire condamner le couple Aylward.

L'ordre d'enchaînement des événements qui suivirent n'est pas clair car le Procureur et les avocats mêlèrent soigneusement les cartes dans le but d'atteindre leurs fins habituelles : pousser les jurés et les magistrats à prendre les vessies pour des lanternes et surtout les innocents pour des coupables. Ne faut-il pas cher payer ces menteurs professionnels pour être innocenté lorsqu'on est coupable ? Mais cela peut coûter plus cher encore de ne pas investir en cela. Ce n'est pas le couple Aylward qui contesterait cette opinion s'il avait survécu à cette rixe.

Quoi qu'il en fut, Richard déclara fermement aux deux Munro qu'ils n'avaient ni vu leur poule, ni tué leur volatile, et que de toute façon ils ne pourraient absolument pas trouver leur poule chez eux car elle n'y était pas. Cela dit, le couple d'Irlandais intima aux deux hommes l'ordre de quitter leur propriété sur le champ. Pourtant Munro, dévoré de préjugés, et sans aucun doute désireux de tourner le couteau du mépris dans la plaie de l'humiliation, ne put ou ne voulut pas croire en l'innocence des Aylward. Il répliqua avec vigueur que la poule devait encore se trouver dans leur basse-cour. Cela semblait un simple prétexte pour humilier les Aylward en les forçant à se laisser inspecter, puisque le coup de feu entendu par Madame devait de toute façon avoir tué le volatile.

Avec beaucoup de mauvaise humeur, les Irlandais autorisèrent donc leurs voisins à visiter leur basse-cour arrière. Les trois hommes, armés jusqu'aux dents, et madame Aylward, faucille en main, se dirigèrent vers le champ en s'invectivant d'accusations mêlées d'injures. La suite fut rapportée de différentes façons selon la secte chrétienne à laquelle

---

1 • Voir le chapitre 5 du présent ouvrage.

appartenaient les quatre témoins. Une bousculade éclata soudain, lorsque Munro-père attrapa le canon du fusil d'Aylward. Des pistolets furent alors violemment brandis. Mary elle-même participa activement à la bousculade avec l'énergie habituelle des Irlandaises qui s'enflamment aussi vite que l'amadou, pour l'amour comme pour la haine, surtout lorsqu'elles pensent que leur honneur national est bafoué. Soudain, dans la mêlée, alors que Munro-père s'agrippait au canon du fusil d'Aylward en l'écartant soigneusement loin de lui-même, un coup de feu partit et le fils Munro qui se trouvait malencontreusement sur la trajectoire de l'arme, reçut vingt-neuf chevrotines dans le dos. Était-ce la main du père qui avait involontairement dirigé le canon vers le fils ? Nul ne le sut jamais ! Des coups de feu éclatèrent. N'y tenant plus, Mary donna alors un coup de faucille au père Munro, en haut du bras, puis elle le frappa à la tête. Elle porta ces coups sans grande force mais avec fermeté. Sous l'attaque soudaine, les deux Munro refluèrent, évacuèrent au plus vite la propriété des Aylward et rentrèrent chez eux en tirant quelques coups de feu pour couvrir leur fuite et décourager toute poursuite. Les quelques projectiles des Munro n'atteignirent personne.

Tout aurait pu rester au niveau de la rancune et de la haine si les blessures avaient guéri. Malheureusement pour les deux Irlandais, si les chevrotines n'entraînèrent que vingt-neuf minuscules cicatrices, le coup de faucille déclencha une septicémie[1] et le père Munro mourut une semaine plus tard. Ce fut ce qui perdit les Aylward. Le fils, quant à lui, survécut à ses blessures et se retrouva témoin principal dans le procès criminel qui se déroula aux Assises.

Dès l'annonce de ce décès, Mary et son époux furent arrêtés et restèrent incarcérés dans des cellules séparées, durant les huit ultimes mois de leur vie. Ils ne purent s'entrevoir que durant les séances du tribunal. Leurs trois filles ne furent autorisées à les embrasser qu'une seule fois, l'anté-

1 •Une septicémie est une infection généralisée de l'organisme due à des émissions massives dans le sang de bactéries pathogènes issues de la faucille sale.

pénultième soir de leur vie, avant leur exécution.

♦

Le procès d'Assises du couple Aylward débuta le 21 octobre 1862 à Belleville, dans le palais de Justice de la rue de l'Église. Malheureusement, juste avant leur procès fut jugé un autre homicide qui eut un impact sur le destin des Aylward. Un homme nommé Maurice Moorman (présumément catholique) avait poignardé à mort Lorenzo Taylor (âgé de dix-neuf ans), vraisemblablement protestant. Ainsi, deux autres chrétiens de sectes différentes s'étaient montrés déterminés à s'entretuer avec l'opiniâtreté des Sunnites et des Chiites d'aujourd'hui. Les guerres de religions ne cesseraient-elles donc jamais ? Les dieux d'aujourd'hui, comme les divinités de l'Antiquité gréco-romaine se conduiront-ils toujours comme des galopins ? Certains croyants resteront-ils encore longtemps des sous-hommes en utilisant des prétextes religieux pour se livrer à leurs plus bas instincts ?

Aussitôt après la condamnation de Moorman, s'ouvrit dans le même palais de Justice et dans un climat tendu à se rompre, la procédure du couple Aylward. Le médecin légiste affirma que William aurait survécu sans l'agression à la faucille. Le fils Munro soutint pour sa part que l'Irlandais avait tiré sur son père sans aucune sommation puis avait tourné son arme vers lui pour lui faire subir le même sort, tandis que madame Aylward frappait de sa faucille son père alors qu'il gisait à terre, grièvement blessé. Richard affirma avec force et insistance que le coup de feu n'était parti que lorsque le père avait saisi le canon de son fusil de chasse tandis que les deux intrus avaient eux-mêmes dégainé leur propre revolver.

Mais les Aylward étaient des immigrants *récents* ; plus encore, des *Irlandais papistes*, deux tares impardonnables dans l'Ontario de l'époque. Les Munro, protestants, étaient arrivés au pays depuis bien longtemps et avaient eu le temps de tisser des liens d'amitié avec leurs coreligionnaires qui avaient colonisé cette province d'Ontario née du fractionnement de la Province de Québec[1]. Des amis intimes des Munro siégeaient même dans le jury. Aussi, en dépit du fait que les Munro fussent *les intrus,* eux qui avaient fait irruption sans aucune autorisation dans la propriété des Aylward –ce qui était alors considéré par tout le monde comme un délit–, le jury entièrement protestant les déclara coupables tous les deux. Seule leur fut accordée une Recommandation de Clémence... qui ne leur servit d'ailleurs à rien car l'Ontario était alors en proie à un virulent fanatisme Orangiste[2] lequel, comme en Irlande coloniale, perdura longtemps encore, jusqu'au milieu du siècle suivant. Ces fanatiques orangistes étaient les mêmes qui avaient exigé l'exécution de Louis Riel en 1885. En 1913, ils étaient anxieux d'étouffer les Franco-ontariens qui souhaitaient créer leurs propres écoles françaises et obtenir des droits juridiques dans leur langue. Dans ce but, ils n'hésitèrent pas à s'allier avec les Irlandais catholiques d'Ontario afin de mieux faire barrage aux désirs des Francophones. Ensemble, ils empêchèrent les Franco-ontariens d'obtenir la reconnaissance de leur langue. Ce mouvement anti-franco-ontarien se qualifia lui-même d'Orange-Verte[3]. Cette injustice flagrante fut l'une des causes de l'opposition des Canadiens-Français à la Conscription destinée à fournir du sang neuf pour la Grande Guerre, alors que la Conscription générale et universelle n'existait même pas en Angleterre.

♦

La date de l'exécution de Mary et de son cher Richard fut fixée au 6 décembre 1862. C'est l'époque où il fut décidé que les exécutions devaient avoir lieu six semaines après la

1 •Ce fut l'Acte Constitutionnel de 1791 qui créa la province appelée Haut-Canada pour permettre à 50.000 réfugiés américains (qui avaient voulu rester anglais) de ne pas vivre sous la domination démocratique des Canadiens-Français.

2 •L'*Orangisme* provenait de Guillaume d'Orange qui devint *co-roi* protestant d'Angleterre avec sa femme à la suite d'un coup d'État et d'une révolution. La *Clémence* qui aurait pu sauver la tête des Aylward ne fut même pas prise en considération.

3 •*Verte* symbolisait la Verte Erin et *Orange* le mouvement protestant (l'Ordre d'Orange). Ce mouvement Orange-Verte s'opposa par le *Règlement 17* (Regulation 17) à l'usage de la langue française en Ontario. Inutile de préciser qu'il n'avait rien à voir avec l'eau de Cologne d'Hermès, de même nom.

date du verdict pour prendre en considération l'éloignement de certains villages. On espérait aussi que ce laps de temps permettrait aux passions de s'apaiser afin de ne pas donner libre cours à une injustice irréparable. Mais cinq petites semaines sont bien brèves pour apprivoiser l'hydre odieuse de l'intolérance. Dans ce cas précis, les passions ne se refroidirent pas en dépit des appels multiples et implorants. Des pétitions circulèrent à Belleville, surtout dans les paroisses catholiques, afin que le couple de condamnés obtînt au moins la Clémence de la Cour. Toutes ces généreuses prières furent envoyées à Bytown, devenue Ottawa depuis le 31 décembre 1857, ville qui se préparait à se parer dix ans plus tard du titre de capitale du *Dominion du Canada.* Les prudents politiciens anglais avaient utilisé ce terme de *Dominion* au lieu de *Royaume* pour éviter de déplaire aux Américains qui devenaient trop puissants avec leurs trente six millions d'habitants alors que le Canada ne pouvait aligner que trois millions et demi citoyens[1].

D'autres timides pétitions, dépêchées par quelques paroisses *protestantes* de Belleville les suivirent rapidement. Devant cela, une demande de Clémence ou de Grâce fut expédiée au Gouverneur-général du Canada, le vicomte Charles Stanley Monck, un Irlandais né à Templemore (Tipperary) en 1819, et devenu Gouverneur-général en 1861. Mais Monck était de famille anglo-protestante —à défaut de quoi l'homme n'aurait pas occupé ce poste honorifique— et il faisait partie des dizaines de seigneurs protestants sous la férule desquels Londres avait harnaché et entravé l'Irlande catholique en espérant forcer sa population à se convertir au protestantisme ou à émigrer en Amérique ; triste époque de l'Orangisme. Le vicomte Monck refusa bien sûr d'intercéder.

Il y avait eu jusque là deux exécutions à Belleville. L'une et l'autre avaient été publiques. George Barnhard avait été exécuté durant l'été de 1854 à la suite d'une querelle si-

1 •Au même moment la population des pays qui formeront plus tard l'Allemagne était de 40 millions approximativement, la France de 30 millions, le Royaume Uni de 30 millions aussi. Ce ne fut qu'en 1870 que la population des États-Unis atteignit celle de la France : 38 millions.

milaire de voisinage qui avait pareillement tourné à l'homicide. Le dernier avait été Samuel Rock, pendu le 12 juin 1959 pour le même genre de crime. Décidément, les Bellevillois avaient le sang trop chaud et la religion haineuse.

Quoi qu'il en fût, les deux époux Richard et Mary étaient détenus dans des cellules situées au sous-sol du Palais de Justice. Durant la première semaine de décembre leurs oreilles avaient été alertées par les bruits de clous et de marteaux des charpentiers qui construisaient l'échafaud[1]. Puis ce furent les multiples essais d'ouverture des trappes que fit le bourreau avec des sacs de sable. La plate-forme de la potence formait une corniche (de 1,50^{m} x 2,70^{m}) qui dominait la façade est. On y accédait par une grande porte-fenêtre du deuxième étage, si l'on appelle (selon la tradition locale) le rez-de-chaussée, "*premier étage*". Deux trappes perçaient cette plate-forme à 90 cm l'une de l'autre. Deux poutres du bâtiment formaient saillie juste au-dessus de ces trappes. De forts crochets d'acier martelés par un habile forgeron, perçaient de part en part chacun de ces madriers. C'était véritablement une potence des plus primitives, des plus sinistres, mais malgré cela, le samedi 6 décembre, aussitôt la potence achevée, des centaines de curieux de la région du Lac Ontario et de l'ensemble de la Péninsule ontarienne[2], vinrent en traîneaux défiler dans la cour pour observer les Bois de Justice et frémir d'horreur en imaginant le couple Aylward passer brutalement par les trappes pour se retrouver nez à nez au-dessous, dans un horrible *peekaboo* cauchemardesque. Le défilé silencieux de paisibles citoyens avides de sensations fortes se poursuivit et dura toute la journée du dimanche.

♦

Le lundi matin se leva, glacial mais dégagé. En dépit de la température bien au-dessous de zéro, cinq mille ba-

1 •Les sous-sols sont des demi-sous-sols. Des petites fenêtres, près du plafond, permettent de voir le jour.

2 •La *péninsule ontarienne* est la partie méridionale de la Province d'Ontario. Elle est délimitée par les lacs Ontario, Érié, Huron, et par la frontière territoriale du Québec.

dauds s'étaient massés dès le lever du jour devant le Palais de Justice afin d'occuper les meilleures places. Certains n'avaient pas hésité à braver les froidures nocturnes pour mieux voir. La plupart avaient apporté le petit-déjeuner et la bouteille d'eau de vie afin de mieux résister au froid et à l'inanition dans les rigueurs sibériennes de ce matin glacial. Quoique l'exécution eût été fixée à dix heures, les curieux durent patienter une bonne heure supplémentaire car l'entêté prêtre irlandais, le père Brennen, avait envoyé un dernier télégramme à Ottawa pour solliciter un ultime renvoi, et il espéra la bonne nouvelle jusqu'au dernier moment. En vain ! Monck et les politiciens ne tenaient pas à mécontenter les masses populaires fanatisées, de peur d'attirer sur eux-mêmes la haine des Ontariens, comme un toréador qui passerait entre la bête enragée et la victime pour détourner la charge de l'animal. Un politicien de carrière ne pouvait en aucune façon se résoudre à "ruiner la journée de spectacle" de tous ces curieux qui avaient si longtemps subi tant de souffrance dans le froid glacial ! On peut imaginer sans peine la torture supplémentaire que cette longue attente infligea aux condamnés.

À onze heures et quart, à la satisfaction générale, le bourreau sortit par la porte-fenêtre pour émerger directement sur la plate-forme corniche. Sa tête et son visage étaient couverts d'une cagoule blanche. Arrivé l'avant-veille de Toronto, le bourreau avait passé tout le week-end soigneusement dissimulé dans le Palais de Justice de Belleville car il redoutait d'être découvert, reconnu et battu. Il savait très bien que l'exécution d'une femme –et qui plus est d'une Irlandaise– donnait de terribles brûlures d'estomac à des milliers de citoyens francophones et irlandais de la *Province du Canada*[1], et que ces Canadiens au grand cœur, perclus de sensiblerie, n'auraient pas hésité à lui brûler la cervelle pour accorder quelques jours de survie à Mary. Richard, quant à lui, pou-

---

1 •Les quatre provinces ou colonies britanniques d'Amérique du Nord (Île-du-Prince Édouard, Nouvelle-Écosse, Canada et Nouveau-Brunswick) allaient bientôt (en 1867) se regrouper en une *Confédération* qui prendrait le nom de *Canada*, le nom de la plus grande province jusque-là.

vait passer de vie à trépas sans le moindre froncement de sourcils. Personne ne se soucierait de cet homme excepté sa chère mère,... si elle avait été au courant.

Un témoin décrivit ainsi la scène : «À onze heures et quart, le lundi[1] 10 décembre 1862, le triste cortège se mit en branle depuis la cellule, jusque dans l'air glacial de la cour. Il est impossible d'imaginer la réaction des Aylward lorsqu'ils entrèrent sur ce fameux balcon-potence qui surplombait la cour de la prison-palais de justice, au moment où ils aperçurent la multitude massive de plus de 5.000 personnes —beaucoup totalement ivres—, venus les regarder mourir. Sous les cris de quelques Orangistes :"Sortez-les ! Pendez-les !" ainsi que d'autres commentaires moins audibles qui provenaient de la foule, le cortège s'approcha solennellement pour se placer autour de la potence. Devant, se tenaient les adjoints du shérif et les bailiffs[2], puis le bourreau cagoulé de blanc. Nimbée d'une pâleur mortelle, Mary suivait, précédant son mari Richard. Chacun portait autour du cou une grosse corde de chanvre avec son énorme nœud coulant. Le bout libre se terminait par une boucle, prête à être passée dans l'un des deux crochets d'acier de la potence. Mary et Richard prirent lentement place, en tremblant, sur les trappes de la plate-forme. Alors, chaque souffle glacé se figea, et les deux condamnés, côte à côte, ne virent qu'une mer de visages relevés, angoissés, tendus. Mary s'était vêtue de blanc avec un châle de crêpe sur les épaules.»

Soudain, devant ce vaste tapis d'hostilité piqueté de 10.000 yeux haineux qui les observaient comme une bête apocalyptique prête à les dévorer, les deux condamnés tombèrent sur leurs genoux, mains jointes, ligotées par une corde plus fine, comme s'ils souhaitaient prononcer une fervente prière. Ils voulaient sans doute demander à leur Dieu, avec l'aide de l'aumônier catholique, la force d'accepter de mourir en se sachant innocents, juste pour satisfaire ces yeux mé-

---

1 •Kirby, Paul, *First Couple Hanged in Canada, The Tragedy of Mary and Richard Aylward*, Little Brick Book House,

2 •Huissiers de Justice, du vieux français de Normandie *bailli*, agent ou magistrat du roi.

chants. Peut-être pensaient-ils ce que penseront quelques années plus tard les noirs du Sud-Profond, lynchés eux aussi pour une injuste cause par haine de la différence. La foule restait désormais parfaitement silencieuse. Même les plus racistes, surexcités par l'alcool, avaient fini par cesser de proférer leurs insultes indignes de chrétiens. Le shérif local et les autres membres actifs de la cérémonie se tenaient debout près de la porte-fenêtre par laquelle avait surgi la lugubre procession. Avec grand courage et fermeté, les deux condamnés, très pâles, répétèrent, à genoux, la brève prière du père Brennen. Puis, calmement, ils protestèrent encore, sans colère, pour assurer qu'ils n'avaient agi qu'en état de légitime défense contre les Munro. Ce qui était indéniable selon les lois en vigueur en Ontario. Mais, malgré l'injustice flagrante et honteuse de leur condamnation, ils devaient boire le calice jusqu'à la lie. Au signal du bourreau, les deux condamnés se relevèrent pour se replacer au centre des trappes. Le bourreau passa alors la boucle de chaque corde à un crochet d'acier. Puis il enfila rapidement une cagoule blanche par-dessus la tête des deux Irlandais en prenant soin de la passer dans la boucle de chanvre, et, sans attendre, comme s'il avait hâte que tout fût enfin terminé pour eux, il poussa le levier de déclenchement des trappes. Le double claquement explosa dans le silence glacial et tout le monde, les plus haineux même qui étaient sans doute les plus ivres, tressaillit et se sentit saisi d'horreur et d'effarement. Le père Brennan qui s'était reculé de deux pas lorsque les condamnés s'étaient placés sur les trappes, fut incapable de supporter un instant de plus ce spectacle monstrueux. Il s'évanouit d'un bloc et s'écroula comme une masse sur le plancher, avec grand fracas. Le bourreau, redoutant toujours quelques représailles sur sa personne, sursauta, et se retourna en ajustant sa cagoule pour que les yeux se replacent en face des trous. On emmena l'aumônier, inconscient. La plainte injustifiée de madame Munro concernant sa poule disparue avait fait mourir trois personnes. Peut-être se demanda-t-elle si elle n'aurait pas dû tourner sa langue sept fois dans la bouche avant de crier "*Au voleur !*"

Au-dessous du balcon-échafaud les deux corps, comme pris de folie, surgirent en une fraction de seconde en s'agitant frénétiquement. Puis, petit à petit, les soubresauts s'estompèrent. Les grotesques contorsions du frêle corps de Mary se poursuivirent en faiblissant durant une minute et demie, jusqu'à ce que sa vie et son âme se soient envolées vers un monde sans doute plus miséricordieux, un monde sans racisme où tous les Justes sont admis au Paradis, quelle que soit leur religion ou leur secte ; contrairement à ce que prétendent tous ces menteurs professionnels que l'on appelle les ministres de tous les Cultes du monde : prêtres, rabbins, imams, pasteurs, et autres ratichons infatués d'eux-mêmes et prêts à vouer à la géhenne toute l'humanité qui ne croie pas à leurs sornettes. Richard continua ses convulsions désordonnées une minute de plus, luttant pour rechercher désespérément son souffle, pour se raccrocher à la vie, contre une mort inéluctable. Puis il rejoignit sa petite Marie et la paix, l'Ultime Paix par delà toutes ces abominations humaines. Le shérif en chef laissa, durant une demi-heure supplémentaire, les deux corps continuer de se vider de toute ombre de vie pour la plus grande satisfaction de ceux qui étaient venus de très loin dans le but de les voir souffrir et succomber, afin d'assouvir leur vengeance implacable. Richard n'avait que vingt-six ans et Mary moins encore, vingt-trois. Elle sortait à peine de l'adolescence.

♦

Revenu à lui après avoir brutalement subi dans son âme la violence de ces meurtres injustifiés, le père Brennen recueillit les deux corps afin de procéder à leur inhumation. Au cours de la messe d'absoute, c'est-à-dire d'*adieu,* le prêtre irlandais se lança dans un sermon passionné qui aurait pu lui attirer les foudres des autorités judiciaires. Il démontra avec force gestes que Mary et Richard n'avaient agi qu'en état de légitime défense car les deux Munro étaient venus armés et prêts à en découdre, afin d'imposer par la force des armes leur volonté vengeresse. Mais cela avait été délibérément caché aux jurés durant le procès et ignoré par l'Accusation. Conséquemment, il ne considérait pas Richard et Mary comme des meurtriers et il avait décidé de leur donner une sépulture chrétienne dans le cimetière local de Belleville. N'en déplaise aux jurés et à tous les fanatiques du monde !

Il était quinze heures, le jour de l'exécution, quand il fit transférer les corps des parents Aylward en l'église Saint-Michel. On les plaça dans un grand catafalque qui barrait l'allée centrale. L'église se remplit aussitôt d'Irlandais, le visage contracté de fureur et de haine ; de cette haine rouge comme les braises infernales, affichée par les catholiques de l'Ulster lorsque les protestants viennent traverser leurs quartiers pour les narguer en leur rappelant que, chaque année, le 12 juillet, ils doivent se souvenir que les Irlandais catholiques ont été jadis massacrés par les Anglo-protestants. Le révérend Brennan commença la messe d'adieu. Après avoir rapidement expédié l'*Introibo*, le prêtre quitta l'autel et s'avança vers le lutrin utilisé pour l'homélie, face à la grande assemblée lourdement silencieuse. Il resta quelques secondes à regarder la foule, les yeux mi-clos, le front creusé d'une profonde ride, et, après un préambule plutôt mystique, il s'attaqua au vif du sujet[1] :

«Ce sont les circonstances de la mort de ces pauvres créatures qui me poussent à dévier de mon propos habituel, en pareille occasion, c'est-à-dire à l'occasion de l'enterrement d'une personne décédée. Les deux personnes dont les corps sont devant vous, eh bien, j'ai des raisons réelles de croire qu'elles n'étaient pas coupables du crime pour lequel elles sont mortes !» De nombreux chuchotements et bourdonnements emplirent l'assemblée. Chacun savait que le prêtre risquait sa liberté pour *Contempt of Court* (*Outrage au*

1 •Source: Fichier CIHM - fiche N°29599 : *The Aywards and Their Orphans; Unjust hanging of Prisonners at Belleville C.W. Trial for Murder and Proof of their innocence; A full Report of all the Facts for Public Information and to Call fort Sympathy for the Orphans*. Printed by LP Normand St-Roch.

Tribunal), en affirmant qu'une Cour de Justice s'était laissé contaminer et corrompre par le racisme le plus ignoble. L'ecclésiastique continua :

«De cela, j'en suis convaincu autant que je suis certain d'être en vie. Vous savez tous que l'Église catholique condamne le meurtre et se montre toujours prête à punir les meurtriers. Parce que Dieu a donné sa vie pour nous, nous n'acceptons pas de laisser affirmer que, parce qu'un homme est catholique, protestant ou athée, il n'a aucun droit à notre compassion et à la pitié de Dieu. Il reste une créature de Dieu. Dieu l'a créé ; Dieu peut mettre un terme à ses jours, et à Dieu cet homme doit offrir sa vie...»

Le prêtre hésitait à plonger délibérément dans l'Outrage au Tribunal. Il louvoyait prudemment encore dans le verbiage théologique comme un poisson dans les algues protectrices pour éviter de s'exposer aux dents acérées d'une murène judiciaire. Mais on sentait que dans sa gorge, les mots poussaient pour sortir et jaillir. Ils se bousculaient jusqu'à l'étouffer.

«Je ne peux passer sous silence les événements qui ont engendré le procès et la condamnation de cet homme et de cette femme... Mais je dois dire que je n'accepte pas que l'on fasse mourir qui que ce soit par la violence. La plupart du temps, une telle mort ne permet pas à un homme de demander pardon pour ses fautes. À l'issue de ce procès, mes amis, certaines personnes habitant cette ville, qui se vantent de leurs relations avec l'Administration judiciaire, ont prononcé ces mots effrayants, "*Aylward et sa femme sont foutus !*"»

Comme un nuage de mouches dérangées par un intrus, qui s'élève en bourdonnant au-dessus d'un dépôt de détritus, les chuchotements des commentaires murmurés reprirent de plus belle dans l'assemblée.

«C'est vrai, mes amis, qu'ils étaient foutus !» Les chuchotements reprirent de plus belle et des sanglots émergèrent du bourdonnement comme des perce-neige au début du printemps. «Maintenant, je vais brièvement faire allusion à cette affaire et aux circonstances liées à ce procès et à l'exécution de ces pauvres créatures. Aylward et sa femme étaient paisiblement assis à table pour dîner quand le pauvre et infortuné Munro vint frapper à leur porte, pour parler à Aylward de quelques volailles qui étaient dans un petit champ entre les deux cabanes. Aylward lui a répliqué : "*je n'ai pas tué vos poules, et je ne les ai pas volées. Je vous demande de sortir de ma propriété et de rentrer chez vous.*" Pourtant, cet homme frêle s'attarda longuement autour de la cabane des Aylward et ce dernier sortit[1]. Une dispute et une empoignade s'ensuivirent. Se croyant en danger personnel, Aylward appela sa femme qui était dans la cabane. Elle sortit en saisissant une arme au passage afin de porter secours à son homme. En frappant Munro, elle ne savait même pas, étant donné sa peur, si elle frappait son mari ou Munro. Après avoir survécu douze jours le pauvre Munro mourut. S'il n'avait pas été soigné par un charlatan, il serait encore vivant aujourd'hui. Il n'y a pas dans les Archives judiciaires britanniques ou dans l'ensemble de l'Histoire britannique, le moindre cas où une personne qui se défend légitimement dans sa propriété, ait été condamnée à mort, parce que *sa maison est son château...* Il y a une autre circonstance atténuante[2] en sa faveur à elle ; elle n'a pas renouvelé le coup; j'insiste là-dessus. Vous voyez, mes amis, à quel point cette querelle futile a entraîné une terrible conséquence.» Le nuage de mouches bourdonnantes s'éleva encore de l'assemblée en furie. «Il aurait été si facile de régler ce problème sans avoir recours à cette violence... reprit le prêtre. Au tribunal, les deux accusés ont été privés des ressources qui les auraient fait acquitter. Car il y avait des témoignages de réfutation qui auraient pu être obtenus. Mais la longueur des voyages, la pauvreté des gens et l'inclémence de la température les avaient empêchés d'aller chercher ces témoignages si loin. Tout cela avait joué contre eux et de la façon la plus pernicieuse, car il y avait autant de serments contre ces infortunées créatures qu'il y a

1 •Il n'y avait aucune force de police dans cette région

2 •"*Extenuating circumstance.*"

d'habitants à Belleville...» Les mouches en colère bourdonnèrent encore. «Il me paraît bien étrange que ces gens n'aient pu voir de quelle manière cette querelle s'était déroulée, quelles en furent les causes et les origines. Chacun d'eux aurait dû mieux peser l'origine de la rixe et quelles circonstances aggravantes furent imputées aux Aylward afin de les condamner à mort pour meurtre... Pourtant, mes amis, ce verdict a été assorti d'une Recommandation de Clémence... Aussi longtemps que vous vivrez, mes amis, et je m'adresse aussi à tout le pays, je vous implore, avec toute l'énergie que je possède, de ne *jamais*, quand vous avez la grâce d'un condamné entre vos mains, de ne *jamais* l'abandonner entre les mains de personnes dépourvues de pitié... Je vous affirme que s'il me restait mille ans à vivre, je ne voudrais *jamais... jamais* confier à d'autres ce droit de Clémence.... Et je suis heureux de dire à partir de toutes les circonstances reliées à cette affaire, et de ma connaissance intime de leur conduite, qu'ils n'étaient pas coupables de ce crime pour lequel ils ont tant souffert ce jour-même.» Les mouches, encore les mouches, reprirent leur bourdonnement menaçant.

Telles furent les paroles audacieuses de l'aumônier, qui les prononça rageusement en tendant un doigt accusateur contre la Justice de son pays. Les mots du prêtre semblaient affronter un flux et un reflux de murmures et de colère. C'était un perpétuel nuage de mouches dont le bourdonnement de rage montait et descendait, emplissant la salle de colère farouche. Cette Justice se souciait fort peu de ses propres bavures, d'autant moins que les magistrats se sentaient totalement intouchables, quelles que soient leurs erreurs coupables ou les crimes auxquels ils se livraient. Certes, les jurés auraient dû déclarer innocents des accusés plutôt que de confier ce Droit de Grâce à d'autres. Car le fanatisme religieux était alors dans l'air du temps, comme la mort, la souffrance et la fatalité de la guerre que symbolisaient (en 1943) *Les Mouches* de Sartre. Vingt-trois ans plus tard (en 1885), ce même fanatisme allait tuer Louis Riel. Dans les deux cas, l'intolérance religieuse restait comme toile de fond de l'injustice, comme *Opium du Peuple,* aurait dit Voltaire. Les chrétiens se massacraient au nom de Jésus, celui-là même qui disait : «Si l'on vous frappe, tendez l'autre joue !» La religion chrétienne était alors totalement corrompue par ces hommes sectaires qui voulaient faire croire qu'ils la pratiquaient fidèlement.

Ce fut un acte courageux de la part de cet aumônier qui avait espéré jusqu'au bout sauver ces innocents. Mais son courage fut aussi renforcé par une rage infinie, une rage enivrante. Il aurait pu subir, pour Outrage au Tribunal, les foudres du juge fanatique qui avait perpétré ces crimes. Mais le juge se contenta sans doute de blasphémer en ricanant. Il resta dissimulé ; fier, sans doute, d'avoir souillé la Justice de son pays d'adoption en commettant deux crimes.

♦

Mary Aylward fut la première femme au Canada à être pendue au côté de son époux.

♦

-4-

Une Justice à l'eau bénite

Dossier Eleanor Power

Un soir de l'été 1754, le soleil couchant de Terre-Neuve empourprait de teintes radieuses les eaux à peine frémissantes de la magnifique Anse-à-l'Eau-Fraîche. Debout au milieu d'un groupe de misérables pêcheurs, une femme en haillons, une certaine Eleanor Power, manifestement en état d'ébriété avancée, déclara à voix basse devant un groupe de buveurs attentifs :

— Eh bien, moi, les amis ! Je sais où trouver une fortune qui nous rendrait tous plus riches d'au moins mille livres !

En parlant, elle arborait un air de conspiratrice tandis que ses yeux craintifs balayaient inlassablement les sapins baumiers environnants dont les robes sombres cachaient peut-être un sournois dénonciateur.

Comment imaginer une somme pareille lorsqu'on n'a jamais effleuré du doigt le moindre billet de banque ; quand on n'a eu entre ses mains que de petites pièces de monnaie de laiton. *Mille livres sterling !* Une fortune que ces malheureux parias papistes, affligés d'une religion qui les maintenait dans une déchéance éternelle et désespérante, avaient du mal à concrétiser. Tiens ! Ça remplirait au moins un char à bœufs de pièces de cuivre ou de laiton... au moins !

— Où ? demanda une voix hésitante, après quelques secondes de silence.

— Chez le juge William Keen,... où j'ai travaillé... Je sais où il cache son magot !

♦

Le Destin nord-américain d'Eleanor Power et de ses compagnons d'infortune, tous irlandais d'origine, baigne dans une intolérance religieuse qui contredisait abruptement l'opinion angélique de Voltaire. En dépit de ses propres investissements dans la compagnie négrière *South Seas Co.*[1], l'écrivain français feignait de croire que le pays de Shakespeare était un modèle de démocratie, de tolérance et de respect des droits humains. En fait, ce fut l'intolérance même de la mère-patrie qui peupla si rapidement les Treize-Colonies américaines.

La population de Terre-Neuve était alors constituée de mille ou mille cinq cent colons anglo-protestants assez riches, qui éliminaient progressivement la population béothuk[2] de l'île. Ce fut l'un des six nettoyages ethniques auxquels se livra le Gouvernement de Londres[3]. Pour ce qui était du catholicisme, il n'était absolument pas question que les papistes irlandais soient autorisés à venir remplacer les Amérindiens exterminés. Cela aurait été substituer la peste au choléra. Le Parlement était fort soucieux de ne pas laisser "*papifier*" l'île qui risquait de devenir la sœur jumelle de l'Irlande dont les habitants fort récalcitrants ne cessaient de s'insurger contre l'occupation anglaise et les mesures de déshumanisation qui leur étaient imposées. Malheureusement un nombre indéterminé de papistes semblait avoir réussi à s'incruster dans l'île, en dépit des interdits du Gouvernement de Londres.

Malgré tous les efforts incessants des autorités, le nombre de catholiques irlandais ne cessait de croître à Terre-Neuve. La cause en était que, depuis le début du XVIIIe siècle, les chalutiers de pêche anglais, en route vers le Grand-Banc de Terre-Neuve, faisaient systématiquement escale dans les ports irlandais pour y faire le plein de *cheap la-*

1 •Le nom de la compagnie dissimulait soigneusement que 98% de son chiffre d'affaire étaient produits par la terrible traite des esclaves : *The Governor & Company of the Merchants of Great Britain, trading to the South Seas & Other Parts of America & for the Encouragement of Fishing.*

2 •La toute dernière autochtone Béothuk disparaîtra en 1829, à la mort de Chanawdithit.

3 •Les cinq autres furent : 1)Les Highlands Clearances de Haute-Écosse catholique, camouflés en mutation économique. 2)Le refus d'une aide internationale sérieuse en faveur des Irlandais catholiques, lors de la fameuse Crise de la Pomme-de-Terre de 1850. 3)Les couvertures contaminées par la variole vendues aux tribus indiennes insurgées de Pontiac en 1764 afin de les exterminer. 4)L'extermination des populations aborigènes de Tasmanie au milieu du XIXe siècle. 5)La destruction de la civilisation des Métis du Canada qui se termina à Batoche, en 1885.

bor[1]. À l'issue de la saison de pêche, la plupart des skippers anglais laissaient les pêcheurs irlandais déserter leur équipage. Ainsi, ils pouvaient confisquer les salaires traditionnellement payés au retour. De ce fait, beaucoup de ces pauvres bougres qui avaient déserté pour demeurer à Terre-Neuve, ne disposaient d'aucun moyen de subsistance. Comme le pauvre Lazare de la Bible, ils se contentaient de «voler les miettes de pain qui tombaient de la table des riches.» Tout cela faisait que la communauté irlandaise de l'île de Terre Neuve s'étaient acquis une solide réputation de chapardage, et le reste de la population s'en méfiait.

Ces vagues d'invasion de ces terres neuves par des multitudes de croyants peuvent être comparées à l'invasion actuelle de l'Europe par des foules de pauvres qui voient en ces nouveaux rivages un eldorado prometteur.

Pour mater cette racaille, artificiellement tenue prisonnière de la pauvreté par les lois dégradantes du *Test Act*[2], il devenait urgent d'instaurer une vraie Administration de la Justice dans la colonie terre-neuvienne. Dans ce but répressif et punitif, un homme instruit venait simplement remplir la fonction de juge ambulant, une fois par année, durant la saison morutière.

L'une des familles protestantes de l'île, les Keen, avait immigré à Terre-Neuve au début de ce XVIIIe siècle, et avait fini par s'enrichir rapidement. Devenus des bourgeois prospères, les Keen avaient usé de leur influence au Parlement de Londres où tout était à vendre, pour obtenir l'installation permanente d'un juge dans l'île. En l'occurrence, Keen-Senior et Keen-Junior occupèrent les deux premières fonctions de la Magistrature suprême.

Pour compléter l'organisation administrative de l'île, freiner l'immigration illégale et nettoyer l'île de Terre-Neuve de ses traîne-misère catholiques qui en étaient réduits à voler

---

1 •*Cheap labor* = prolétaires, ouvriers à très bas salaire.

2 •Rappelons que la Loi du Test interdisait aux catholiques tout emploi dans l'Administration, toute instruction, tout commerce, et tout achat de biens immobiliers dans tout l'Empire, même en Irlande où la population était catholique.

pour survivre, le «*Council of Trade & Plantations*[1]» de Londres fit appel à un homme de fer, un Gouverneur orangiste d'origine huguenote : Hugh Bonfoy, commandant d'un vaisseau de guerre de Sa Majesté le roi Georges. Il est bien connu que dans toutes les religions de la terre *les nouveaux convertis* fortement endoctrinée sont toujours plus fanatiques que leurs coreligionnaires dans la cruauté intégriste. Bonfoy fut donc immédiatement nommé Gouverneur Général de l'île, fonction *intermittente* pour des raisons d'économie. Il ne "gouvernait" que durant la saison de la pêche morutière.

Muni, depuis mai 1753, de son nouveau titre de Gouverneur Général, le tout jeune Bonfoy (34 ans) entra le 24 juillet dans le port de Saint-Jean-de-Terre-Neuve à bord de sa frégate toute neuve (1747) dont il venait de prendre le commandement, le *HMS Penzance.* Comme un shérif querelleur qui exhibe ses colts, la frégate de guerre avait relevé tous ses sabords pour bien laisser pointer ses canons menaçants, dont la gueule obscure narguait la racaille papiste de leur œil noir. Gare aux voleurs de poulets qui se permettraient de mal se conduire ! Sans aucune ambiguïté possible, sa mission avait été prioritairement définie comme : «bien surveiller les Irlandais et faire le premier recensement systématique[2]» de l'île. Le *Council of Trade & Foreign Plantations* de Londres attendait le résultat de ce premier recensement avec une anxiété dévorante, avec autant d'angoisse fataliste que les écologistes d'aujourd'hui surveillent le thermomètre du réchauffement climatique.

Les résultats du recensement achevèrent de jeter la panique et la consternation dans les milieux protestants de l'île : 2.683 catholiques irlandais contre 1.816 protestants anglais[3]. "*Cette vermine papiste proliférait comme du chiendent !*" Heureusement qu'ils n'avaient pas plus de droit au

---

1 •Il s'agit des lobbies marchands et financiers de Londres organisés en puissante organisation (*Council of Trade & Foreign Plantations*) qui noyautait le Parlement anglais.

2 •Godfrey, Michael, "Bonfoy, Hugh," in *Dictionary of Canadian Biography*, vol. 3, Université Laval/University of Toronto 2003–, accessed October 10, 2013, http://www.biographi.ca/en/bio/bonfoy_hugh_3E.html.

3 •Godfrey, ibidem.

vote électoral que les papistes d'Ibernie[1] ! Sinon...

Devant ces résultats désolants et les nuages noirs qui s'amoncelaient sur la démographie insulaire, les riches bourgeois se gardèrent bien de supprimer les lois discriminatoires du Test Act qui enracinaient les Irlandais de Terre-Neuve dans la pauvreté, la misère, et, conséquemment, dans le crime. Ils optèrent plutôt pour la répression pure et dure, appuyée par un système de Justice impitoyable. Le Gouverneur Général de Terre-Neuve se vit confier tous les Pouvoirs parmi lesquels la Direction des enquêtes criminelles locales. En ses mains de militaire et d'intégriste religieux il contrôla désormais les trois pouvoirs : exécutif, judiciaire et même législatif car il pouvait décréter ce que bon lui semblait dans l'île ; rêve ultime de tout dictateur ! En dépit de ces pouvoirs discrétionnaires, tout aurait pu bien se passer si Bonfoy avait possédé l'esprit de Justice et de Charité ; les deux Vertus prônées par son Maître spirituel Jésus de Nazareth. Le mot intégrisme ne vient-il pas d'intégrité ? Une Vertu dégénérée en Vice dans le cerveau reptilien de l'Homme, car la Vertu verse parfois dans le Vice (et vice versa), si l'on n'y prend garde.

Le sens de la tolérance et de la Justice du Gouverneur Général Bonfoy peut facilement s'évaluer à l'aulne de ce commentaire qu'il proclama à son arrivée dans son domaine insulaire : «La Liberté de Conscience est autorisée pour toute personne excepté pour les papistes.» En conséquence, il prohiba purement et simplement la pratique du culte catholique. Comme aux meilleurs jours des régimes soviétiques et nazis qui gangrenèrent le XXe siècle, les prêtres catholiques furent interdits de séjour. Les maisons occupées par des Irlandais dans lesquelles une messe catholique était célébrée, confisquées et incendiées. Les Irlandais ne pouvaient en aucun cas acheter la moindre parcelle de terrain, ou faire du commerce pour leur propre bénéfice[2]. Ils étaient contraints de rester des

---

1 •Nom romain de l'Irlande, à ne pas confondre avec l'Ibérie. C'en était fait de la domination protestante.

2 •Godfrey, Michael, "Bonfoy, Hugh," in *Dictionary of Canadian Biography*, vol. 3, Université Laval/University ofToronto 2003–, accessed October 10, 2013, http://www.biographi.ca/ en/bio/bonfoy_hugh_3E.html.

gueux afin de correspondre à l'idée que la population bien-pensante se faisait du papisme depuis que le bon roi Henri VIII s'était vu refuser l'annulation par le pape de son mariage avec Catherine d'Aragon[1].

Et ce ne fut pas seulement ce Gouverneur Bonfoy qui imposa ces excès discriminatoires, mitonnés par les orangistes les plus sulfureux, ce furent aussi les gouverneurs qui lui succédèrent : le Gouverneur Richard Dorrill (à partir de 1755) et le Gouverneur sir Hugh Palliser de 1764 à 1768. Ce dernier, plus despotique encore, interdit carrément aux catholiques de Terre-Neuve de résider ou simplement de séjourner à plus de deux dans une maison. Les catholiques ne devaient pas, non plus, s'éloigner du havre qui leur avait servi de port d'attache durant la pêche estivale. Non ! La Grande Charte, arrachée au roi Jean-Sans-Terre par les barons catholiques, ne s'appliquait plus aux papistes !

Les femmes irlandaises catholiques devaient prouver qu'elles étaient de bonnes mœurs avant de débarquer dans l'île. Que faire d'autre que livrer à des matrones son pelvis pour prouver que le sacro-saint hymen n'avait pas été déchiré par un malfrat, comme le voile du Temple de Jérusalem ? Fallait-il que Dame Nature soit une sournoise misogyne pour aller placer dans ce recoin confidentiel ce perfide délateur ? Manifestement, cette fameuse Dame était un phallocrate travesti ! Mais la sottise n'avait décidément aucune limite ; dix ans plus tard, les enfants catholiques irlandais de Terre-Neuve durent se faire "baptiser protestants". On croit rêver ! Comme l'écrivait Voltaire au même moment : «Rien n'est plus dangereux [pour la Liberté] que lorsque l'ignorance et l'intolérance sont armées de Pouvoir.»

♦

1 •L'Empereur Charles Quint, neveu de Catherine d'Aragon, avait menacé de piller Rome si le pape permettait cette annulation. Une partie de Rome fut d'ailleurs pillée par les troupes de Charles Quint en guise d'avertissement. Le pape, craintif, laissa pourrir la situation. Finalement Henri VIII fit mourir sa première femme par le poison, et s'empara des biens du Clergé catholique anglais qu'il distribua à ses amis. Après quoi, il devint impossible de revenir en arrière à moins de rendre les biens au Clergé ; ce qui était trop compliqué.

Après cette mise en situation, cette promenade dans cet Enfer de Dante de la bêtise humaine, revenons maintenant à l'Anse-à-l'Eau-Fraîche pour écouter Eleanor Power répéter à voix basse ses promesses de richesses devant une dizaine d'ivrognes :

— Moi, les amis ! Si vous me suivez, je partagerai avec vous le trésor du juge Keen.... Je sais où il est !

— Mille livres sterling ! répétaient inlassablement tous ces misérables en écarquillant leurs yeux brillants de convoitise.

C'était plus d'argent qu'ils n'avaient jamais vu et qu'ils ne verraient jamais dans leur vie de malheureux papistes aussi déchus que les parias du sous-continent indien ou les mystérieux Cagots pyrénéens.

— Ouaou !... Chez le juge William Keen ! Où le cache-t-il ? demanda l'un d'eux.

— Ça je vous le dirai seulement… si vous voulez qu'on le lui prenne.

— Allez ! Dis-nous ça ! lancèrent plusieurs ivrognes.

— Dans une malle ! Je l'ai vu de mes yeux… Il allait souvent fouiller avec mille précautions dans une grosse malle qu'il tirait de sous son lit, dans sa chambre à coucher. Il faisait tellement attention de ne pas être aperçu que j'ai tout de suite compris… que le coffre était plein de guinées d'or.

À partir de ce soir-là, les gueux et les gueuses de l'Anse-à-l'Eau-Fraîche furent aussi hantés par la malle du juge qu'une meute de bouledogues par un os à moelle. Chacun osait se laisser aller à des rêves d'aisance et même de richesse. Que faire de tant d'argent... qu'on n'a pas ? Le rêve le plus doux que les pauvres aiment câliner dans leur tête : s'acheter une montagne de bière pour se soûler la gueule et oublier cette chienne de vie.

William Keen s'était fortement enrichi par sa compagnie de pêcherie dans laquelle ne travaillaient que des Irlandais à salaire insignifiant. Il devint le centre de toutes les pensées, l'obsession des traîne-misère de l'Anse-à-l'Eau-Claire, de tout ce sous-prolétariat, soldats désœuvrés, domestiques indolents et marins inemployés, qui traînaient leur peau dans les bars ténébreux et malfamés du port.

Pourtant, jusqu'à cette année 1754, Saint-Jean-de-Terre-Neuve n'avait été le théâtre d'aucun véritable crime qui aurait nécessité un tribunal ou plutôt une "Court of Oyer & Terminer" —une Cour de Justice accélérée— selon la vieille tradition franco-normande[1]. La pauvreté n'était encore qu'une nuisance secondaire.

♦

Armés de pouvoirs absolus, le juge William Keen était rapidement devenu la terreur de tous ceux qui considéraient les lois comme des barrières destinées à emmurer les pauvres dans l'abjecte misère, comme l'était le *Test Act* ... dans le seul but de protéger les riches et le sacro-saint ordre établi. Les papistes, eux, voulaient tout partager. Le partage est toujours plus facile quand on n'a rien à donner... et plus difficile quand on a tout.

Parmi les gueux de l'île de Terre-Neuve, les soldats recrutés en Irlande tenaient une place spéciale. Étant catholiques, ils n'avaient droit à aucun grade d'officiers, même s'ils avaient pu rassembler la somme nécessaire pour "s'offrir" *une commission d'officier*. Dans le cœur de tous ces soldats, sommeillaient la rancune et même la haine, de voir que jamais ils ne pourraient sortir de leur médiocrité pour devenir officiers, notaires, docteurs ou marchands prospères, à moins de renier leur foi et de se convertir à l'une de celles qui se considéraient comme des religions réformées. Les barreaux de leur prison de misère étaient invisibles car ils se cachaient au fin fond de leur cerveau.

Le Gouverneur Général et le Juge Keen n'avaient pas leurs pareils pour faire fouetter toutes ces canailles de l'île, les faire incarcérer ou même les condamner pour des raisons insignifiantes. Keen semblait d'ailleurs trouver un plaisir par-

---

1 •*Court of Oyer and Terminer of Newfoundland.* Cour pour *Oyer (Entendre) et terminer (déterminer la culpabilité)* en vieux français de Normandie, importée en Angleterre par Guillaume le Bâtard. Cette cour de Justice était active dans tout l'Empire y compris dans les Treize-Colonies américaines. Elle permettait d'accélérer les décisions de Justice.

ticulier à opprimer et à accabler la soldatesque. S'il avait pu, il leur aurait fait subir le même sort qu'aux Béothuks, un génocide que les Historiens et les thuriféraires de l'Empire oublient volontiers de mentionner. À quoi bon ternir les pages glorieuses de cette époque prestigieuse, quand les mercenaires allemands mouraient par milliers pour enrichir Albion et maintenir la grandeur de son Empire ?

Le juge Keen semblait d'ailleurs apprécier la dispute permanente avec la soldatesque. Il faisait arrêter et détenir des militaires sans même en avertir leur chef, au risque de les faire passer pour déserteurs, et de les laisser fusiller sans raison. La peau d'un soldat irlandais valait beaucoup moins que celle d'un rat musqué.

Le fils du juge Keen s'appelait lui aussi William pour donner l'impression d'une dynastie princière. Les parvenus ont besoin de s'inventer un passé et des racines. Il avait réussi lui aussi à se faire nommer juge. Il y avait donc souvent confusion entre le père et le fils Keen, car tous deux démontraient la même rage pour infliger de cruels châtiments aux misérables. Dans l'esprit des pauvres, le nom du juge Keen représentait donc une espèce d'ogre à deux têtes. Pour quelques peccadilles insignifiantes, les soldats et les mendiants étaient ainsi condamnés à recevoir de nombreux coups de fouet sur le dos mis à nu. De ce fait, l'impopularité des deux juges était à son comble, et les rumeurs de conspiration furent publiquement divulguées, sans aucune prudence, et non sans plaisir, tout autour de l'Anse-à-l'Eau-Fraîche.

Au cours de l'été de l'année 1754, le nombre de candidats à l'enrichissement, désireux de participer à ce cambriolage, s'accrut rapidement pour atteindre un total de huit hommes autour d'Eleanor. Celle-ci continuait imprudemment de "bâtir des châteaux en Espagne" en imaginant la fameuse malle regorgeant de guinées d'or. Tous fantasmaient en buvant ses paroles entre deux gorgées d'alcool frelaté ou de mauvaise bière trafiquée, brassée localement.

Eleanor qui ne manquait pas d'intrépidité et de sang-froid, fit le compte des hommes susceptibles de lui apporter un soutien indispensable. Certes, elle pouvait trouver vingt ou trente volontaires en une fraction de seconde ; mais il faudrait alors partager le butin en portions trop étriquées qui n'apporteraient à chaque participant qu'une aisance soucieuse et angoissée. Le partage, après un cambriolage fructueux, est toujours merveilleux mais fort délicat. Quel bonheur de pouvoir faire cinq ou six honnêtes et respectables tas de guinées d'or qui scintillent dans notre esprit de pauvre hère et nous bercent dans nos rêves ! On se voit alors devenir puissant, heureux, respecté. Et malheur à tous ceux qui nous ont méprisés auparavant ! Ils le paieront... cher ! Allait-on devenir aussi pervers que tous ces riches qui nous persécutaient aujourd'hui ? Eleanor savait qu'elle avait besoin de son époux Robert Powers, ainsi que d'un groupe de pêcheurs : Paul McDonald, Matthew Halluran, Lawrence Lumley, de même que d'une poignée de soldats : le sous-officier Edmund McGuire et ses hommes, qui pouvaient éventuellement disposer de leur mousquet de guerre avec une redoutable baïonnette. Eleanor faisait dans sa tête la liste des personnes qu'elle choisissait pour son cambriolage, sans se rendre compte qu'en les désignant pour *la fortune*, elle les condamnait à *l'infortune* de la potence ! Tous étaient irlandais pure-laine, tous catholiques 18 carats, tous plus catholiques que le pape italien Benoît XIV qui officiait alors à Rome avec des idées un peu en avance sur son temps.

En dépit de son auréole prestigieuse de sous-officier, Edmund McGuire n'exigea pas la direction des opérations. Il craignait vraisemblablement d'être exclu du cambriolage. Il préféra laisser Eleanor Powers diriger l'ensemble, d'une main de maître.

La stratégie fut soigneusement élaborée : les cinq premiers comploteurs de la bande devaient se rendre en barque jusqu'à l'embarcadère du chalet d'été des Keen à Quidi Vidi[1]. Ce village était un hameau de pêcheurs situé près de l'embouchure du fjord au fond duquel se blottissait frileuse-

1 •Corruption du latin ecclésiastique de qualité médiocre : *Quidnī Vidi* = Pourquoi ne pas avoir vu (cet endroit). Le site est très encaissé.

ment le port de Saint-Jean, comme un bernard-l'hermite au creux de sa coquille. Là, ils feraient leur jonction avec les soldats menés par le sous-officier McGuire. Le batelier Nicholas Tobin[1] mènerait la barque des comploteurs. Le plan était fin prêt ! Tout se passa comme prévu. En chemin, Eleanor demanda à Tobin s'il savait ce qui se tramait ; et comme il l'ignorait, elle commença à lui révéler en quoi consistait le complot. Eleanor avait la langue trop longue ! Soucieux de réparer cette indiscrétion et de maintenir Tobin *muet comme une tombe*, Lumley lui demanda s'il souhaitait faire partie de la conjuration qui lui apporterait gloire et fortune, autant d'argent qu'il voudrait jusqu'à la fin de son existence. Difficile de résister à une telle tentation quand on doit vivre entre les doigts crochus de la misère, comme une mouche prisonnière des soies d'une araignée !

Les comploteurs débarquèrent au Quai du Roi, et, avec les soldats, allèrent faire un tour d'horizon aux abords du chalet dont la vaste cour était encombrée d'ouvriers poissonniers et de marchands locaux venus négocier avec le patron. Partout des employés tranchaient les poissons en minces filets prêts à la consommation. Après avoir observé du coin de l'œil toute cette agitation laborieuse dont chaque geste enrichissait le propriétaire et emplissait encore la fameuse malle de belles guinées d'or, les conspirateurs gagnèrent subrepticement un bois dans lequel ils prononcèrent religieusement le serment, la main sur la Bible, de ne jamais trahir la conjuration. Le cambriolage fut remis à plus tard, selon la décision d'Eleanor. Tobin lui-même jura par tous ses grands dieux qu'il demeurerait, pour l'éternité, muet comme une morue... pardon!, comme une carpe.

La deuxième visite exploratoire se fit en l'absence des soldats. Armé d'une faucille, Matthew Halluran et les autres vinrent simplement reconnaître les abords, puis ils firent demi-tour. Fallait-il qu'il fût rempli de frayeur pour se munir ainsi de cette arme blanche, de cette faucille, qui fut ultérieu-

1 •L'un des descendants probables de ce Tobin sera Premier Ministre de cette province lorsqu'elle deviendra canadienne.

rement la cause de leur pendaison.

Le 9 septembre 1754, au moment même où, dans l'Ohio, le colonel George Washington[1] capitulait à *Fort Necessity* devant les soldats canadiens-français du capitaine Louis Coulon de Villiers[2], l'opération de cambriolage se mit en branle. Matthew Halluran envoya, à quinze heures, Tobin avertir le couple Robert et Eleanor Power que le cambriolage aurait lieu vers vingt deux heures ce soir-là. Le temps promettait son meilleur, et la lune, timide mais complice, voilerait sa lanterne afin de ne pas trahir les voleurs. Eleanor revêtit des habits d'homme. À vingt-deux heures, ils rencontrèrent Macdonald et Tobin à l'extrémité de la propriété des Keen. Vers minuit sortirent des ténèbres les cinq soldats armés de deux mousquets et de deux baïonnettes, sous le commandement du sous-officier Edmund McGuire qui lui-même obéissait à Halluran. Un nouveau venu, John Moody, désireux de profiter des *retombées*, se joignit à eux. Mais les fameuses *retombées* n'allaient pas être celles qu'il avait escomptées.

Les cambrioleurs se dirigèrent alors, à pas de loup, vers la maison du juge. Trois hommes empoignèrent les mousquets et se postèrent en surveillance extérieure, l'un (Tobin) devant la maison à cambrioler, et deux autres (Robert Power et Hawkins), aux abords d'un voisin, Edward Whealand, qui aurait pu se montrer curieux. Macdonald se posta lui aussi devant le domicile du juge Keen. Ainsi les abords se trouvaient sous forte surveillance. Personne ne pouvait surprendre, durant l'opération, le deuxième groupe de malfaiteurs, les cambrioleurs proprement dits. Ces derniers pénétrèrent dans la propriété du juge à la suite d'Hallu-

---

1 •Le futur président des États-Unis qui donna son nom à la capitale du pays et à un état riverain du Canada.

2 •L'officier des Troupes de la Marine, Louis Coulon de Villiers naquit à Verchères (Québec) en 1710 et mourut en 1757 à Québec. Il était le frère de Joseph Coulon de Villiers, sieur de Jumonville, qui avait été fait prisonnier par George Washington à Jumonville Glen (aujourd'hui près d'Oniontown, Pennsylvanie, USA). Par manque de vigilance de la part du colonel Washington, le prisonnier Jumonville fut assassiné d'un coup de tomahawk par un Iroquois pro-Anglais. En rétribution, Louis attaqua la troupe de George Washington retranchée dans Fort Neccessity, Washington fut forcé à capituler et sous la menace d'une condamnation à mort pour meurtre, il accepta de signer un document qui reconnaissait sa responsabilité dans l'assassinat de Louis. Les Affaires Jumonville et Coulon de Villiers servirent de prétexte à l'Angleterre pour enclencher la Guerre de Sept Ans, préparée de longue date, puisque depuis longtemps déjà la flotte anglaise bloquait en pleine paix le Golfe Saint-Laurent pour arrêter tout renfort à destination de la Nouvelle-France, en violation du Droit International.

ran et surtout d'Eleanor qui servait de chef et de guide. La porte de la maison fut forcée sans aucune difficulté, côté jardin. Eleanor mena immédiatement sa troupe vers la grosse malle qui faisait l'objet de tant de fantasmes dans l'esprit de tous les traîne-misère de la région, mis imprudemment au courant du cambriolage. La malle était bien là, grosse masse noire aussi menaçante qu'un gros animal tapis dans l'ombre et qui semblait s'éveiller et tressaillir à la petite flamme tremblotante de la chandelle. Deux hommes saisirent immédiatement les poignées de cuir, et la malle fut transportée dehors. On entendait distinctement un tintement révélateur. Les milliers de pièces d'or, les fameuses guinées étincelantes, tintinnabulaient ainsi joyeusement, comme heureuses à la perspective de devenir enfin utiles à des pauvres gens au lieu de rester inutilement entassées afin que le riche juge-commerçant puisse venir, plusieurs fois par jour, admirer sa montagne d'or comme Harpagon et Séraphin Poudrier de Sainte-Adèle. Chacun pouvait imaginer le meilleur, tout en s'efforçant d'ignorer que c'était le pire qui pouvait surgir de cette malle et de ce cambriolage comme de la fameuse Boîte de Pandore. Enfin ce monceau de guinées d'or —monnaie de l'esclavage du Golfe de Guinée[1]—, allait adoucir la vie de ces quelques parias, de ces damnés de la terre qui souffraient, non pas de par la couleur de leur peau mais pour leur religion.

En circulant à travers les ténèbres, certains cambrioleurs s'appropriaient quelques objets nitescents de cuivre ou de laiton, trahis par l'éclat fugitif reçu de la chandelle tremblante. La malle se retrouva bientôt dans le bois voisin qui appartenait d'ailleurs au même juge. Le vol s'était déroulé sans anicroches et le groupe se félicitait déjà du succès de l'opération de cambriolage, lorsque le couvercle sauta sous la crosse de l'un des mousquets. Ce fut alors la consternation générale :

— Des bouteilles d'alcool !

1 •À l'origine, les guinées étaient des "livres" (£) d'or, de plus grande valeur bien sûr que les livres sterling constituées, elles, d'argent métal.

Les guinées d'or étaient devenues des bouteilles… presque des citrouilles ! Des blasphèmes de déception flagellèrent l'obscurité, et la lune toujours intriguée se découvrit un instant la face de son tchador de nuage pour fureter entre les arbres et entrevoir ce qui faisait tant enrager ces voleurs déçus et leur arrachait toutes ces horribles paroles. La malle n'était autre que la cachette secrète du juge, d'où il tirait subrepticement de quoi nourrir son vice caché : l'alcoolisme. Découragés, Eleanor et Lawrence Lumley quittèrent rapidement les lieux, abandonnant abruptement le projet.

Malheureusement, l'un des soldats, John Munhall, ne voulut pas se considérer comme vaincu. Il refusa de renoncer à tous ses *châteaux en Espagne* et balaya d'un revers de main cet "*échec*" qu'il jugea *réparable*. Mis en appétit par l'espoir de richesses et encouragé par une longue gorgée de cognac, il se mit à la tête du groupe de voleurs. Il décida qu'ils allaient, eux, trouver les guinées d'or ou les livres (£) d'argent sterling. Quant aux hésitants, le sous-officier Edmund McGuire les menaça carrément de mort, dès qu'il eut fini de vérifier que l'ensemble des fioles d'alcool du juge Keen n'étaient pas frelatées. Il regrettait même de ne pas avoir abattu avant leur départ Eleanor et Lumley qui les avaient poussés dans un tel pétrin puis abandonnés.

Toute la troupe s'attacha alors à boire avec zèle et opiniâtreté pour se consoler de cet abandon fort déploré, et surtout fouetter leurs rêves défaillants contaminés par le doute destructeur. McGuire voulait non seulement découvrir ces diables de guinées qui les faisaient tant fantasmer, mais aussi se venger du juge. En effet, le sergent croyait avoir une bonne raison d'en vouloir au magistrat. Il avait récemment brutalisé un agent de la paix, et ce juge Keen-sénior venait justement de le condamner pour cette violence à la déportation prochaine. Mais le magistrat avait commis l'erreur de le laisser en liberté provisoire, non pas par bonté de cœur mais pour économiser l'argent des contribuables, c'est à dire *son argent*.

Plusieurs hommes fortement alcoolisés reprirent la

garde aux abords de la résidence, pour éviter toute surprise. Parmi les cambrioleurs qui s'introduisirent dans la maison, Halluran s'arma de la faucille, et McGuire prit dans ses mains crispées son mousquet. Était-ce le fruit de la peur ? Sans doute ! Et on sait que la peur est mauvaise conseillère surtout quand cette plante vénéneuse est arrosée d'alcool. La bande de voleurs pénétra à nouveau dans la maison du juge à la recherche du trésor, le vrai cette fois. Ils gravirent d'un pas décidé l'escalier entre la cuisine et la chambre du magistrat.

Muni de la même chandelle tremblotante, Halluran se baissa pour vérifier s'il ne trouverait pas sous le lit du juge le fameux trésor ou un autre coffre plus prometteur encore. Ses gestes imprécis et son pas vacillant, troublés par les vapeurs éthyliques, firent qu'il heurta le lit du magistrat :

— Qu'est-ce que c'est ? Qui est-ce ? murmura une voix ensommeillée.

Puis, après quelques secondes d'hésitation, comprenant que des intrus malveillants assiégeaient son lit dans les ténèbres, il se mit à hurler à pleins poumons :

— Au meurtre ! Au meurtre ! Au secours ! Au meurtre !

En criant, il se débattait violemment. Alors, de peur qu'il finisse par ameuter la maison et le quartier, et surtout par identifier les cambrioleurs, McGuire attrapa à pleines mains les draps et les couvertures que le juge avait rejetés en se débattant, par ses violents coups de pieds, et les rabattit sur sa tête afin de lui couvrir le visage et les yeux. Ainsi, en aucun cas il ne pourrait apercevoir les traits de ses assaillants dans la pénombre, ni, à plus forte raison, les reconnaître par la suite. Mais ce n'était pas fait pour rassurer le vieil homme qui braillait de plus belle à grands cris désespérés :

— Au meurtre ! Au secours ! Au meurtre ! Au meurtre !

Les hurlements trop effrayants n'attirent jamais personne, bien entendu. Personne ne se porta à son secours. Les domestiques et les autres membres de la maisonnée restèrent bien précautionneusement calfeutrés dans leur chambre fermée à double tour, aussi longtemps que les voleurs occupèrent la maison. Si le magistrat avait eu l'idée de crier "*Au feu* !", tout le monde se serait précipité hors des chambres et les cambrioleurs auraient fui comme des rats avant un naufrage. Mais "*Au meurtre* !" donna l'effet contraire. Le juge resta seul devant la mort.

En l'occurrence, la mortelle Camarde ne portait pas de faux, comme le veut la tradition, mais une simple faucille rouillée. Ce fut le soldat Matthew Halluran qui joua ce rôle métaphorique. Il avait commis l'imprudence de s'armer d'une faucille, et il fut épouvanté que ces hurlements ne finissent par ameuter le quartier tout entier. Anxieux de faire taire le tapage, il porta dans la pénombre deux coups de faucille à la couverture qui enveloppait la protubérance au niveau de la tête du juge. Mais les cris désespérés du magistrat ne faiblirent pas. Cet homme qui avait froidement et d'un simple mot envoyé de nombreux Irlandais à la mort, profondément persuadé que les papistes étaient des sous-hommes, des suppôts de Satan que Dieu avait créés uniquement pour nuire aux citoyens de Sa Majesté, comme Il avait créé le Diable pour les diriger, ce juge, donc, perdait totalement la tête en se retrouvant lui-même devant la porte de l'Inframonde, devant la mort. En se débattant avec désespoir, en gestes désordonnés, il réussit à se libérer de la couverture, éteignit la chandelle de McGuire et attrapa même ce dernier par la jambe. Le soldat lui porta alors un coup de crosse avec son mousquet. Le juge perdit connaissance.

Effrayés par tous ces cris, les cambrioleurs commencèrent à refluer vers la porte. Ils eurent tôt fait de s'éparpiller comme une meute de coyotes et de se fondre dans les ténèbres de la nuit.

♦

Les seuls coups vraiment mortels avaient été portés par Halluran. Il avait commis l'imprudence de se munir d'une faucille, arme redoutable entre toutes. Dans la mêlée, deux coups de faucille de force moyenne avaient été assénés au juge en chef. Ce dernier agonisa une dizaine de jours puis mourut de septicémie le 29 septembre 1754.

L'émotion fut à son comble dans l'île tout entière. À la demande du *Council of Trade and Foreign Plantations* de Londres (Nous dirions aujourd'hui le Conseils des lobbies commerciaux et coloniaux), le Gouverneur Bonfoy envoya le 12 octobre 1754 une lettre à tous les bourgs de quelque importance, demandant d'ériger des potences dans toute l'île. On n'était pas loin des croix brûlées du KKK : «Les potences doivent être érigées aux endroits les plus publics... et les personnes qui sont coupables de vol, de félonie et de crimes semblables, doivent être envoyées à ces endroits pour y être jugées aux Assises annuelles[1].» Le crucifix est un instrument de tortures romain destiné à rappeler aux chrétiens de bien agir, car Jésus a souffert pour eux, et, de ce fait, ils doivent bien se comporter. Il fut décidé par les autorités anglaises que la potence devait aussi jouer le même rôle d'avertissement dans l'île à l'égard des catholiques : *Attention, si vous violez l'ordre établi, voici ce qui vous attend !* Inutile de dire que dans ces luttes religieuses, il était davantage question d'élimination pure et simple que de *Magna Carta Libertatum,* laquelle ne s'appliquait d'ailleurs pas aux catholiques anglais car, en ce qui concernait cette religion, la Grande Charte était carrément abrogée par le fameux *Test Act.* En effet, si les autorités avaient prévu des juges, elles oublièrent totalement de procurer des avocats aux accusés. En 1745, il n'y avait pas le moindre avocat à Terre-Neuve disposé à prendre en compte la défense des prévenus papistes[2].

Sentant venir la corde, Nicholas Tobin se dit que pour sauver sa propre tête, il avait tout intérêt à trahir ses complices en apportant aux autorités, sur un plateau d'argent, le nom des cambrioleurs et le mobile de leur crime. Le Gouverneur anglais, Hugh Bonfoy, envoya au shérif William Thomas, la veille du procès, le 7 octobre, les directives afin de

---

1 •Colonial Secretaries Letterbook, vol.2, fol.170, GN2/1/A, PANL. [Microfilm boîte No. 1], (1752-1758).

2 •En Angleterre même "ce ne fut qu'à partir de 1836 que les personnes accusées de *félonie* (comme dans les cas de pratique du catholicisme) ont pu obtenir l'assistance d'un avocat ou la possibilité de consulter les pièces à conviction du dossier." Cecil Roth, *Histoire des marranes*, Liana Levi Piccolo, Histoire, traduit de l'anglo-américain par Rosie Pinhas-Delpuech, 1990 ; note 4, p.312.

vérifier que les potences étaient bien en place. Les gueux et les gueuses étaient condamnés *avant même* d'être jugés. Cette inversion de la chronologie révèle bien les objectifs des autorités judiciaires.

L'historien écossais Greenwood F. Murray écrivit que «dans le dossier d'Eleanor Power, le Gouverneur Hugh Bonfoy avait instauré une politique anti-irlandaise extrêmement dure[1].» De ce fait, le but recherché n'était pas la Justice, mais l'élimination pure et simple. Le HMS Penzance, bastille flottante du commandant Bonfoy, servit de prison aux condamnés à mort, car les autorités craignaient que les catholiques, qui manifestaient de temps en temps contre l'inhumanité de la politique raciste du Gouvernement, ne tantassent de libérer les neuf accusés.

Dès le lendemain, 8 octobre, les chefs Edmund McGuire et Eleanor Power, mais aussi les simples exécutants comme Robert Power, Matthew Halluran, Lawrence Lumley, Paul Macdonald, John Munhall, Dennis Hawkins, et même le dernier arrivé John Moody, tout ce beau monde se retrouva pêle-mêle dans le box des accusés pour y être jugés "en vrac". Le seul qui fut épargné dans la vague d'arrestations fut le traître Nicholas Tobin, le judas du groupe, qui, pour sauver sa misérable tête, avait violé son serment sur la Bible. Il fut le seul témoin à charge et raconta en grand détail le rôle de chacun. C'était à croire qu'il avait pris des notes en cours d'action. Le Procureur lut la déposition de deux barbiers-chirurgiens —John Burton et Thomas Allan— qui affirmèrent avec autorité que la mort provenait des blessures infligées au cours du cambriolage. Dans le box des accusés, tout le monde plaida *non coupable.*

Au crédit de Tobin, on peut dire qu'il mit bien en exergue le fait qu'Eleanor et Lawrence Lumley avaient quitté les lieux après l'échec du cambriolage initial, bien avant le meurtre. Rien n'y fit ; l'absence d'avocat scella le sort des cambrioleurs. D'ailleurs, il n'y avait pas que les potences qui

---

1 •Greenwood F. Murray & Boissery Beverley, *Uncertain Justice : Canadian Women and Capital Punishment 1754-1953*, Dundern Press, Toronto, 2000. p.35.

fussent prêtes avant le procès. Le juge Michael Gill avait aussi rédigé sa sentence globale et finale avant même l'ouverture de la salle d'audience, et il ne tenait sans doute pas à se donner la peine de la réécrire.

En désespoir de cause, le soldat McGuire tenta courageusement d'attirer sur lui la fureur de la Loi afin de sauver la tête de ses comparses. Il déclara qu'il était le seul responsable de la catastrophe, car il avait forcé –sous peine de mort– tous les autres à participer au fatal cambriolage. Il se considérait comme le seul coupable avec Halluran qui s'était stupidement armé d'une faucille, ainsi que Robert Power :

— Power, révéla-t-il, a suggéré d'assassiner le juge, mais j'ai refusé !

— Non, ce n'est pas vrai ! s'écria John Munhall. Power refusa de venir si on voulait tuer le juge ! Moi aussi d'ailleurs !... Et pour cette raison, je demande à être exilé !

En fait, tout le monde sollicita l'exil. Tout valait mieux que la corde. Tous pensaient que l'opération se limiterait au cambriolage. Le meurtre ne s'était produit que par l'absurde faute d'Halluran qui, sans doute pétrifié de frayeur, avait cru devoir se munir non seulement d'une faucille mais d'une hachette. Sa faucille était la cause directe de la mort du vieux juge mais aussi de l'hécatombe des condamnés qui allaient vraisemblablement se succéder sur les treize marches de la potence.

En trente petites minutes de délibérations, le jury –peu scrupuleux au point de ne pas souhaiter s'attarder sur les responsabilités réelles de chacun– décida du verdict général : Coupables ! Le juge Gill put enfin lire sa sentence expéditive avant d'aller souper : "Condamnés à être pendus par le cou jusqu'à ce que mort s'ensuive... et que Dieu ait pitié de votre âme" s'il le souhaite. Rien n'est pire qu'un juge qui a faim[1].

En guise de subrécot, le leader McGuire et le porteur d'armes Matthew Halluran eurent droit à une attention particulière : les deux cadavres seraient, à la suite de l'exécution,

---

1 •Comme l'écrivit le poète anglais Alexander Pope dans ses *Maximes et réflexions morales* : «*The hungry judges soon the sentence sign ; And wretches hang that jury-men may dine.* »

enchaînés et rependus sur une place publique au choix du Gouverneur. Pendus deux fois ! Pas de quoi frémir ; seule la première fait mal ! Le dixième complice, Nicholas Tobin, seul témoin de la Couronne contre les neuf autres qui furent jugés sans avocat mais devant jury, fut simplement remercié pour sa fructueuse coopération.

Il semble certain qu'un avocat même de médiocre valeur aurait pu facilement sauver la tête d'Eleanor. Certes, elle avait enflammé l'imagination des hommes sur cette fortune imaginaire. Mais elle avait ensuite refusé d'aller au-delà du vol simple, et, pour cela, avait abandonné les conspirateurs dès le premier échec du cambriolage. Elle n'aurait dû être condamnée que pour cambriolage simple, même si sa responsabilité était accrue du fait qu'elle avait été l'employée de la victime. En Occident, le vol perpétré par un domestique ou un ancien domestique était considéré comme alourdi par une circonstance aggravante. Eleanor n'avait certes joué aucun rôle dans le meurtre du juge, mais elle avait involontairement entraîné l'enchaînement des faits qui avaient conduit au crime. Elle avait poussé le premier domino.

La Cour d'Oyer & Terminer abandonna, contre Eleanor, la qualification de meurtre. Certains historiens et légistes d'aujourd'hui considèrent d'ailleurs que cette Cour criminelle établie à Terre Neuve violait la Constitution anglaise car, selon cette Loi fondamentale, un crime de sang aurait dû être jugé en Angleterre. Mais il se trouvait que, grâce au Test Act, les catholiques d'Angleterre et des colonies n'étaient pas protégés par la Constitution anglaise, la Grande Charte !

♦

En conséquence de ces erreurs et manquements, Eleanor Power fut pendue avec son mari Robert. Ce qui fit dire à certains qu'ils furent le premier couple canadien à subir ensemble cette indignité. En réalité, Terre-Neuve ne faisait pas encore partie du Canada et les Power n'étaient pas des Canadiens. Le Canada n'était encore que l'une des trois provinces qui constituaient la Nouvelle-France[1], et le restera neuf ans de plus, jusqu'à 1763.

Deux hommes furent exécutés le 10 octobre 1754. Le lendemain, le couple Power (Eleanor et Robert), fut pendu à son tour. Quant aux cinq derniers condamnés, après des années de prison à Saint-Jean, ils furent enfin libérés, sous condition de s'exiler et de ne jamais revenir dans cette île appalachienne. Ce fut le premier crime connu ou en tout cas le premier procès pour assassinat dans l'île de Terre-Neuve. Mais ce jugement expéditif, sans le moindre avocat, laissa aux catholiques de l'île le sentiment qu'ils couraient un mortel danger sous ce régime arbitraire si intolérant. Conséquemment, certains Irlandais préférèrent aller s'établir en Nouvelle-France. Peu après la condamnation à mort de ces neuf Irlandais, le juge Michael Gill, qui avait présidé à la mise à mort des premiers, écrivit au Gouverneur en exultant de satisfaction : «Beaucoup des ennemis de notre Religion et de notre Liberté quittent notre île[2].»

«L'intolérance est de tout temps. Il n'est point de religion qui n'ait eu ses fanatiques. Tout nous semble excellent dans ce que nous aimons, et cela nous fâche quand on nous montre les défauts de nos idoles. Les hommes ont grand peine à mettre un peu de critique dans les sources de leurs croyances et dans l'origine de leur foi.» Ainsi s'exprimait, avec raison, Anatole France.

1 •Initialement en tout cas, la Nouvelle-France était formée du Canada, de l'Acadie et de la Louisiane. L'Acadie et son valeureux peuple avaient déjà été octroyés à l'Angleterre, à la fin de la Guerre de Succession d'Espagne. En 1763, ce fut le Canada, tandis que Louis XV qui ne voulait plus se soucier de colonies, donnait la Louisiane à l'Espagne par le traité secret de Fontainebleau (1762).

2 •Godfrey, Michael, "Bonfoy, Hugh," in *Dictionary of Canadian Biography*, vol. 3, Université Laval/University of Toronto 2003–, consulté le 10 octobre 2013, http://www.biographi.ca /en/bio/bonfoy_hugh_3E.html.

Pêcheries à Terre-Neuve au XVIIIe siècle

-5-

Cruelle bastonnade

Dossier Elizabeth Workman, 1873

En ce 19 juin 1873, Elizabeth était certaine qu'elle ne verrait pas l'été pourtant si proche. Elle ne le manqua d'ailleurs que de deux petites journées. Elle se tenait debout sur la trappe de bois avec une grosse corde de chanvre autour du cou, et un énorme nœud coulant contre l'oreille, qui lui briserait le cou et les vertèbres. Ainsi cela lui épargnerait une mort lente par étouffement. Quel sylphe pervers avait donc mené cette jeune femme pleine de promesses au pied de cette misérable potence, sous cette boucle de chanvre qui nimbait son cou comme une aura diabolique ? Comment avait-elle pu en arriver là ? Certes c'est le Destin qui distribue les cartes de la vie, mais c'est nous qui les jouons. Elizabeth avait mal joué, très mal ! Un télégramme arriverait-il inopinément pour lui sauver la vie ?

Son Écosse natale avait été dépeuplée par les nettoyages ethniques infligés par le roi londonien[1]. Et si elle ne voulait pas mourir de misère dans les paysages désolés de Haute-Écosse ou dans les bouges prolétariens de Birmingham ou de Londres, Elizabeth Gaffield-Workman n'avait désormais qu'une seule option : fuir au loin, le plus loin possible, vers le Nouveau-Monde, le Canada, pays de Cocagne.

Elizabeth Gaffield avait débarqué dans notre Canada que l'on venait de débarrasser de ses hordes de bisons pour livrer sa terre féconde à l'agriculture extensive. Au XIXe siècle, grâce aux bienfaits de la médecine, la population européenne avait littéralement proliféré. Des millions d'émigrants européens avaient colonisé le monde. Des multitudes

---

1.•Le système de dépopulation forcée et de dispersion des clans celtes catholiques prit surtout place à partir de 1792 (*Highland Clearances*), quand la France, première protectrice de l'Écosse depuis le Haut Moyen-Âge, fut engluée dans sa propre Révolution nationale afin de se débarrasser de son aristocratie parasitaire.

étaient venues au Canada, prendre la place des Amérindiens et des Métis d'Amérique dont le style de vie avait été sacrifié au profit de ces étrangers arrogants qui se prenaient pour des races supérieures[1]. Au siècle suivant, le XXe, les nations européennes avaient presque cessé de se reproduire grâce à la liberté de choix de procréer que leur avait offerte cette même médecine européenne. Ce furent alors les populations du Tiers Monde qui, grâce aux mêmes progrès médicaux, proliférèrent à leur tour et vinrent remplacer en Europe les populations européennes anéanties par la liberté de procréation.

Ancienne prison civile de Sarnia
Collection privée

Certes, en Angleterre durant la *Révolution industrielle*, les ouvriers recevaient un salaire, mais bien insuffisant pour vivre. Et même en faisant travailler les enfants au lieu de les instruire, les familles baignaient dans la misère la plus sordide. Les industriels de cette Angleterre enflammée par ces terribles bouleversements économiques se souciaient fort peu de ces ouvriers misérables "*disposable at will*", jetables *ad libitum*[2]. *Business is business !*

♦

Dans la fleur de ses vingt ans, Elizabeth avait débarqué à Montréal seize ans avant cet horrible 19 juin 1873. Son vieux mari nouvellement épousé, James Workman, qui frisait déjà la soixantaine, était devenu ouvrier agricole dans le petit village de Mooretown au sud de Sarnia sur la berge verdoyante de la Rivière Saint-Clair. Samuel de Champlain avait appelé ce cours d'eau Sainte-Claire car c'était le jour où

---

1 •Selon les théories mal comprises de Charles Darwin.

2. •*Disposable at will* = jetable à volonté. *Ad libitum* = selon leur volonté.

il la découvrit. James Workman était un costaud qui aimait l'alcool pur et les violentes querelles, l'argot des bas-quartiers, et les blasphèmes croustillants. Il avait eu un garçon et une fille d'un précédent lit. Lorsque sa première épouse mourut, sans doute de tuberculose, il avait épousé la jeune Elizabeth, petite, délicate et polie. Elle était vraiment l'antithèse de son mari.

Au début, tout alla bien. Tout va toujours bien au début, car sinon, on ne se marie pas ! Chacun *met de l'eau dans son vin,* à tel point que l'un des deux finit parfois *par ne boire que de l'eau*, pour corser la métaphore. Le plus conciliant des deux finit par se plier entièrement aux volontés despotiques du plus égoïste. Elizabeth faisait son possible pour remplir son rôle de maman et d'épouse. Tout le monde la considérait comme une mère de famille idéale, une anglicane merveilleuse, très dévote ; une travailleuse inlassable... Et le soir, après une longue journée de travail éreintant, elle s'efforçait de jouer dans le lit du vieillard encore gaillard, son rôle d'amante fervente et passionnée. Mais elle sentait avec consternation que la ferveur et la passion l'abandonnaient. Si la plupart des femmes se fatiguent vite des hommages d'un jeune époux —au point "que 90% des femmes s'emmerdent en baisant" comme le soulignait le poète Brassens—, qu'en est-il alors des égards incessants et toujours inassouvis d'un vieillard qui fleure le genièvre éructé, le houblon fermenté et le tabac puant ?

♦

Pourtant, en débarquant dans le vieux port de Montréal, Elizabeth était certaine de tenir, dans sa main gauche, la main du cœur, une *Quinte-Floche-Royale* qu'elle n'aurait qu'à abattre pour remporter le Tournoi de poker-dindon qu'est la vie des pauvres. Mais la grande différence d'âge, qui habituellement joue favorablement lorsque la personne la plus âgée est fortunée, ne généra pour ce misérable couple qu'une pression perverse. À l'âge où James aurait dû prendre sa retraire et marcher sur la pointe des pieds pour se faire oublier de la Camarde, en évitant de faire un faux-pas dans ce *champ de mines* qu'est la vieillesse, il devait travailler dur pour nourrir son fils Hugh-Alexander né en 1865. Il avait tardivement engendré cet enfant, un jour où l'ivresse l'avait malencontreusement distrait de sa vigilance habituelle, alors qu'il papillonnait dans le jardin privé de sa jeune épousée. Le *coitus interruptus* exigeait une stricte synchronisation et des réflexes fulgurants peu compatibles avec le whisky écossais ou le whiskey irlandais. On dit aujourd'hui que l'alcool et la conduite automobile ne font pas bon ménage ; on aurait pu invoquer un slogan similaire sur le *coït interrompu.* Ainsi le jeune Hugh-Alexander ne parvint pas à rendre la famille Workman plus heureuse ; au contraire.

Seize longues années après leur installation au Canada, la *Quinte-Floche-Royale* avait fait long feu. Les Workman, plus pauvres que jamais, végétaient encore dans un minuscule deux-pièces, au rez-de-chaussée d'une maison de Mooretown, petit village agricole aujourd'hui fondu dans la vaste agglomération de Sarnia, dans la province d'Ontario. Les gaillards robustes et bagarreurs deviennent tôt ou tard chétifs et malingres, surtout quand l'alcool et les drogues diverses rongent leur santé et leur vigueur. Aussi, l'amour basé sur la robustesse physique sombre vite. Le désespoir d'une précoce crise de la quarantaine et la pauvreté chronique allaient conduire la jeune Elizabeth à un geste terrible. Elle devait tenter de libérer sa vie de ce boulet qu'était devenu son vieillard de mari. Elle avait désormais un enfant à chérir ; le vieux géniteur, ramolli et déchu, n'avait plus de place dans son cœur. Il la maintenait emprisonnée dans la misère et le malheur, qui dévoraient désespérément sa pauvre existence. Mais peut-on ainsi fausser compagnie à la malédiction d'un vieux conjoint déchiré par les épreuves d'une vie ratée, comme on abandonne entre les crocs d'un chien méchant un vieux manteau ? C'est sans doute parfois possible, à condition de ne pas choisir l'alcool et les autres paradis artificiels, en guise de forceps pour faciliter l'accouchement de la solution. Il serait aussi désastreux d'enfanter après avoir absorbé un litre de cognac en guise de péridurale. Les choix d'Elizabeth furent les pires possibles. Et tous ses efforts désespérés, tous les mauvais choix qu'elle fit à partir de là, allaient la mener directement à cette terrible journée du 19 juin 1873, sous cette aura de chanvre indien.

En dépit de la présence du jeune Hugh-Alexander, les témoignages indiquent irréfutablement qu'Elizabeth subissait depuis longtemps déjà des violences —non pas physiques mais verbales—, de la part du vieux James, toujours en état d'alcoolémie avancée. Au début des années 1870, la jeune femme s'était déjà à plusieurs reprises réfugiée chez les voisins du dessus, les Patterson, pour fuir ces agressions intolérables qui semblaient commencer à ne plus se limiter au verbe. Pourtant, en dépit de ces abus successifs, l'enquête révéla que la jeune Elizabeth restait encore fidèle à son mari.

Parce que, comme dit le poète[1], *à partir d'un certain âge, on a beaucoup plus de raisons de pleurer*, l'addiction de plus en plus exigeante de James à la boisson pour oublier sa déchéance, absorbait une portion toujours plus notable des ressources familiales. La violence verbale ne faisait que croître en proportion. Il semonçait constamment sa compagne en termes fort vulgaires. Devant ce problème insoluble, le Service Social plaça Marie, la fille de James, dans une autre famille, pour la soustraire à cet environnement insupportable et traumatisant. L'âge de cette fillette n'est pas établi avec certitude. Marie n'était qu'une enfant quand ils débarquèrent au Canada comme immigrants démunis. Elle n'avait que vingt ans environ en 1873 au moment où sa belle-mère gravit les treize marches qui allaient la conduire au sommet de cet échafaud abominable. Pourtant, quoique domiciliée dans une autre famille de Sarnia, Marie avait tout de même tenu à conserver le patronyme de son papa, Workman, et refusa d'adopter le nom suédois du tuteur, Skirving[2].

1.•Le chanteur-compositeur et poète perpignanais Bruno Caliciuri, dit Cali...

2•Skirving signifie "ailes diaphanes" en suédois. La discrimination coloniale en Amérique du Nord faisait que les patronymes anglais étaient plus recherchés. De ce fait des millions d'immigrants anglicisèrent leur nom. En dépit de ces

Elle garda même un certain contact avec sa "belle-mère", et, après la mort de son père, Mary Workman-Skirving aida sa marâtre à nettoyer les lieux avant l'arrivée de la police. Elle ne réalisait sans doute pas que modifier le site d'un crime constituait aussi un crime. En tout cas, cela semble une indication claire qu'elle était restée en bons termes avec sa belle-mère. Hugh —âgé de huit ans seulement au moment de ces terribles événements— était le seul enfant *biologique* du couple.

La décrépitude, accentuée par l'alcool dans lequel James Workman tâchait de noyer son angoisse existentielle, minait sa santé et amenuisait considérablement de jour en jour sa capacité au travail, de même que, semble-t-il, ce que nous appellerons sa "vigueur conjugale" pour demeurer dans les canons de la décence. Lui qui trouvait déjà trop facilement de nombreuses et illusoires consolations dans la dive bouteille, se mit à boire de plus en plus lourdement pour oublier ses problèmes grandissants qui ne font que s'aggraver avec l'âge, car si les jeunes sont parfois impuissants à vaincre les difficultés de la vie, les vieux sont généralement impuissants tout court. Il avait oublié que l'alcool n'est pas un ami, c'est un compagnon perfide, même s'il donne l'impression d'amadouer les cauchemars et d'anesthésier les angoisses de l'esprit. Cercle vicieux.

Quand l'égarement éthylique joignait ses forces malsaines à la souffrance qui l'habitait lorsqu'il ressentait une obscure obsession d'avoir raté sa vie, il ne pouvait s'empêcher de rejeter sur sa femme le fiasco de son existence. Certains hommes, certaines femmes se sentent moins lamentables en recherchant chez leurs proches la source et la cause de leur médiocrité. Et ils finissent souvent par le croire. Ce fut le cas de James Workman. Il se mettait alors à violenter sa jeune femme, verbalement et (plus tard) physiquement.

---

transferts artificiels, les Américains qui se disent aujourd'hui d'origine anglaise ne sont qu'au cinquième rang : 1- *Allemands*, 49.206.934, soit 17,1% ; -2- *Africains*, 41.284.752, soit 13,6% ; -3- *Irlandais*, 35.523.082, soit 11,6% ; -4- *Mexicains*, 31.789,483, soit 10,9 % ; -5- *Anglais*, 26.923.091, soit 9,0% ; -6- *Italiens*, 17.558.598, soit 5,9% ; -7- *Polonais*, 9.739.653, soit 3,0% ; -8- *Français*, 9.136.092, soit 2,9% ; - 9- *Écossais*, 5.706.263, soit 1,9% ; -10- *Écossais protestants d'Irlande*, 5.102.858, soit 1,7% ; Total des *Celtes* déjà inclus (sans les Gallois) : 46.332.203, soit 15,2%, en deuxième position après les Allemands. "*Les Autres nationalités*" n'ont pas été mentionnées. *Source : United States 2010 Census.*

Juste retour des choses, sa femme attendait qu'il soit ivre-mort et donc incapable de se défendre, pour le battre comme plâtre[1].

Petit à petit la violence devint le décor habituel de la vie familiale chez les Workman. Devant l'incapacité croissante du vieil époux à fournir un travail rémunérateur, Elizabeth se mit à faire des ménages dans le village afin de se procurer l'indispensable. Et ce fut ainsi qu'elle trouva de l'emploi chez un barbier, un *beau barbier noir dont les jalouses lui disaient tant de mal.*

♦

Mais venons-en aux faits. L'étage supérieur de la maison dans laquelle vivaient les Workman était occupé par un couple, David et Sarah Patterson, qui apparemment vivaient un "*bon mariage*", en tout cas une *relation satisfaisante.* Eux aussi étaient pauvres, car ils devaient subsister sur le maigre salaire de David, ouvrier non spécialisé comme son voisin. Elizabeth se confiait beaucoup à Sarah Patterson.

Samuel Butler, le barbier noir dans la force de l'âge, très extraverti et fort sympathique, joua dans ce dossier le rôle de révélateur, un rôle qui faillit d'ailleurs lui coûter la vie. Au début, le vieux James lui ouvrit largement sa porte, surtout quand Samuel se présentait en tenant dans ses mains généreuses (ou sournoises, peut-être) une bonne bouteille de cognac, de gin ou de whisky. Le jeune Samuel vivait fort agréablement la fin de la trentaine. Dès son arrivé à Sarnia, trois semaines seulement avant la mort de James Workman, il ouvrit son salon de barbier et embaucha Elizabeth comme femme de ménage. De ce fait, certains n'ont pas manqué de lui attribuer le rôle de *la dernière goutte qui fit*, selon le dicton populaire, *déborder le vase et qui déclencha le drame*. Le fait le plus important concernant le rôle de ce Samuel Butler dans cette affaire criminelle, concernait la couleur de sa

---

1.•Le gâchage du plâtre devait se faire avec énergie pour le rendre plus lisse. Dans certaines régions on disait "battre le plâtre" pour "gâcher le plâtre."

peau. Butler était un noir solide et beau. Que les bien-pensants me pardonnent ce détail. Il était l'un de ces grands noirs nord-américains, façonnés par l'impitoyable sélection naturelle de l'esclavage qui n'accordait longue vie qu'aux plus robustes, et qui aurait sans doute sélectionné un peuple idéal si les narcotiques, l'alcool, l'analphabétisme et le racisme n'étaient venus gâter une partie de cette réussite biotique. Or, peu après son arrivée à Sarnia, après avoir bénéficié du "*chemin de fer souterrain*[1]", le beau barbier avait embauché Elizabeth Workman comme femme de ménage, comme nous l'avons mentionné. Elle devait prendre soin, aussi bien de la lessive que du nettoyage et de l'entretien du salon de coiffure. Grâce à cette proximité, Butler se lia rapidement d'amitié avec la famille Workman à laquelle il commença à rendre des visites de bon voisinage à leur lieu de résidence. Connaissant les coutumes, il ne venait pas les mains vides. Il apportait souvent une bouteille de "*paradis artificiel*" sous forme de whisky ou de cognac. Ces cadeaux avaient l'heur de plaire non seulement à James qui pouvait ainsi se maintenir dans l'Avalon de l'alcoolémie où la souffrance est abolie, mais aussi à Elizabeth qui avait, elle, la possibilité d'apprécier un moment de répit, comme on apprécie le sommeil d'un enfant difficile. Dès les premières visites, une rumeur insidieuse se répandit dans la contrée à travers rues et avenues, et jusque dans les ruelles les plus étroites et les plus sombres : une relation illicite existerait entre le beau barbier Butler et la jeune Elizabeth Workman. La jalousie est le sel de la discorde, et certaines femmes, prisonnières des tabous sociaux et de la morale étriquée, font tout leur possible pour empêcher leurs consœurs de profiter de leur liberté.

Bien que protégés en vertu de la loi canadienne, les noirs étaient loin d'être *socialement* égaux aux blancs dans l'Ontario de cette époque. Certains Yankies ont même fait

---

1 •*Le chemin de fer souterrain* était un réseau de passeurs destiné à faciliter l'évasion des esclaves du Sud-Profond américain jusqu'au Canada où l'esclavage était aboli. L'expression est parfois utilisée dans le cas des migrations des juifs et des nazis, au milieu du XXe siècle.

valoir que le racisme et la discrimination raciale étaient pires en Ontario que dans les États américains. Mais les auteurs de ces railleries étaient américains, et ils ne cherchaient qu'à estomper les critiques des Canadiens contre l'*apartheid* qui existait déjà aux États-Unis avant même que l'Afrique du Sud ne prît leur modèle pour créer le sien : "Le racisme est chez vous plus hypocrite que chez nous, prétendaient-ils, mais il est plus virulent encore." Il suffit de lire l'histoire de Louis Riel et des Métis de l'Ouest pour se rendre compte que les Orangistes d'Ontario n'avaient rien à envier en perversité aux membres de l'*Ordre Cagoulé* du Klan américain, ou aux Nazis hitlériens. Il est même possible que la population de la zone semi-rurale et pauvre dans laquelle vivait la famille Workman ait été plus encline à manifester de la discrimination raciale que les régions urbaines. Les "petits blancs" sont, semble-t-il, plus racistes que les riches, qui se sentent, eux, moins menacés par les minorités visibles. Le Dr. Egerton Ryerson[1], Surintendant de l'Instruction publique de l'Ontario, estima qu'«il existait toujours un comportement "américain" dans notre pays en ce qui concernait les gens de couleur, surtout parmi les gens de la campagne.» Ce fameux "comportement américain" était en fait une description lénifiée du racisme. Dans le contexte particulier de cette triste histoire, la couleur de peau du barbier Samuel Butler doit donc être prise en considération pour avoir sans aucun doute influencé la triste Destinée d'Elizabeth Workman.

L'arrivée dans le secteur de Reilleys[2] de ce «*colored barber*», comme l'appelait le voisin David Patterson dans sa déposition, changea la situation des époux Workman et précipita le déchaînement des événements. En effet, Butler, pris de pitié pour sa femme de ménage, fit don de vêtements

---

1 •Adolphus Egerton Ryerson (1803-1882) fut un politicien, éducateur, pasteur méthodiste et promoteur de l'école pour tous, y compris des fameuses *Écoles* dites *Résidentielles* pour les Indiens et les Inuits, en fait de lointains pensionnats tenus par le Clergé anglican ou catholique. Les enfants étaient forcés de résider loin de leur famille afin de les angliciser au plus vite. Un certain nombre de garçons et de filles furent sexuellement abusés, et quelques décennies plus tard les tribunaux accordèrent de fabuleux dommages et intérêts à ces victimes, suscitant ainsi de nombreuses autres candidatures aux "indemnités" qui se prétendirent abusés par le système. La génération suivante réclama aussi les indemnités gouvernementales puisées à pleines mains dans les poches des Canadiens, en prétendant que les parents abusés avaient aussi abusé leurs enfants.

2 •Sarnia se trouve à la pointe méridionale extrême du Lac Huron. Reilleys est aujourd'hui un quartier de Sarnia.

d'occasion au petit Hugh Alexander. Quant au vieux monsieur son père, le barbier le couvrit lui aussi de faveurs sous forme de bouteilles de spiritueux. Selon la rumeur publique qui commença à se répandre dans le quartier puis dans la ville comme une odeur délétère, cette générosité n'avait pour seul but que d'apaiser ses angoisses et de distraire son attention un peu trop soutenue à l'égard de la vertu de sa jeune femme qui semblait vouloir prendre des avances sur son bonheur futur. Le quartier commença à jaser. D'ailleurs quelques jours avant de tuer son époux à coups de bâton, Madame Workman révéla étourdiment à des commerçants que «ça prenait tout ce qu'elle gagnait pour le garder dans le whisky.» Selon ses propres déclarations, si imprudentes qu'elles contribuèrent à la conduire à la potence, Elizabeth souhaitait le garder alité jusqu'à ce qu'il mourût.

Obsédé lui aussi par le désir d'oublier son chagrin perfide qui le torturait insidieusement, James Workman redoublait d'efforts pour maintenir plus encore son propre esprit dans l'alcool. La baisse du niveau d'alcoolémie dans son cerveau rongé par l'amertume et la détresse de voir que sa vie touchait à sa fin et que sa femme qu'il aimait profondément allait poursuivre seule son chemin, sans lui... tout cela le plongeait dans l'angoisse existentielle et le désespoir le plus profond devant sa pauvre vie achevée, son amour détruit au point que sa fille Marie avait demandé à aller vivre dans une autre famille. L'amour est une perfection divine ; un idéal aussi fragile qu'un arc-en-ciel sur une bulle de savon. De ce fait, quand il entre dans le cœur imparfait des humains, il se brise. James, vieux et nécrosé par l'alcool, voyait Elizabeth comme sa dernière planche de salut sur terre, tandis que cette dernière, encore jeune et désirable, savait qu'elle pouvait encore se retailler une vie décente dans le tissu fragile d'un *Grand Amour* nouveau, car, à la Loterie de la Vie, on croit toujours que le prochain tirage sera le bon ; et certains deviennent accros à ce jeu de hasard. Mais autant vouloir tailler une chemise flambant neuve dans une vieille camisole délabrée. Entre eux, l'avenir était impossible et sans espoir, totalement irréparable, car James était désormais trop vieux, et ils avaient trop piétiné leur amour, fleur écrasée incapable de refleurir. C'est pourquoi Élizabeth s'efforçait de le maintenir à un satisfaisant niveau d'alcoolémie, seule façon pour elle-même, et pour lui, d'avoir la paix de l'esprit et du corps.

Lorsque le whisky ne le clouait pas au lit et ne l'empêchait pas de se déplacer, James surveillait désespérément sa jeune femme. Il allait même parfois jusqu'au domicile du barbier dans l'espoir de vérifier si ses obsessions n'étaient pas fondées. Il était si persuadé de son infortune que jamais, selon toute apparence, il ne se douta que ses certitudes pouvaient être le fruit de son imagination maladive en pleine décrépitude. Peter Mayhew[1], un voisin du barbier, fut témoin de l'une de ses surveillances. Selon la déposition *sous serment* de ce témoin, le vieillard Workman était allé chercher sa femme chez Butler. Elle était venue pour nettoyer la maison, laver le linge et, vraisemblablement, selon la rumeur et l'opinion de Workman, plus encore : «J'ai vu Workman arriver chez Butler le jeudi soir entre sept et huit heures. J'ai entendu un bruit venant de chez le barbier. J'ai traversé[2] et j'ai aperçu James Workman. Ce dernier cherchait à empoigner sa femme en lui enjoignant de rentrer à la maison. Alors Butler est intervenu. Il a violemment poussé Workman contre le mur en lui disant que *s'il ne la laissait pas tranquille il allait lui botter les fesses.* Workman a répondu quelque chose que je n'ai pu entendre. Il l'a lâchée et madame Workman est allée chercher son châle pour repartir avec son mari. Workman n'a pas été dur avec sa femme. Il l'a simplement attrapée par le bras et lui a dit de le suivre. Butler a repoussé Workman contre le mur et j'ai vu sa main contre la gorge de Workman[3].» On sentait que, globalement, la bienveillance du témoin penchait plutôt en faveur du mari jaloux.

Le mardi 22 octobre, le vieux mari se rendit à nouveau

---

1 •Graphie de Maillou.

2 •La rue ou l'espace entre les deux maisons.

3 •Cette déposition sous serment —comme toutes les autres dépositions de ce dossier criminel— est tirée des *Archives du Ministère de la Justice*, aux *Archives nationales*, rue Wellington, à Ottawa.

au salon du barbier alors que sa femme y faisait le ménage. Il lui enjoignit de rentrer immédiatement à la maison. La jeune femme refusa. Workman s'énerva, et, devant la violence verbale du mari, Butler intervint encore, empoigna le vieillard par le col et le secoua un peu sans le blesser. James s'en alla, furieux, en grommelant des menaces terribles scandées de blasphèmes et d'imprécations à faire endiabler tous les saints de l'Au-delà. Là encore, Elizabeth finit par suivre son mari et par rentrer à la maison, mais le pli était donné.

À partir de ce moment, elle semble avoir pris la décision de ne plus supporter la jalousie tyrannique de son vieux mari. Il devait la laisser tranquille ou alors... La déposition du petit Hugh-Alexander nous décrit le changement radical dans le comportement de l'épouse brimée :

— Mercredi dernier, j'ai entendu ma mère dire qu'elle avait donné *une méchante volée*[1] à mon père. J'ai vu ma mère le frapper avec un manche à balai dans la matinée. Le barbier Butler avait l'habitude de venir chez nous dans l'après-midi. Il restait tard le soir. J'allais au lit bien avant son départ. Quelquefois ils se querellaient avec papa qui était couché dans la chambre attenante. Hier soir, le barbier est aussi venu chez nous. Il avait apporté une bouteille d'alcool... Il en a donné à ma mère, puis il est allé en donner à mon père dans la chambre. J'ai entendu qu'elle disait au barbier qu'elle avait frappé papa et qu'elle ne voulait plus coucher près de lui. Ils ont parlé très longtemps.

♦

Workman se levait parfois et sortait de temps en temps dans la rue lorsque sa femme était au travail et que son alcoolémie lui permettait de garder la station verticale. Il allait alors faire quelques achats et profitait de l'occasion, comme nous l'avons dit plus haut, pour tenter d'aller contrôler les agissements de sa femme. C'était lors de ces sorties que les commerçants ne pouvaient manquer de constater les héma-

1 •Les termes exacts étaient : "A severe beating."

tomes qui constellaient parfois les parties visibles de son corps. Ce fut ainsi que Mr. Brooks, un marchand du quartier, demanda à Elizabeth :

— J'ai aperçu votre mari, Madame Workman. Il avait des bleus sur les mains, les avant-bras et le visage. Qu'est ce qui lui est donc arrivé ?

— Il se cogne partout dans la maison quand il a trop bu. Ah ! Quel malheur ! Il se frappe et s'abuse lui-même[1] !

La réponse était curieuse et même invraisemblable, et le commerçant qui avait posé sa question pour bien observer la réaction corporelle d'Elizabeth, ne manqua pas de la rapporter à la police après la mort du vieil homme. Prise au dépourvu, l'épouse se gardait bien de raconter les malheurs qu'elle infligeait. Mais l'isolation acoustique des murs et des planchers était des plus précaires dans ces maisons de pauvres aux planches disjointes et mal clouées. De ce fait, les Patterson pouvaient suivre le feuilleton quotidien avec toutes ses vicissitudes, ses péripéties les plus scabreuses : gifles, coups de bâton, éclats de voix, vaisselle brisée et insultes variées à faire dresser les cheveux sur la tête. Ce ne fut pas sans éprouver quelque satisfaction qu'ils se rendirent compte que les agressions verbales subies par l'épouse avaient été bientôt suivies par les violences physiques infligées au vieillard lorsque la jeune épouse avait commencé à se rebiffer et à rendre coup pour coup *avec intérêt et dividendes.*

Vers midi, le vendredi 25 octobre, Sarah Patterson, qui avait l'immense avantage de ne pas travailler à l'extérieur pour pouvoir ainsi suivre chaque acte, chaque scène de la tragédie et chaque réplique du lourd dialogue, put entendre un début de dispute conjugale qui se termina par deux coups, deux chocs. Après quoi la maison resta calme jusqu'à 14h00, heure à laquelle la chicane se ralluma pour se terminer à nouveau par deux coups violents suivis d'une phrase criée par l'épouse :

---

1 •"He got them by knocking himself about the room and hitting and abusing himself."

— Tu as eu ton compte, maintenant ?

Le jeune fils Workman confirma plus tard que sa mère avait battu son père ivre-mort avec un manche à balai. D'autres séries de coups de bâton furent entendues par intermittence durant la journée. Le soir, le calme était revenu. Mais durant la nuit, David Patterson put percevoir un râle d'agonisant. Madame Patterson, qui tendait aussi une oreille fort attentive, entendit à quelques reprises les deux époux discuter de façon normale durant la nuit. Le samedi matin, la discussion reprit, s'envenima comme un feu de broussailles mal éteint, et les éclats de voix se terminèrent, une fois de plus, par des bruits secs : une longue série de *chocs mous et sourds* qui semblaient des coups de bâton sur un corps humain. Puis tout redevint silencieux. La paix semblait enfin rétablie dans le ménage. Les Patterson s'endormirent alors, rassurés, pour une grasse matinée réparatrice. Mais ils n'auraient pas dû dormir ; c'était le silence de la mort.

Vers 15h00, David Patterson fendait du bois devant la maison lorsqu'Elizabeth s'approcha de lui et lui murmura :

— *Y'a que'qu'chose qui va pas avec l'Père*[1]. *Pouvez-vous venir jeter un coup d'œil pour voir son problème, David ?*

Patterson entra dans l'appartement du rez-de-chaussée, et trouva Workman dans son lit, couché sur le dos. Son visage plus que tuméfié était une masse hideuse et informe d'ecchymoses sanglantes, de lésions et de meurtrissures. Il passa son bras sous la tête du gisant pour la soulever un peu, et sa main sur son cœur. Il ne battait pas. Tout était froid et même glacé. Il semblait avoir cessé de vivre depuis un certain temps. En palpant la poitrine, il sentit que les sous-vêtements étaient humides. Sa main souleva la tête et se glissa dans le dos, entre le corps et les sous-vêtements de coton et de flanelle. Sa main se mouilla. Il lui parut évident que le corps avait été lavé. L'épaule droite était noire et brune comme si elle avait été violemment battue. Elle avait terriblement enflé. Patterson remarqua deux coupures sur la

1 •Elle l'appelait *Father (Père)*, ce qui soulignait plus encore la différence de générations.

tempe droite et une sur la gauche. Les trois coupures avaient la même entaille et la même forme. Les bras, le dos de ses mains et les doigts avaient été particulièrement battus[1]. Il n'examina pas les jambes de l'homme. Il put toutefois les apercevoir après le départ du docteur vers 19h00, le samedi. Ses tibias avaient été comme passés au pilon et ses orteils semblaient horriblement écrasés[2].

Médusé par l'horreur qui émanait de ce tableau, et incapable de toucher plus longtemps le corps du gisant dans un état si dégradé, Patterson envoya le garçon à l'étage chercher sa femme. Sarah refit un examen minutieux de la victime et annonça :

— Cet homme est mort ! Pas de doute, il est mort !

Elizabeth se plaça alors de l'autre côté du corps, en face de Sarah et interpella le cadavre :

— Dis l'Père ! L'Père ! Réponds-moi donc ! Tu veux pas m'répondre ?

— Inutile d'essayer ! lui dit Sarah. Cet homme est mort !

Elizabeth eut alors un mouvement de retrait comme si elle pleurait, mais les Patterson ne virent perler aucune larme. Sarah faillit bien lui demander alors comment cela avait bien pu arriver, mais elle se retint. Sa question resta perchée sur ses lèvres comme un oiseau timide qui hésite à s'envoler. Elizabeth n'osa pas évoquer le sujet elle-même. Comme frappé par la foudre, David Patterson se précipita soudain dehors en hurlant :

— Un crime vient d'être commis dans cette maison !

Ce fut alors que commença un incessant défilé de voisins, dévorés de curiosité, qui cherchaient à savoir ce qui s'était passé. Ils venaient voir le corps du vieillard qui reposait sur le lit. Ils observaient les bleus sur les parties visibles de la peau et se jetaient des regards furtifs qui signifiaient : «Vous voyez ! Les rumeurs incroyables étaient donc vraies, elle l'a tué à coups de bâton !» Puis entra le Dr. Campbell,

---

1 • "Badly beaten".

2 • "Awfully used up."

Coroner local. D'autorité, il fit sortir tout le monde, amis et curieux, pour étudier les lieux du crime en toute quiétude. Il examina soigneusement le corps après l'avoir déshabillé, et constata qu'il présentait plusieurs blessures massives à la tête et au thorax. Il envoya alors chercher le Dr. Olliver et le policier du village. Elizabeth admit sans hésitation avoir battu son mari avec un manche à balai. Croyant excuser son geste, elle précisa :

— C'est vrai que je l'ai battu pour le faire taire... mais je ne l'ai pas battu plus qu'à l'ordinaire ! J'comprends vraiment pas pourquoi il est mort !

À son arrivée et après quelques conciliabules avec le médecin légiste Campbell, le policier local procéda à l'arrestation d'Elizabeth. Dès le soir même, un jury que le Coroner assembla en toute hâte, décida que la victime était morte d'hémorragie cérébrale résultant de deux blessures spécifiques fort similaires. Ces deux coupures avaient été infligées par des coups d'instrument *contondant,* c'est-à-dire non tranchant, et vraisemblablement de métal. Selon le Dr. Olliver, c'était une arme autre qu'un manche à balai.

Le voisin, David Patterson, révéla que vers 4h00, dans la nuit de samedi à dimanche, il avait entendu du bruit à l'extérieur de la maison. De sa fenêtre, il avait aperçu Samuel Butler qui quittait la maison du crime. Vers 6h00 le même matin, le barbier était revenu pour repartir vers 8h00.

L'Enquête du Coroner, ou Instruction préliminaire, finit par conclure que "*la victime, James Workman, était morte par violence excessive, et que tout indiquait que ces abus avaient été infligés par madame Workman, l'épouse de la victime, ou par Samuel Butler, ou par les deux.*" Ces conclusions réussirent à mettre en lumière que, chaque soir et chaque nuit de cette ultime semaine avant sa mort, les voisins du dessus, les Patterson, avaient pu entendre le bruit de coups de bâton, et, en riposte, des injures proférées par un Workman sous l'emprise de la boisson. Chaque invective et chaque série de coups étaient suivies de cris de madame qui demandait agressivement à son mari «*s'il en avait eu assez ainsi, ou s'il en voulait encore.*» La situation devenait gravissime pour Elizabeth.

La voisine Sarah Patterson déclara sous serment que la victime, le vieux Workman, avait beaucoup bu durant les deux dernières semaines avant sa mort, c'est-à-dire depuis que le barbier avait engagé Elizabeth comme femme de ménage.

— Je n'ai pas vu Elizabeth battre son homme, déclara Sarah. Elle m'a simplement affirmé, un matin, qu'elle *en avait donné "une bonne"* à son mari. D'ailleurs, cette première nuit-là, je l'ai entendu demander à deux reprises à son mari, s'il *en avait reçu une assez bonne*[1]. Je craignais que ça finisse par lui retomber sur le nez ! Dans l'après-midi de vendredi, j'ai entendu Mme Workman dire à son mari :

— T'en as pas encore eu assez ?

Le vieillard, littéralement torturé par la jalousie vis-à-vis de Butler, ripostait par de méchants noms auxquels Elizabeth répondait chaque fois qu'elle sortait de la chambre[2] !

— Oh ! Si t'en as pas eu assez ! Tu vas en recevoir plus encore !

Alors, rendue plus enragée encore par de nouvelles invectives émaillées de blasphèmes, elle revenait dans la chambre à coucher pour bastonner le vieillard, déjà à l'agonie. Et chaque fois qu'elle entrait dans cette chambre où gisait James, la voisine pouvait clairement entendre pleuvoir les coups de bâton. Il lui répétait qu'elle le tuait, mais elle continuait imperturbablement de frapper comme une démente qui veut chasser un démon, un cauchemar obsédant qui la rend folle, comme un esclave qui veut briser les chaînes de l'esclavage.

— J'ai dit à mon mari ce soir-là, continua Sarah Patterson, que madame Workman avait violemment battu son mari !

— Elle en serait bien incapable ! répondit l'homme d'une voix détachée qui semblait peu intéressé par les faits et gestes de

---

1 • "if he had got enough."

2 •"nasty names"

ses voisins.
— Elle vient juste de le faire !

À ce moment précis quelqu'un frappa à la porte. C'était madame Workman. Elle était montée chez ses voisins par l'escalier d'incendie qui servait d'accès direct aux locataires. Elle leur apportait une coupe de cornichons. C'était un prétexte pour savoir s'ils avaient entendu quelque chose. David Patterson était présent à ce moment-là.
—Avez-vous entendu ce qui s'est passé chez moi ? demanda-t-elle.
— Presque pas ! répondit Mme Patterson, laquelle ne voulait pas avouer qu'elle écoutait aux portes.

Elizabeth expliqua alors qu'elle avait administré à son mari une bonne raclée[1] "dont il se souviendrait pendant un bout de temps," tandis qu'il l'invectivait de tous les noms.

Vendredi matin, James Workman, resté à l'intérieur, ferma la porte sur sa femme qui était sortie pour causer avec sa voisine. Elizabeth le pria longuement de déverrouiller la porte :

— Allez, l'Père, ouvre la porte ; laisse-moi entrer ! Allez, l'Père !

Il finit par lui ouvrir. La scène démontrait qu'elle savait prendre son vieux mari par les bons sentiments quand elle le souhaitait.

Sarah Patterson expliqua que lorsqu'elle descendit chez les Workman dans l'après-midi du samedi, à la demande du gamin, le corps du vieil homme était déjà froid et raide.
— À mon avis, James devait être mort depuis au moins quatre ou cinq bonnes heures. Son épaule était toute noire d'hématomes et son bras tout enflé. Ses jambes aussi étaient couvertes de bleus, ses pieds et ses orteils de même, fortement tuméfiés.

♦

1 • "Severe blows".

Pour ce qui était du barbier, personne n'était capable de prouver qu'il avait participé directement à l'assassinat. Le vendredi matin qui précéda la mort de Workman, Patterson entendit, vers 4h00, une personne qui tirait ses bottes dans l'appartement du dessous[1]. Il pensa que le bruit était trop lourd pour que ce soit les chaussures du jeune garçon. Peut-être était-ce Workman qui se levait pour vaquer à quelque tâche de boucherie ? Patterson, qui, lui aussi, cédait à la curiosité, se posta au sommet des escaliers sur le palier extérieur[2]. Il aperçut un homme escaladant la digue, qui encerclait la maison construite dans un creux, en contrebas de la rue. Il lui sembla reconnaître le barbier Butler qui sortait de la maison et qui filait en douce dans la nuit. Comment être sûr ? Les voisines, toujours fort bien renseignées, avaient d'ailleurs remarqué que des personnes (sans en préciser le nombre ou le sexe) avaient l'habitude de rendre de petites visites à Elizabeth Workman, surtout quand son mari travaillait à Point-Edward ou à quelque distance de son domicile. Parmi ces visiteurs du soir, un cordonnier avait été spécifiquement identifié... Et ce n'était certainement pas pour ressemeler ses chaussures.

Le Dr. Edward Olliver, médecin légiste, fit, dès le lendemain dimanche, l'examen *post-mortem* de la victime[3] à son domicile même. À l'évidence les apparences montraient des traces de contusions et d'abrasions aux deux extrémités inférieures [les pieds]. Le côté droit du corps était très enflé et décoloré. Les coups sur la tête avaient entraîné de l'extravasation[4] sanguine dans le cerveau. Il écrivit sans aucun lyrisme superflu : «Une blessure au cuir chevelu d'un pouce et

---

1 •Au Canada, la politesse exige de se déchausser en entrant chez quelqu'un, et de rester en chaussettes. *Tirer une botte* n'a aucun sens argotique.

2 •L'appartement au rez-de-chaussée (les Workman) avait deux portes ; la porte principale sur la rue, et une porte latérale qui s'ouvrait sur le côté de la maison. Cette dernière porte était située sous le palier de l'escalier extérieur qui permettait aux Patterson (du premier étage) d'avoir une entrée privée et de prendre la fuite en cas d'incendie. Les Patterson se postaient sur leur palier en corniche pour apercevoir une partie de la salle de séjour des Workman.

3 •La déposition du docteur peut être consultée aux *Archives fédérale de la Justice* à Ottawa.

4 •L'extravasation ou extravasion était un terme de physiologie qui désignait autrefois une hémorragie ou épanchement d'un liquide organique —ici le sang— hors de son contenant naturel.

demi de longueur [presque 4 cm] marque la tempe gauche. Une fracture de l'os nasal touche l'œil gauche. Un caillot de sang s'est formé dans le cerveau sous cette même fracture. La coupure infligée au-dessus de la tempe gauche a enfoncé l'os crânien. La blessure au cuir chevelu a été causée par un instrument aiguisé et coupant, du genre d'un instrument de boucherie. La fracture de l'os nasal est plus sérieuse que l'autre, car, outre le fait qu'elle a causé de l'extravasation, elle a entraîné une lésion au cerveau lui-même. Un fragment de textile introduit dans le cerveau forme à cet endroit une substance étrangère, de telle sorte qu'une mort presque instantanée s'en est suivie. Seule une aide médicale immédiate lui aurait sauvé la vie. Le coroner était d'avis que vingt à trente coups de bâton avaient été administrés aux jambes et au tronc, et que "les jambes avaient été ligotées avec une corde." Les abrasions avaient vraisemblablement été causées par les efforts de la victime pour se débarrasser de cette ligature. Le coup sur la tempe avait été le dernier asséné. À la suite de cet ultime coup et de celui sur le nez, la victime a dû mourir instantanément (ou dans un délai de 12 à 24 heures seulement) dans un état comateux et sans pouvoir exprimer le moindre mot. Selon le médecin légiste, ces coups de bâton avaient donc été suffisants pour causer la mort. Quant à l'estomac, vide, il ne contenait qu'un peu de fluide. La victime n'avait absorbé aucune nourriture durant les vingt-quatre ou quarante-huit heures qui avaient précédé son décès.» Pour le médecin légiste, les causes de la mort étaient incontestablement les coups de bâton qui lui avaient été administrés.

♦

Dès l'annonce du décès au grand public, Elizabeth Workman fut donc mise sous les verrous. Un mandat d'arrêt fut aussi émis contre Samuel Butler, car, comme précisé plus haut, la rumeur courait selon laquelle il était son amant, donc vraisemblablement son complice. Les deux détenus furent immédiatement transférés à la prison comtale de Sarnia.

Le 21 mars 1873, les coaccusés comparurent devant le juge Wilson. Le magistrat, né à Édimbourg (Écosse) en l'année 1814, et immigré au Canada en 1830, s'était fortement enrichi dans les affaires avant de se lancer en politique puis dans la Magistrature pour varier et raviver son sentiment de réussite. L'argent lui avait permis d'acquérir le pouvoir politique et judiciaire. Wilson devint rapidement célèbre pour la dureté des peines qu'il infligeait aux contrevenants. Il semblait totalement oublier que son propre peuple (le peuple écossais) avait fort souffert de la tyrannie et des excès du colonialisme anglais. La culpabilité de Butler, l'amant présumé, n'était pas aussi clairement établie. L'homme niait catégoriquement avoir été présent chez les Workman à quelque moment que ce fût, le vendredi soir et même le samedi matin. Elizabeth abondait dans le même sens, en opposition avec David Patterson, le voisin, qui avait affirmé l'avoir entrevu. Mais, sous les questions pressantes et insistantes de Maître A.J. Mackenzie, avocat du barbier, Patterson crut soudain se remémorer que ce n'était pas le *samedi* mais le *vendredi matin* qu'il avait "aperçu le barbier quitter subrepticement la maison du crime, entre chien et loup." Le juge Adam Wilson ordonna alors la relaxe pure et simple de Butler contre lequel il se sentait incapable d'établir le moindre scénario d'inculpation suffisamment étayé.

En ce qui concernait Elizabeth Workman, défendue par le même avocat Mackenzie, le juge Wilson, qui n'avait pas trop saisi la différence entre le rôle d'un juge et celui d'un Procureur, trouva totalement évidente et incontestable la théorie selon laquelle c'était de la main de sa jeune épouse que le vieux mari avait perdu la vie. Le seul point à éclaircir était d'établir si l'épouse avait tué son mari *volontairement ou non* et il comptait bien réussir à prouver hors de tout doute que son geste était délibéré, intentionnel et prémédité. Pour lui c'était un *meurtre au premier degré* qui ne pouvait se terminer que par une corde de chanvre. Le seul point qu'aurait pu souligner l'avocat de la Défense, c'était que le juge jouait ainsi le rôle de Procureur au lieu de s'en tenir à celui de juge, c'est à dire d'*arbitre*, soucieux de garder la recherche de la Vérité dans les limites de la Loi et de la Procédure pénale.

Sentant que les jurés risquaient de recommander la clémence en faveur d'Elizabeth, comme elle était une femme, le juge les exhorta à l'Équité, et donc à la même sévérité que si cela eût été *un homme qui avait tué sa femme sous les coups*. Selon lui, la victime avait été battue à mort pendant des heures, et le but ne pouvait être que le désir de tuer le mari, c'était un cas précis de *meurtre prémédité au premier degré*. C'était, à son avis, "*un assassinat ou rien du tout*". Contrairement à la recommandation du magistrat suprême, le jury revint avec une sentence de culpabilité certes, mais assortie d'une ferme recommandation de *clémence*. Furieux, quoiqu'il se gardât bien de manifester publiquement sa colère pour éviter les *Appels* en vice de forme pour *comportement inéquitable*, le juge, inflexible, n'en tint aucun compte et condamna Elizabeth à mort. Ce qui peut être considéré comme une bavure infamante sur l'honneur de ce magistrat et sur celui de la Justice tout entière. En parcourant l'ensemble de ces dossiers criminels, le lecteur attentif aura remarqué que ces vices de forme, ce genre de tache d'infamie dans la procédure judiciaire, étaient fréquents au Canada anglais. Il faut dire que dans les pays anglo-saxons, les juges sont nommés par favoritisme politique pour avoir grenouillé dans le parti au pouvoir[1], et qu'il n'existe aucune École Nationale de Magistrature bien définie comme dans plusieurs pays du monde.

Ne voulant pas paraître moins odieux que le juge, le Ministre de la Justice refusa lui aussi toute intervention pour un Appel. Malgré ces dénis de Justice, l'avocat Mackenzie s'obstina à lancer plusieurs pétitions qui furent dépêchées à Ottawa en toute hâte car l'exécution de la sentence capitale avait été fixée au 19 mai 1873 dans le but évident d'escamoter le problème. L'avocat mettait en exergue le fait que la

---

1 •Sauf aux États-Unis où ils sont élus par le grand public et doivent, pour cela, procéder à une campagne électorale avec son cortège de promesses vides, de crypto-alliances et de grenouillages.

condamnée était *une femme*, et que, pour cette raison précise, il n'était pas convenable de lui faire subir toute la rigueur de la loi ; ce qui était un argument fort maladroit si l'on considère le principe d'égalité des sexes[1]. Finalement, la mise à mort fut retardée d'un mois afin de tenir compte du cas où une décision tardive serait prise dans le but de commuer la condamnation à mort en détention à perpétuité.

Le Conseil municipal de Sarnia, furieux à l'idée qu'une femme pût être pendue dans sa ville fit une ultime requête au Gouvernement. Les Conseillers exposèrent comme précédent le fait que, quelques années auparavant, un certain Robinson avait été condamné à mort à Sarnia mais que son exécution avait finalement été annulée. Tout cela avait coûté beaucoup d'argent pour rien ! De ce fait, le Conseil refusait d'avaliser une exécution, et encore moins celle d'une femme. Une délégation municipale sarniaise se rendit à Montréal afin de présenter ses objections les plus strictes au Premier ministre Macdonald. Elle repartit satisfaite de la rencontre et des assurances qu'elle avait reçues de la part des ministres. Promesses volatiles de politicien ! Aussi, quelle ne fut pas leur déception à leur retour à Sarnia quand ses membres apprirent que la date de l'exécution n'avait pas changé d'un iota. Elizabeth devait mourir le 19 juin ! Décidément, tous ces politiciens tenaient des doubles discours aussi artificieux et volontairement équivoques que ceux des commissaires priseurs[2] !

En 1869, la loi fédérale de la toute nouvelle Confédération canadienne avait modifié l'autorisation de procéder aux exécutions publiques en dehors des murs des prisons. Désormais les exécutions devaient suivre leur cours dans l'enceinte même des geôles. La procédure restait publique mais le nombre de spectateurs serait limité par la place disponible dans la cour. Cela évitait les populaces frondeuses. Chaque invité officiel devait au préalable recevoir un faire-

---

1 •Gender Equity ou Gender Equality.

2 •Allusion au *double-talking* des commissaires priseurs du pays, destiné à tromper les acheteurs néophytes sur les prix réels.

part à liseré noir. L'objectif de cette loi limitative était d'interdire l'accès aux trouble-fêtes, contestataires, trublions et autres rêveurs abolitionnistes qui avaient remarqué que le "*Tu ne tueras point* !" du Cinquième Commandement de Moïse, entrait en contradiction totale avec le "*œil pour œil, dent pour dent"* du Pentateuque. Car il y avait effectivement contradiction. Mais, plus encore, l'exécution d'une femme risquait d'entraîner des violences supplémentaires par les activistes et opposants qui pensaient que seuls les hommes devaient subir la peine de mort, mais que les femmes, *Génitrices de l'Humanité,* devaient être épargnées quoi qu'elles fissent, comme l'étaient les enfants. De nombreuses émeutes accompagnaient habituellement les exécutions de femmes. Les Mouvements que nous appelons aujourd'hui féministes[1] s'opposaient eux-mêmes à l'exécution des femmes, sans se rendre compte que l'illogisme de ce double principe de châtiments contribuait lui-même à l'inégalité.

Le samedi 12 juin 1873, arriva un télégramme du Premier Ministre John A. Macdonald qui séjournait à Montréal en compagnie du Gouverneur-Général du Canada, le comte de Dufferin, celui-là même qui légua son nom à une terrasse de la ville de Québec[2]. La Justice devait suivre son cours. L'exécution d'une femme aurait lieu, dans toute son horreur.

Les Invitations officielles, cartons noir et blanc semblables à des faire-part de décès, devaient être achetées au bureau du shérif. Quelques personnes seulement demandèrent à assister à l'exécution d'Elizabeth Workman, fort peu populaire si l'on considérait l'horreur de son crime. L'échafaud fut érigé dans la partie arrière de la cour du Centre pénitentiaire de Sarnia. Une tombe fut creusée juste au-dessous de la plateforme. Une bière de bois mal équarri, cercueil de pauvre, fut placée dans la fosse pour recevoir les restes de la suppliciée et les faire disparaître de la surface de la terre.

---

1 •Le mot "féministe" existait déjà au XIXe siècle sous la plume d'Alexandre Dumas-fils. Il l'avait emprunté à la médecine où il caractérisait une "neutralisation de la différence sexuelle" chez les hommes. C'était donc un adjectif qui s'appliquait à un homme que nous qualifierons aujourd'hui d'efféminé. [Geneviève Fraisse, *Les femmes et leur histoire*, Gallimard, Paris, 1998.]

2 •La Terrasse Dufferin domine le magnifique panorama du Saint-Laurent au niveau de la *Traverse de Lévis*, à Québec.

♦

En ce 19 juin, donc, Elizabeth Workman, se tenait debout sur la trappe de bois avec une grosse corde de chanvre autour du cou. Sous sa cagoule, elle pensait intensément à tous ces événements qui l'avaient amenée à se tenir là, bien droite, sur cette petite Porte de l'Inconnu. Elle était très calme, la plus calme de l'assistance. Elle attendait la mort avec courage. Rares sont les Humains qui ont la force de caractère et la fierté de faire face à la Mort en la regardant bien droit dans les yeux, comme les soldats du passé lointain qui devaient rester debout et immobiles sous la mitraille ennemie, sans riposter, sans gémir. Ils devaient se contenter de rester bien droits, alors que leurs amis tombaient foudroyés autour d'eux. Priaient-ils ? Sans doute ! Et les athées eux-mêmes priaient un Dieu incertain. En cas ! Elizabeth, elle, tenait dans sa main droite un bouquet de marguerites, comme pour les offrir à Dieu en apparaissant soudain devant lui, dans l'espoir d'amadouer un peu ce Maître de l'Univers à la barbe fleurie, toujours prêt à blâmer, à pénaliser et à sanctionner tous ceux qui s'étaient révoltés contre cette chienne de vie que l'injuste Providence réservait généralement aux pauvres, tandis qu'elle gâtait les riches de mille bienfaits superflus.

Le bourreau, venu de Toronto ne portait pas sa cagoule. Il avait simplement noirci son visage comme un charbonnier laborieux pour dissimuler son identité, ou comme un enfant turbulent et fripon le jour de l'halloween pour crier «*trique ou traite !*». Soudain, le shérif du comté esquissa un léger signe de la main. C'était lui qui avait sollicité avec insistance que la peine de mort fût commuée en réclusion à perpétuité. Son esprit s'indignait de devoir conduire une femme à la potence et surtout d'être le Superviseur de l'exécution. Au discret signal du shérif, le bourreau tira le déclencheur et la condamnée tomba dans la trappe avec un claquement sec. Elizabeth perdit instantanément conscience, le cou brisé. Elle resta pendue durant vingt minutes. Après quoi, le jury du Coroner A.W. Gamble, l'examina avec soin pour tâcher de repérer dans ce corps désormais calmé de ses soubresauts, la moindre trace de vie. Elle fut enfin déclarée officiellement décédée. On l'enterra sous l'échafaud même, avec, dans ses mains serrées, son petit bouquet de fleurs ; comme si son Dieu avait refusé l'offrande en même temps que sa mansuétude.

Un journaliste du *Toronto Evening Mail,* témoin oculaire, relata ainsi la dernière scène de cette tragédie. Il était presque 9h00, Elizabeth, debout sur la trappe fatale à travers laquelle elle allait disparaître, vivait ses derniers instants sous les yeux magnétisés des quinze spectateurs invités. La crainte de la mort et de l'Au-delà fascine les humains. Voir mourir autrui éveille en chacun de nous un sentiment d'horreur et de pitié, à tel point que, lors de chaque pendaison, il se trouve toujours quelques spectateurs pour se couvrir le visage de leurs mains. Et après, tous éprouvent le profond désir de profiter de chaque seconde d'existence qu'il leur reste à vivre ; comme après un accident mortel qui les épargnerait.

Pourtant, la répétition d'un spectacle lamentable finit par créer chez le spectateur involontaire une carapace d'accoutumance protectrice. La sensibilité des bourreaux et surtout des gardiens de prison qui compatissent avec le désespoir et la souffrance des condamnés, s'émousse avec le temps. C'était notamment le cas au pénitencier de Bordeaux, dont la cadence des exécutions demeurait élevée. Un garde de cette prison montréalaise raconta que, «d'une pendaison à l'autre, il n'y avait plus d'étonnement de ma part. Les condamnés se succédaient au gibet et ils avaient tous, à peu de différences près, un comportement analogue. Tous pensaient qu'ils faisaient un mauvais rêve dont ils ne détenaient pas la clé. Tous cultivaient l'espoir, espérant un miracle[1].»

Mais revenons quelques instants en arrière pour évoquer un dernier souvenir fugace du même journaliste. Tandis qu'Elizabeth Workman attendait la mort, debout sur la trappe, sa main crispée serrait entre ses doigts exsangues son

1 •Duguay, 1979, p.93

petit bouquet de marguerites blanches, elle «parla pour la dernière fois, exprimant l'espoir que son cas servirait d'avertissement à toutes les femmes victimes de maris alcooliques, et à tous les maris qui devaient supporter une épouse qui s'enivrait. Le signal fut ensuite donné... Lorsque la corde fut finalement coupée, le corps tomba six pieds plus bas dans une fosse qui avait été creusée pour l'accommoder (Sic !)... La poignée de fleurs blanches qu'Elizabeth avait apportée de sa cellule jusqu'au gibet, resta dans sa main crispée. D'autres fleurs furent déposées sur son cœur, tandis que les quinze spectateurs[1] observaient la tragédie avec des émotions contrastées, perplexes quant à la culpabilité de cette si jeune femme. Méritait-elle vraiment le châtiment qui lui avait été infligé[2]?»

Elizabeth Workman ne fut pas la seule canadienne pendue en dépit d'une recommandation de grâce émise par le Jury. Rappelons-nous Mary Aylward. Dans sa rage de punir les autres, le juge n'avait pas respecté la volonté du peuple souverain, on peut donc affirmer que, pour Elizabeth Workman, la Justice ne fut pas au rendez-vous.

La petite gare ferroviaire de Bordeaux dans la banlieue montréalaise.
Elle fut l'ultime halte de nombreux criminels avant le Grand Voyage.
Coll. Privée.

1 •Il y en avait 400 pour l'exécution précédente dans cette même cour de prison, 11 ans plus tôt, lorsqu'avait été exécuté Thomas Cleary pour avoir poignardé son meilleur ami après avoir trop longuement célébré dans la taverne de leur employeur.

2 •"Exécution de Mme. Workman pour le meurtre de son mari : La dernière scène" *Toronto Evening Mail* du 20 juin 1873. page 1.

Cueillez dès aujourd'hui les roses de la vie !

Dossier Emilie Hilda Beauchamp Blake (1899) 2

Emilie Hilda Beauchamp Blake naquit par une froide et humide journée de janvier 1878, à Chedgrave près de Norfolk en Angleterre, dans une famille très pauvre. Elle était la fille d'un policier du comté. Ses parents moururent probablement de la tuberculose alors qu'elle n'était qu'une enfant. Cette maladie chronique ravageait alors l'Europe occidentale[1]. Avec son frère Arthur, elle fut élevée par une sœur aînée. Quand cette dernière se maria, Emilie et son frère furent abandonnés et placés aux *Enfants trouvés* ou *abandonnés*, à *Heckingham Workhouse*. Ces terribles Workhouses (hospices avec travaux forcés) dénoncées par des romans tels qu'*Olivier Twist*, étaient totalement privatisées. Ce que les Français appelaient l'*Assistance publique*, était en Angleterre l'*Assistance privée* car les propriétaires forçaient les pauvres à travailler très dur simplement pour avoir le droit à l'hébergement et à la soupe. Le propriétaire, souvent un aristocrate[2], voyait là une façon légale de faire fortement fructifier sa fortune. Il recevait pendant une année une subvention gouvernementale qui s'ajoutait à la *plus-value* du travailleur orphelin ou de l'*enfant trouvé*. Après un rigoureux cycle d'un an, la Reine Victoria supprimait sa subvention et l'aristocrate s'empressait de mettre l'enfant à la porte de son établissement pour céder la place à un nouvel enfant abandonné qui lui donnait droit à une nouvelle subvention gouvernementale.

---

1 •Un décès sur sept était alors dû à la tuberculose, jusqu'à l'invention du vaccin BCG en 1921 (Bacille de Calmette et Guérin).

2 •Ainsi, le directeur de *Heckingham Workhouse* était le lieutenant Sir Richard Beauchamp Duff, propriétaire du terrain sur lequel était construit le Centre d'abandon d'enfants. Durant la 1e Guerre mondiale, ce noble participa en tant que général à la *Campagne de Mésopotamie* au cours de laquelle les Anglais tentaient de s'emparer des régions pétrolifères de l'Empire ottoman, tandis que les Français fournissaient le principal effort contre l'Allemagne en Europe. Mais la campagne contre Bagdad se termina mal en 1915 quand l'Armée anglaise (général Townshend) capitula le 29 avril 1916 au coût de 12.000 tués; en grande partie des soldats recrutés en Inde et en Écosse. Ce fut l'un des graves désastres de l'Armée anglaise. Beauchamp Duff fut relevé de ses fonctions pour *avoir démontré peu de volonté pour aider et, par contre, quelque esprit de décision pour entraver la poursuite énergique de la campagne.*

Pour les orphelins, c'était un deuxième abandon. Tous ces enfants, ainsi rejetés par les autorités, étaient alors pris en charge par un deuxième groupe de trafiquants –des *négociants en domesticité*– qui les regroupaient pour les expédier et les *vendre en détail au plus offrant* dans les colonies britanniques. Les gares ferroviaires à travers tout l'Empire servaient de "*marché aux domestiques.*" Là, les gens mieux nantis pouvaient venir *acquérir* un enfant pour les travaux ménagers, agricoles, manufacturiers ou autres. Ainsi l'Angleterre n'en avait plus la charge financière. Le *prix* de l'enfant comprenait les frais d'entretien, de voyage ainsi que la marge bénéficiaire qui seule incitait le *négociant en domesticité* à continuer son trafic d'êtres humains. Tout cela était rigoureusement conforme à la loi de Grande-Bretagne, appelée *British Poor Law.* L'acteur Charlie Chaplin vécut à plusieurs reprises dans une workhouse anglaise à la toute fin du XIXe siècle. Sa mère était non seulement trop pauvre pour le nourrir, mais frappée de maladie mentale. Comment ne pas perdre la raison lorsque la vie est un calvaire ? Chaplin, qui ne fut pas abandonné définitivement comme un simple *champi*[1], eut la chance de ne pas être expédié au loin et vendu dans les colonies comme l'héroïne de ce tragique récit. Emilie avait neuf ans lorsque, avec son frère, elle fut abandonnée dans la workhouse de Heckingham. Sir Richard, propriétaire de plusieurs établissements de ce type, ne les garda donc qu'une seule année pour multiplier ses profits en obtenant de nouveaux enfants. En mai 1888, Emilie, âgée de 10 ans, et Arthur, son frère, furent expédiés au Canada, aux bons soins d'Arthur Broadhurst, un *négociant en domesticité.* Chaque année, il escortait ainsi 80 ou 90 enfants pour ne parler que du Manitoba. Emilie fut détenue durant quelques jours dans la nouvelle gare de Winnipeg[2] où elle fut "acquise" par une famille de la toute nouvelle province du Manitoba qui n'avait alors que 18 ans. Arthur avait trouvé

1 •Le *champi* (féminin *champisse*) était d'abord un enfant abandonné dans les champs, et, par extension, un enfant abandonné tout court.

2 •Gare de *Weston Yard* du CPR, appelée aussi *Rugby Yard,* et construite vers 1871.

acquéreur dans une autre ville du Canada, Montréal. Par la suite, Broadhurst se souvint d'Emilie comme d'une petite fille tranquille, bien élevée et cherchant toujours à gagner l'affection de son entourage, à défaut d'amour.

Un couple de Néo-Canadiens d'Elkhorn, au nord de Brandon (Manitoba), Laetitia et Alfred Stewart, devint donc la famille d'accueil d'Emilie et d'une autre fillette déportée d'Angleterre. Les Stewart n'étaient eux-mêmes au Canada que depuis sept ans. L'Angleterre trouvait ainsi un triple avantage à ce négoce ; elle se débarrassait de ses pauvres car c'était l'époque où l'empire allemand voulait devenir une grande puissance coloniale et se construisait une puissante flotte de guerre mettant en danger l'hégémonie maritime de l'Empire anglais. Pour chaque cuirassé lancé par l'Allemagne, l'Angleterre en construisait deux afin de maintenir sa domination coloniale. Il faut dire que la puissance grandissante de l'Allemagne jetait l'épouvante chez les Anglais ; surtout après la sortie des deux romans du Londonien William Le Queux[1]. Après avoir été durant des siècles l'alliée des princes allemands contre la France, l'Angleterre se rapprocha donc de son ennemie héréditaire, la France, afin de ne pas faire face, seule, à la belliqueuse Allemagne, et c'est ainsi que les champs de bataille français et belges servirent de glacis à l'Angleterre durant les deux guerres mondiales. Mais tout cet armement naval coûtait fort cher aux finances publiques de l'Angleterre, et la nation n'avait plus les moyens de prendre soin de ses pauvres. Elle les expulsait donc vers les colonies, l'Australie et surtout le Canada. Des milliers d'orphelins (80.000) furent ainsi livrés aux Canadiens qui en désiraient. Et des multitudes de ces pauvres en-

---

1 •Les deux romans d'horreur étaient *The Great War in England in 1897* (paru en 1894), et *The invasion of 1910* paru en 1906. Après la guerre franco-prussienne de 1870 qui entraîna la défaite de l'ennemie traditionnelle (la France), les Anglais virent avec horreur surgir une nouvelle nation, l'Empire allemand (le IIe Reich), obsédée par un désir d'acquérir un empire colonial. Comment créer un nouvel Empire colonial sans cannibaliser celui de l'Angleterre qui avait presque partout planté son drapeau comme un commerçant accapareur ? L'inquiétude se transforma en panique en 1894 à la sortie du premier roman de Le Queux qui annonçait une invasion de l'Angleterre pour 1897. Où trouver des soldats pour défendre l'Angleterre quand on sait que traditionnellement c'était des mercenaires allemands qui se battaient pour l'Empire anglais, la Conscription étant quasi impossible dans le pays de Shakespeare ? Immédiatement, la diplomatie anglaise se rapprocha de la France pour que l'Hexagone serve de glacis, de première ligne de défense, à l'Angleterre. La fin de l'année 1897 apporta quelque soulagement à la frayeur des Anglais, c'est pourquoi, La Queux publia en 1906 un deuxième roman plus horrible encore afin de ramener les Anglais dans le camp français. William Le Queux, de père français mais né à Londres, était un agent des Services français d'espionnage qui avait reçu la mission de jouer le rôle de briard rassembleur.

fants furent exploitées, abusées physiquement, moralement, et même violées.

Dans cette famille Stewart qui élevait déjà cinq rejetons nés d'un premier mariage de Madame-veuve, ce ne fut pas sans réticence que les enfants acceptèrent de partager leur maigre pitance avec deux nouvelles bouches à nourrir, même si la seule fonction d'Emilie et de l'autre orpheline était d'aider madame à élever sa famille nombreuse. Emilie devenait ainsi une *bonne-à-tout-faire* totalement gratuite, sous prétexte que les Stewart avaient *investi* une forte somme pour l'acquérir, rembourser son transport et sa pension... Un employé non-payé n'est, ni plus ni moins, qu'un esclave ! Un indice laisse effectivement deviner que la vie n'était pas rose tous les jours pour les deux orphelines : Emilie fugua plusieurs fois.

Emilie-Hilda Beauchamp Blake

Un jour, même, deux ans après avoir été exilée au Canada, Emilie se réfugia chez les voisins, une ferme appelée *Ferme Rex*, où la jeune fille sous-alimentée put enfin se rassasier à sa guise. Comme cela se passe souvent dans les campagnes pour des querelles ayant trait aux volailles ou au bétail, la veuve Mary Rex (d'origine anglaise) était la pire ennemie des Stewart (d'origine écossaise) et l'hébergement que les Rex accordaient à leur servante n'améliora pas leurs relations. Marie Rex avait plusieurs grands enfants qui travaillaient à la ferme.

Comme s'y attendaient les Stewart, Emilie ne manqua pas de se plaindre auprès des Rex des mauvais traitements qui lui étaient infligés par les Stewart. Elle raconta à qui voulait écouter que les Stewart l'avaient même un jour envoyée à pied par un froid sibérien jusqu'au village d'Elkhorn en laissant entendre qu'ils espéraient la voir mourir gelée. Et, comme disait le chanteur-poète Gilles Vigneault, dans ces régions centrales, ce n'est plus *le froid* qui règne, mais plutôt "*le frète*", la froidure glaciale.

Furieux d'entendre se répandre toutes ces rumeurs scabreuses qui révélaient à toute la contrée leur véritable nature, les Stewart emplis de rage crurent ne pouvoir retrouver leur honneur que devant les Cours de Justice. Ils intentèrent des poursuites judiciaires à la veuve Rex pour kidnapping. En attendant son procès, Mary Rex eut un avant-goût plutôt saumâtre de ce qui allait lui arriver si la Justice la déclarait *coupable* : elle fit un bref séjour préventif dans une cellule de la prison du comté. Elle trouva que les lieux manquaient du confort le plus élémentaire. On dit que si on ne veut pas montrer sa culotte, il ne faut pas grimper à une échelle. Malheureusement pour les Stewart qui avaient mis leur problème sur la place publique, il fut effectivement prouvé que la gamine était bien une enfant martyre. Aussi les Rex furent acquittés. Dès qu'Emilie sortit de prison, Marie Rex se porta candidate pour devenir la tutrice officielle de la fillette de onze ans ; pour le plus grand bonheur de cette dernière. Le 18 avril 1889, Emilie commença donc à servir officiellement ses nouveaux employeurs, la famille de Mary Rex.

Mais les Stewart étaient des lutteurs déterminés et même opiniâtres. Leur acharnement était nourri non seulement par la haine fielleuse que leur inspiraient les voisins, mais aussi par leur désir de redorer le blason de leur honneur passablement terni par la fuite de la gamine mal nourrie qui avait colporté dans tout le Manitoba les histoires de maltraitance dont elle avait été la victime innocente. Tous ces abus furent mis en évidence par la publicité du procès. Loin de se tenir pour battus, les Stewart tentèrent par tous les moyens de faire revenir la fillette chez eux. Ils savaient que le talon d'Achille d'Émilie, qui la fragilisait au plus haut point, était son besoin insatiable d'être aimée. Un jour, deux des fils Stewart la rencontrèrent en rase campagne, alors qu'elle surveillait un troupeau de bovins qui paissaient paisiblement dans la prairie. Emilie se montra d'abord fort craintive. Puis, grâce à une approche pleine de gentillesse juvénile, les deux adolescents réussirent à lui adresser la parole.

— Tu nous manques beaucoup, lui assurèrent-ils. On espère de tout cœur que tu vas revenir prendre ta place vide, trop vide, dans notre famille.

L'appel de ces deux garçons qui semblaient lui porter un si grand intérêt, et peut-être même un peu d'amour, la toucha jusqu'aux tréfonds d'elle-même. La petite Emilie, taraudée par un immense besoin d'être aimée, ne put résister à la sollicitude invitante et au charme des deux adolescents ; elle décida de revenir chez les Stewart.

Elle rédigea donc une demande d'*Appel en Révision* à la Cour de Justice, désavoua ses propres accusations antérieures selon lesquelles les Stewart l'auraient abusée. Tout n'était qu'un tissu de mensonges et de tromperies inspirés par… la famille Rex. Elle affirma avoir été bien nourrie chez les Stewart, bien traitée et bien éduquée ; y compris dans le domaine religieux. Les seuls coupables n'étaient autres que les Rex qui, comme l'écrivit Emilie dans la même lettre, la traitaient comme la dernière des domestiques.

Ainsi, Marie Rex perdit la jeune fille qui revint travailler chez les Stewart. Mais Emilie ne tarda pas à se rendre compte qu'elle s'était fait manipuler. La prévenance attentionnée des deux jeunes garçons s'était vite estompée comme la fragile chaleur de l'été indien, immédiatement remplacée par les froidures hivernales. Elle réalisa qu'elle n'avait été qu'un pion, une simple arme entre les mains de ces deux familles délétères et venimeuses pour leur seule jouissance égoïste d'assouvir une implacable haine ethnique, éternelle et cruelle vendetta dans laquelle la jeune fille n'avait rien à voir. Bouleversée, Emilie fugua de nouveau mais cette fois ni les Rex ni les Stewart n'acceptèrent de lui donner asile. Elle n'avait que l'âge tendre de quatorze ans et se retrouva seule au monde, son frère étant loin, trop loin, perdu dans les immensités canadiennes de ce vaste pays aussi grand que l'Europe toute entière. Les Rex et les Stewart avaient, croyaient-ils, réussi à démontrer au commun des mortels, que le problème ne venait pas d'eux-mêmes mais de cette enfant diabolique. Leur honneur était sauf ! Emilie importait peu ; elle n'était qu'un bâton brisé que l'on jette après en avoir frappé son ennemi.

Dans ces années cruelles et immorales, une pauvre enfant, seule au monde, vendue pour son travail —quel qu'il fût—, n'était pratiquement plus une personne humaine. De ces dizaines de milliers d'enfants[1] rejetés par l'Angleterre au fin fond de ses territoires coloniaux, privés amour, brutalisés, violés, exploités, abusés, la plupart souffrirent beaucoup, et quelques-uns devinrent des criminels. Ce fut le cas d'Emilie. Habituée à mentir et à dissimuler ses vrais sentiments pour se protéger de la méchanceté et de l'égoïsme humains, elle se caparaçonna dans une armure d'hostilité et d'arrogance qui lui procura une défense contre les horribles maraudeurs qui vagabondaient de par le monde en quête de méchants coups. Mais cette méfiance l'empêcha en même temps de trouver l'amitié et l'amour. Sûre que la prochaine famille lui apporterait fraternité et affection, elle devint esclave du changement comme une joueuse compulsive assoiffée de bonne fortune et de hasard.

Elle atteignit ainsi l'âge de vingt ans, comme un nageur épuisé qui touche enfin l'autre rive d'un fleuve périlleux. Les écueils de sa vie étaient toutes ces nombreuses familles qu'elle avait successivement servies puis quittées à travers l'Ouest canadien sans trouver le moindre réconfort pour ses nombreuses blessures. Elle recherchait pourtant avec passion et désespoir cet Amour impossible. Désireuse de faire peau neuve et de partir sur un meilleur pied, Emilie changea de nom vers les années 1892, comme une chenille abandonne son manteau pour devenir papillon. Elle devint Hilda Clark, espérant ainsi s'éviter de rester la cible des rumeurs néfastes qui, jusque là, avaient suivi ses pas comme des ombres malfaisantes. Pour compléter sa nouvelle métamorphose, elle se para du titre d'infirmière. Dans l'Ouest, en pleine construction sur les ruines des civilisations métisses et autochtones que les immigrants européens avaient démante-

1 •Le nombre global d'enfants déportés est estimé à 230.000. La déportation forcée des enfants abandonnés ou orphelins ne cessa qu'en 1970.

lées pour s'installer en maîtres du monde, n'importe qui pouvait adopter le masque de docteur, d'avocat, de politicien ou de leader spirituel, à condition d'avoir la parole facile et de posséder un bon colt 45 pour convaincre les paroissiens trop suspicieux. Le bruit courut aussi vers cette même époque qu'Hilda était à l'origine du suicide ou du faux suicide de Robert Singer, fils de vingt-trois ans de Madame Stewart, l'un des deux garçons qui l'avait manipulée en l'amenant à croire qu'elle leur manquait, et que, sans doute, il l'aimait. On ne prête qu'aux riches ! Ce pauvre garçon mourut en 1894, mais la mystérieuse cause de sa mort ne fut jamais élucidée.

Hilda annonça d'ailleurs tous ces changements successifs d'identité et de profession à Madame Stewart avec qui elle avait conservé un lien épistolaire intermittent. Elle lui confia aussi qu'en tant qu'infirmière, elle envisageait de regagner l'Angleterre de son enfance pour y couler des jours heureux en soignant les Anglais malades... pour le meilleur ou pour le pire ! On idéalise toujours l'enfance, même quand elle a été malsaine. Qui aurait pu deviner dans les solitudes des vastes Prairies canadiennes, que sur le Vieux Continent, les Européens étaient en train d'aiguiser leurs baïonnettes pour s'exterminer vingt ans plus tard et ainsi emmener l'Europe à son déclin ?

En 1896, Hilda travaillait à Aikenside[1]. Ce fut en ces lieux que le bébé de onze mois de ses employeurs, Marie et Robert Crozier, mourut subitement alors qu'il était sous la garde de la jeune "infirmière". Sa mort ne fut déclarée que deux jours plus tard, comme due à une simple grippe. Les docteurs de l'époque possédaient à peu près autant de connaissances médicales que leurs patients, surtout dans ces régions lointaines où les praticiens avaient souvent des diplômes fantaisistes ou usurpés, habituellement attribués, comme dit plus haut, par la seule imagination de leurs titulaires. Et quand, peu après le décès, la mère du bébé sombra

---

1 •Alkenside est aujourd'hui un simple *lieudit* situé à 20 km au NNE de Brandon (Manitoba), Coordonnées géographiques : 50°0'17" de latitude Nord, et 99°49'14" de longitude Ouest.

dans une dépression nerveuse, une nouvelle rumeur courut selon laquelle la famille avait décidé de *dissimuler la responsabilité de Hilda dans cette mort.* Était-ce la réalité ou le fruit de l'inspiration créatrice d'une commère rurale ? Nul ne le sut. Mais rien n'empêche non plus de penser que la belle Hilda n'y était pour rien.

Suite à la confusion créée par cette disparition tragique et nébuleuse, Hilda déménagea à Winnipeg –l'ancienne *La-Fourche* des Métis– et travailla dans plusieurs quartiers. Puis, en 1898, elle trouva un emploi à Brandon[1] chez Robert Lane, un homme poli, travailleur et courageux. Il jouissait d'une solide réputation au sein du milieu méthodiste de la ville qui baignait dans une ambiance victorienne fort traditionnelle. La petite ville de Brandon, constituée aujourd'hui d'au moins 50.000 habitants, n'était qu'une bourgade qui venait d'acquérir le statut de *ville* quinze ans auparavant. Robert était un père attentionné et un mari modèle. Son excellente réputation reposait sur son glorieux passé de soldat. En effet, vingt-cinq ans plus tôt, il avait courageusement combattu dans l'unité de cavalerie de Charles Boulton[2]. C'était aussi un homme d'affaire fort avisé et en même temps le trésorier de son Club de Tir. Il faisait vraiment partie des notables de cette petite ville située à l'Ouest de Winnipeg. Les quatre enfants Lane jouaient souvent avec leurs petits amis du voisinage. Hilda, quoiqu'un peu introvertie, semblait bien s'accoutumer à l'ambiance familiale.

Mary Robinson Lane, l'heureuse et fière épouse de Robert, était, elle aussi, hautement estimée dans la hiérarchie

---

1 •La ville de Brandon tient son nom de *Brandon House*, l'un des vieux postes de fourrure (nommé ainsi en 1793) de la British Hudson Bay Co., lorsque le chemin de fer Canadien Pacifique voulut établir une station en ces lieux en 1881. Brandon House avait été appelé ainsi en l'honneur d'Archibald Douglas, 9e duc d'Hamilton (Pairie d'Écosse) et 6e duc de Brandon (Pairie d'Angleterre). Brandon était donc de la famille anglo-protestante des seigneurs écossais de Douglas, parmi lesquels le plus célèbre au Manitoba fut lord Selkirk qui, sous des apparences de philanthropie, avait participé à l'expulsion des Écossais des Highlands d'Écosse et à leur réinstallation dans la Colonie de la Rivière Rouge dans le but de submerger le peuple Métis-Français. Selon lui, le peuple Métis était trop récalcitrant à l'égard de la British Hudson Bay Co dont il était le propriétaire.

2 •Charles Arkoll Boulton (1841-1899) fut un militaire, célèbre dans l'Histoire du Canada pour avoir eu ses cinquante soldats capturés par les Métis-Français de Louis Riel en 1869, tandis que Boulton, leur chef, prenait la fuite vers Portage-la-Prairie avant d'être lui-aussi fait prisonnier par Riel puis libéré. En 1885, Boulton prit sa revanche contre les Métis à la bataille de Batoche, lorsque, avec mille soldats, deux canons et deux mitrailleuses, il parvint à écraser 80 Métis-Français… en quatre jours de combat. Les survivants francophones qui ne parvinrent pas à décrocher furent impitoyablement massacrés.

sociale de cette petite ville de province qui est devenue aujourd'hui la deuxième agglomération du Manitoba. Elle provenait d'une famille de la bourgeoisie très aisée de Binscarth[1] et on la disait même issue de la gentry anglaise de Grande-Bretagne —au même titre que Sir Richard Beauchamp Duff—, ce qui, à l'époque, était "*le fin du fin*" car la reine Victoria n'anoblissait pas encore les financiers véreux ou les chanteurs toxicomanes comme cela se fait couramment aujourd'hui. Personne bien sûr n'était allé vérifier le bien-fondé de ces rumeurs que Mary avait elle-même discrètement propagées. Elle restait au foyer et s'occupait avec grand dévouement de ses quatre enfants. Toutefois, elle savait lutter contre l'oisiveté anémiante et démoralisante des gens riches, et dans ce but se montrait fort active dans son église méthodiste, St. Matthews, ainsi qu'au sein du *Conseil local des Femmes* de Brandon qui s'assemblait régulièrement, au moins une fois par semaine.

La famille baignait dans l'aisance mais le père, par nécessité, et la mère, par complaisance, étaient fort occupés en dehors de la maison. Hilda (20 ans) fut embauchée en 1898 pour octroyer quelque présence féminine aux quatre jeunes enfants : Evelyn, un an, Mary, trois ans, Edith, quatre ans et Thomas, cinq ans.

♦

Le 15 juillet 1898, la belle et blonde Hilda aux yeux bleu-Méditerranée vint donc prendre ses fonctions ancillaires dans la famille Lane. Mary, la maman, était aux anges. Elle allait pouvoir se libérer encore davantage sans se sentir inutilement culpabilisée. Hilda reçut la chambre habituelle d'une bonne-à-tout-faire : une pièce de 2,5 mètres par 4 avec un petit lit étroit à une place, une penderie, une chaise et un lavabo surmonté d'un miroir. Cette chambre se trouvait en haut de l'escalier.

Son premier geste matinal était de se lever un peu plus

---

1 •Binscarth : une ville du Manitoba, enclavée dans la municipalité rurale de Russell, et située à 167 km au Nord-Ouest de Brandon. Les coordonnées géographiques de Binscarth sont de 50° 37' 36" de latitude Nord et 101° 16' 58" de longitude Ouest.

tôt que les autres afin de ranimer la flamme dans la grande cuisinière qui chauffait la maison, et de préparer le petit déjeuner sans éveiller la famille. Son travail quotidien consistait à... tout faire : lavage, cuisine, soins aux enfants, nettoyage, gazon et entretien du foyer et de la maison. À l'automne et au printemps elle devait effectuer les grands nettoyages qui incluaient les tapis, les murs, les planchers, tout. Ainsi Madame Lane pouvait se livrer à son généreux bénévolat au profit de ses pauvres à elle, et ainsi se tailler une place de choix dans le futur Paradis méthodiste. Et comme elle jouait aussi le rôle de femme du monde, elle recevait les gens de son niveau social et Hilda devait, en surcroît de son travail quotidien, cuisiner des plats sophistiqués, "mettre les petits plats dans les grands" et les servir durant les réceptions.

Dès le premier jour, Madame Lane lui *expliqua les listes des corvées* ; des listes qui n'en finissaient plus. Il y avait la liste journalière —qui ne lui laissait pas un seul instant pour souffler, de l'aurore jusqu'à 10 heures du soir—, la liste hebdomadaire —pour les nettoyages moins communs—, la liste mensuelle, la liste semestrielle, la liste annuelle... et tout cela pour un salaire de crève-misère. C'était de l'esclavage pur et simple. Et cette dame avait l'impression d'être une sainte femme à laquelle les anges, les chérubins et les séraphins feraient une haie d'honneur lorsqu'elle entrerait au Paradis, en lui déclamant des *Alléluias !* de leur voix cristalline.

Pourtant, la malheureuse Hilda se considérait comme bénie de Dieu pour cette chance inouïe d'habiter dans cette cathédrale qui sortait vraiment de l'ordinaire par son modernisme somptueux et son étang artificiel attenant[1]. Alors que l'immense majorité des maisons, tant en France qu'en Angleterre ou que partout ailleurs en Europe, s'éclairaient encore à la lampe à huile ou à pétrole, le domicile des Lane disposait déjà de l'éclairage électrique, d'un chauffage central

---

1 •Il semble que ce quartier se situait dans le secteur actuel du Commissariat de Police et du Real Canadian Superstore.

au charbon, de l'eau courante et de tout ce que le modernisme pouvait produire en faveur des gens privilégiés. Il est difficile d'imaginer le plaisir et l'étonnement de ceux qui pouvaient en une fraction de seconde plonger leur maison dans une lumière éclatante en tournant entre le pouce et l'index un petit interrupteur de faïence, alors que, jusque-là, ils devaient se contenter des ombres chinoises déversées par une chandelle ou une lampe à huile de baleine dont la mèche fumait en grésillant. Les enfants passaient littéralement leurs soirées à allumer et à éteindre la lumière. Heureusement les ampoules électriques n'étaient pas encore limitées à mille allumages par l'*obsolescence programmée*[1]. L'arrivée de la télévision, après la deuxième Guerre Mondiale ne fut qu'un pâle reflet de ce bonheur ineffable, qui n'eût d'équivalent que l'arrivée de l'internet, un siècle plus tard.

On peut donc facilement imaginer l'émerveillement et... le sentiment d'envie ressenti par Hilda Blake qui venait de reprendre son véritable prénom. Ce fut dans son cœur, une jalousie active et non passive qui se développa. Comment un Dieu infiniment juste avait-il pu créer un monde aussi injuste ? C'était, sous un jour nouveau, l'éternel et insoluble problème existentiel que les riches ignorent soigneusement et qui remplit le cœur des pauvres de haine et de révolte réprimées. Hilda savait très bien qu'en Angleterre, non seulement ne jouirait-elle jamais de tout ce confort, mais elle devrait partager une minuscule chambre empuantie et sombre avec deux ou trois autres servantes, importées d'Irlande ou d'Écosse pour être exploitées et usées jusqu'à la corde par les nouveaux riches victoriens nés de la Révolution industrielle. Elle serait méprisée et obligée d'utiliser l'escalier de service pour entrer ou sortir, manger à la cuisine un frugal repas, éviter toute familiarité avec la famille de ses employeurs. On exigerait même d'elle, oui, qu'elle se montre accommodante avec les fils de la maison en proie aux premiers émois, tout

1 •L'*obsolescence* fut programmée par le *Cartel Phoebus* des fabricants d'ampoules électriques de l'époque : *General Electric* pour les États-Unis, La *Compagnie des Lampes* pour la France, *Philips* pour les Pays-Bas, *Osram* pour l'Allemagne, *Tungsgram* pour la Hongrie, et l'*Associated Electrical Industries* pour l'Angleterre.

en sachant que le moindre gravidisme signifierait un licenciement immédiat.

Au début tout alla bien. Hilda connaissait le secret de se faire aimer de tous. Elle adorait les quatre enfants et ils le lui rendaient bien. Elle devint rapidement une servante accomplie et indispensable. Mais au fin fond de son cœur, elle n'était pas n'importe qui. Du moins le croyait-elle ! Entre son nom usuel et son nom de famille, elle aimait arborer un "*Beauchamp*" de parade, un panache aristocratique que les chevaliers du Moyen Âge exhibaient sur leur écu et leur armure ; car on lui avait dit, un jour, que : Hugues de Beauchamp[1], compagnon de Guillaume le Conquérant, venu de France lorsqu'il avait envahi l'Angleterre en 1066, était sans doute son ancêtre. Et elle savait que la noblesse anglaise la plus ancienne et la plus vaniteuse était celle qui pouvait trouver ses racines dans le bas-ventre de ces lointains envahisseurs français du XIe siècle.

En même temps qu'ils dirigeaient des Workhouses pour exploiter les pauvres enfants abandonnés, les Beauchamp étaient, en Angleterre, de grands propriétaires terriens pour lesquels la mère de Hilda avait travaillé dans sa petite enfance. Peut-être la belle Hilda en était-elle la fille adultérine ? Dieu seul le savait ! Mais Hilda voulait le croire de toutes ses forces. Toujours est-il que la possibilité d'être le lointain enfant utérin d'un baron de Guillaume le Conquérant —qui était lui-même un bâtard— semblait nourrir ses fantasmes, sinon *d'être quelqu'un*, tout au moins *d'exister*. C'était une raison de plus de détester secrètement sa maîtresse actuelle qui avait tout reçu de la vie sans l'avoir mérité : un beau mari, des enfants magnifiques, le confort, l'aisance, la possibilité de passer ses journées à gagner l'estime des autres en travaillant bénévolement, alors qu'elle-même, Hilda de Beauchamp Blake, se sentait méprisée tout en tra-

---

1 •Comme les Montgomery, Lacy, Montaigu, Percy, Malet, Tirel, Vernon, Talbot, Venables, Carteret, Mortemer, St-Clair [Saint-Clair], Colleville [Colvill), Durville, Fils-Osbern [et tous les Fitzgerald ou autres], Beaumont, Montfort, Rhuddlan,... et mille autres, dont d'Urberville, le nom de Tess de Roman Polanski, elle-même fière de ses origines franco-normandes, qui est une corruption de Seri d'Auberville, compagnon de Guillaume le Conquérant. En réalité, la famille française de Beauchamp alla s'installer en Angleterre au moins deux siècles plus tard, au titre de la c*olonisation française de l'île de Grande-Bretagne*.

vaillant comme un forçat, elle qui avait tant souffert du manque d'amour et de l'indifférence de tous.

Il est toujours dangereux d'envier les plus fortunés, ceux que la vie a trop choyés, tous ceux qui sont *nés avec une cuiller en argent entre les lèvres*, à qui la Vie injuste a offert sur un plateau d'argent le fruit du travail du petit peuple sans l'avoir le moindrement mérité, et qui s'arrogent le droit de mépriser les moins favorisés. La sagesse populaire serait de ne se comparer qu'aux plus démunis ; c'est le secret du bonheur. Mais Hilda ne le put. Et la jalousie se mit à dévorer le cœur et l'esprit de la jeune fille au point d'en perdre la raison, de plonger plus encore dans les illusions de son grand nom baronnial franco-normand de Beauchamp. Elle qui avait une origine aussi grandiose ne pouvait certes pas avoir dérogé au point de déchoir jusqu'au modeste rôle de servante-à-tout-faire, avec pour seule honorabilité, pour seule fierté, sa secrète Vertu de chair et de sang,… inexplorée et dédaignée jusque-là par le moindre galant !

Ses fantasmes délicieux de grandeur se nourrissaient de son goût effréné pour la lecture. Elle dévorait littéralement les romans "*à l'eau de rose* à la Delly". C'était si bon de se plonger dans un monde illusoire où elle pouvait s'identifier à une princesse médiévale déchue par la méchanceté humaine, à une infortunée victime, affligée par la vie. C'est ainsi qu'elle avait lu, savouré et relu avec ravissement une myriade de fois *Tess d'Urberville* de Thomas Hardy, *Jane Eyre* de Charlotte Brontë ; des jeunes filles abusées et malheureuses, comme elle, qui avaient dû lutter âprement pour se construire. Dans *Olivier Twist*, elle était Nancy. Elle se complaisait dans tous les rôles de persécutées. Et elle décida de porter elle-même le nom qu'elle aurait toujours dû arborer jusque-là : Emily Hilda Beauchamp Blake. Désormais elle porterait ce nom comme un panache aristocratique réparateur, comme un écu d'or de la chevalerie médiévale qui la reliait au glorieux passé de Sir Richard Beauchamp Duff.

♦

Elle travaillait chez les Lane depuis deux ans, lorsque, un certain jour de mai, Mary partit seule pour aller rendre visite à ses parents à Birtle, à 140 km au Nord-Ouest, par des chemins boueux à peine dessinés dans la vaste Prairie canadienne. Hilda se retrouva à la tête de la maisonnée. Elle joua avec délectation le rôle de la mère absente et même celui de l'épouse qui prend grand soin de son mari ; en tout bien tout honneur, bien entendu ; tout au moins au début. Car il semble avéré que Robert Lane finit par sombrer dans les yeux bleu-Méditerranée de la blonde Hilda.

Mais tout bonheur a une fin, et la délicieuse illusion du changement de statut social fut soudainement brisée par le retour abrupt de l'intruse, la maîtresse de maison. Hilda commença alors à se dire que le seul obstacle à son bonheur était Mary, et il semble évident que Robert l'amena à le penser en lui laissant entendre que "s'il n'avait pas été marié...", la phrase habituelle des séducteurs sans scrupule qui cherchent à obtenir toujours plus de leurs proies et qui souhaitent se délecter de la vie des humbles comme on savoure une douce mandarine avant d'en jeter la peau. Manifestement, elle crut être capable de se faire aimer de Robert Lane, de se l'attacher au point de le rendre follement épris d'elle. Elle s'était bien aperçue qu'il adorait son corps au point de sombrer dans des orgasmes comateux. L'ère victorienne érigeait la frigidité des épouses en Vertu absolue. C'était d'autant plus singulier que la reine Victoria elle-même réservait de fréquentes attentions à la déesse Volupté, et qu'après le Grand Départ de son cher époux pour l'Au-delà incertain, elle ne put s'empêcher de prendre un substitut pour rassasier son exigeante libido dans les riches positions du kamasoutra. Quant aux époux victoriens, ils pouvaient consoler leur sens frustrés et leur âme méthodiste avec des servantes. Il semblait moins gravissime de trouver des consolations avec des courtisanes d'un statut social inférieur. Le péché mortel devenait véniel, très véniel ; pas plus grave qu'avec un jouet particulier. Dieu semblait avoir créé les domestiques pour le seul plaisir des *nouveaux riches* et des anciens. Certains bourgeois et aristocrates le croyaient vraiment ! Oui ! Hilda se sentait capable de se faire aimer de Robert Lane et de tirer son épingle du jeu de la vie comme l'avaient fait Jane Eyre, Tess d'Urbervilles et Nancy d'Olivier Twist !

Sur ces entrefaites, le journal *Brandon Sun* annonça que l'épouse d'un précédent employeur de Hilda venait de mourir de pneumonie à 37 ans. Hilda montra quelque contrariété durant un bref moment. On pouvait donc mourir très jeune et traverser la vie comme une ombre, comme un nuage solitaire, sans laisser la moindre trace, le moindre enfant pour verser une petite larme de chagrin, de regret, pour caresser de sa main le tiède chinouk des Prairies en signe d'au-revoir ! Il semble que ce fut à partir de ce moment que commença à germer dans son esprit désespéré l'idée qu'elle pouvait peut-être prendre son Destin en ses mains propres et agir pour son bonheur, son avenir, sa propre résurrection. Le temps pressait ! Elle avait bien droit au bonheur, elle aussi, que diable ! Et elle commença à accumuler dans sa chambre des fioles de *laudanum*, un mélange d'alcool et d'opium vendu par les pharmaciens de tout l'Empire britannique. C'était un puissant analgésique qui exaltait les esprits mélancoliques, redonnait le sourire aux neurasthéniques et tranquillisait les hypocondriaques… Le seul problème était qu'il rendait ceux qui en abusaient totalement dépendants, car c'était une drogue extrêmement addictive. L'opium[1] était produit à grande échelle dans la colonie anglaise du Bengale par la *British East India Co.* Cette compagnie jouait le rôle sur le plan international du *Cartel de Medellin* aujourd'hui. Mais, alors que le fameux Cartel doit se battre contre l'armée colombienne et celle des États-Unis, la British East India Co. disposait des canons de la *Royal Navy* pour imposer son opium à la Chine[2]. Hilda qui connaissait les effets dévasta-

1 •D'où sont aujourd'hui extraites l'héroïne et la morphine.

2 •La *British East India Co.* importait de Chine des millions de tonnes de thé, mais les Chinois dédaignaient les produits anglais. Alors la compagnie anglaise força la Chine à acheter son opium pour équilibrer la balance commerciale d'Angleterre. Dans ce but, la Royal Navy fit deux guerres à la Chine : les *Guerres* dites *de l'Opium*, en 1840 puis en 1860. Seul le régime communiste de Mao Tsé Toung réussit à éradiquer la toxicomanie en liquidant les toxicomanes, un siècle

teurs de l'opium consommé à forte dose accumula donc les fioles dans le but de les utiliser ultérieurement, et, si possible, prochainement.

En dépit de son projet qu'elle gardait bien présent à l'arrière-plan de sa mémoire, Hilda continua de servir fidèlement sa maîtresse. Pourtant le projet restait bien vivant malgré quelques changements dans la façon de se débarrasser de sa rivale, puisqu'elle profita d'une sortie de la famille à Winnipeg, par une belle après-midi de juin (plus exactement, le 20 juin), pour acheter discrètement un pistolet de calibre 22 et une boîte de balles de cuivre bien polies[1]. Elle cacha l'ensemble dans sa chambre. Quelques jours après, Robert Lane se blessa dans un accident de voiture hippomobile. Il dut garder le lit quelques brèves journées.

Le 5 juillet enfin, une réception marquant le début de la saison estivale, fut planifiée pour les enfants Lane et leurs amis. Vers 16h00 ce jour-là, par un temps splendide et une température idéale de 21°, les enfants étaient attablés sur la pelouse vert tendre, bien tondue dans les deux sens. Hilda faisait le service. Monsieur Lane, enfin remis de son accident, était parti travailler, et Madame, qui n'avait aucune réunion d'Amicale, s'occupait laborieusement à remplacer les lourds rideaux d'hiver par des tentures légères, plus adaptées aux grandes chaleurs estivales de ce climat continental.

Soudain, Madame Lane, de nouveau enceinte, vint ordonner à Hilda d'aller préparer un petit dessert sucré, pour les enfants qui festoyaient et dont on entendait clairement les piaillements exubérants et les rires espiègles venant de la pelouse. Lui demanda-t-elle sur un ton qui déplut à la servante ? Nul ne le sut jamais puisqu'en quelques secondes la situation de cette famille et celle d'Hilda allaient se trouver totalement bouleversées.

— *C'est le moment !* pensa Hilda alors qu'elle repassait le linge de maison après avoir vérifié que la table des enfants

plus tard. Ce fut aussi cette même compagnie qui fut à l'origine de la Révolution américaine en forçant les Américains à acheter son thé à elle seule.

1 •Le calibre .22 équivaut à 5,6mm.

ne manquât de rien.

Au lieu, donc, d'obtempérer docilement à la demande de sa maîtresse, Hilda se dirigea vers sa chambre, prit le pistolet, approvisionna son barillet de plusieurs cartouches de cuivre étincelant, tira le chien d'acier vers l'arrière afin que l'arme soit parfaitement prête, puis la glissa dans la poche centrale de son petit tablier blanc de servante laborieuse. Après quoi, elle se rendit calmement dans la chambre où s'activait Madame.

Le visage parfaitement impassible, Hilda se présenta devant sa patronne qui venait de descendre de l'escabeau. La belle servante s'approcha de Mary, fort surprise de ce comportement trop familier, assez inapproprié pour une *bonne-à-tout-faire* dans une famille qui se voulait éminemment distinguée. Arrivée devant sa maîtresse, Hilda l'embrassa sans mot dire, vraisemblablement pour lui souhaiter un bon voyage dans l'Éternité, ou bien, comme l'imaginèrent plusieurs historiens, pour lui exprimer ses regrets les plus profonds : «Je regrette, Mary. Mon geste n'a rien de personnel contre toi. Je t'aime bien, mais c'est la seule façon pour moi de me sortir de ma désespérante situation d'orpheline et d'odalisque. Je dois épouser ton mari. Il m'a montré qu'il m'aime, et moi aussi, je l'aime. Pour lui comme pour moi, tu es une malheureuse entrave à *notre* Bonheur. Désolée !»

Mary la dévisagea d'un air étonné, essayant de deviner ce que signifiait cette curieuse attitude, cette affection insolite, et c'est alors qu'Hilda brandit calmement l'arme à feu, la pointa vers le visage de sa maîtresse et tira à bout portant. En dépit de cette proximité et par une chance inouïe, le projectile la manqua. Mary se retourna alors et s'enfuit épouvantée dans l'escalier, mais la tueuse la poursuivit et tira une deuxième balle qui l'atteignit dans le dos, perça un poumon et se logea juste au-dessus du cœur. Les deux détonations furent entendues par les enfants qui se trouvaient dehors. Quelques instants après, ces mêmes jeunes, qui goûtaient en jouant, virent apparaître leur mère, pantelante. Elle s'abattit sur le trottoir bordant la maison. Aux cris incisifs des enfants, les voisins se précipitèrent en hâte sur les lieux du crime et constatèrent que Mary saignait abondamment d'une vilaine blessure dans le dos.

On envoya chercher des secours. Alors que tous examinaient et tâchaient de consoler l'agonisante, Hilda Blake sortit en titubant de la maison. Elle balbutia une histoire stupéfiante :

— J'étais en train de suspendre des rideaux dans la chambre avec Madame, quand un vagabond est venu frapper à la porte de la maison, côté rue, pour mendier quelque chose à manger. J'ai entendu Madame Lane lui ordonner de partir. Puis un coup de feu a éclaté. J'ai vu Madame s'écrouler et l'individu s'enfuir par la ruelle latérale en direction de la voie ferrée du CPR[1] !

La description manquait déjà de vraisemblance car les deux femmes étaient à l'étage et le vagabond avait nécessairement frappé à la porte du rez-de-chaussée. Normalement, il aurait été plus logique que ce soit la servante qui descende pour aller répondre. En supposant que ce fut Madame qui alla ouvrir, Hilda n'aurait pas pu la voir s'écrouler, mais, par contre, en se précipitant à la fenêtre, elle aurait peut-être pu apercevoir l'assassin s'enfuir vers la ruelle latérale en direction de la gare de triage.

Les policiers arrivèrent rapidement sur les lieux du crime et se lancèrent à la poursuite du meurtrier présumé après que la servante en eut donné un signalement précis : "*trente ans environ, 1,75 m, habillé d'une blouse de travail, d'un manteau noir et d'un chapeau noir à larges bords. Il parlait mal l'anglais et transportait un sac à dos*." Sans doute troublés et affligés par les événements, les deux enfants Lane les plus âgés, Wilson et Barton, semblèrent confirmer qu'ils avaient aperçu l'homme s'éloigner. Leur mère, mortellement blessée et déjà dans le coma, tandis que son sang formait sous elle une grande flaque rouge vermillon, fut bien entendu incapable de confirmer l'agression.

1 •CPR = Canadian Pacific Railways, Chemins de fer Canadiens du Pacifique, aujourd'hui *CP Rail.*

Elle mourut sur le trottoir en quelques minutes.

La police se précipita vers la gare de triage. Un employé du *Canadien Pacifique* affirma qu'il avait effectivement aperçu un vagabond qui présentait approximativement les caractéristiques signalées. Il avait sauté d'un train de marchandise un peu plus tôt puis avait pénétré dans la 10e Rue. Il avait même remonté la rue des Lane jusqu'au-delà de leur maison. Trente minutes plus tard, le vagabond fut débusqué dans un silo à grain, arrêté et mis sous les verrous. Comme la nouvelle de la mort de Madame Lane s'était répandue dans la ville, d'angoissants cris de : «*Lynchez-le ! Lynchez-le !*» commencèrent à se faire entendre ici et là.

L'arrestation du vagabond le protégea contre la populace en furie, ivre de vengeance et avide de laver au plus vite le crime par une pendaison ou par tout autre châtiment quel qu'il fût. C'était un Métis-Français nommé Pierre Germain[1]. Il venait de Stuartburn, un petit village aujourd'hui absorbé par la vaste agglomération de Winnipeg, aussi gourmande qu'une Hydre de Lerne pour gober les villages avoisinants dès qu'ils se rapprochaient trop de la Métropole de l'Ouest[2]. L'insurrection des Métis-Français de l'Ouest était encore récente (1885), et tous ces colons blancs qui étaient venus s'approprier le terroir des autochtones et des Métis ne leur pardonnaient pas d'avoir eu l'audace de résister à la colonisation d'une civilisation aussi prodigieuse. Et puis, les voleurs de patrimoine n'aiment pas voir vagabonder leurs victimes devenues des traîne-misère. Cela les culpabilise doublement. Ils se sentent égoïstes et abjects, et tentent de vilifier leurs victimes et de les charger de leurs propres tares morales.

Les enfants Lane, trop influençables, crurent reconnaître le vagabond mais ne purent préciser s'ils l'avaient vu au moment du crime ou auparavant car l'aspect du Métis était assez commun. Les jeunes jouaient dans le petit parc et

---

1 •Certains journalistes écrivirent Peter German.

2 •C'était alors la grande Métropole de l'Ouest, la *Porte des Prairies*. Aujourd'hui, le flambeau est à Calgary qui vient de le dérober à Edmonton.

goûtaient sans prêter attention à la rue qui n'était, en fait, qu'un chemin de terre battue fort poudreux[1]. Pierre Germain admit avoir mendié dans de nombreuses maisons, mais sans pouvoir déterminer s'il était précisément venu dans cette propriété-là. Plusieurs autres vagabonds furent amenés au poste. Hilda, pour sa part, fut incapable de reconnaître l'un d'eux comme l'assassin ; et pour cause ! Heureusement que, au fond d'elle-même, elle était fondamentalement honnête, car elle aurait pu faire pendre n'importe qui à sa place.

Dans l'espoir que le meurtrier aurait jeté son arme à feu dans les environs immédiats du site du crime, le chef James Kirkcaldy fit effectuer la plus grande partie des recherches aux abords de la maison. Voyant des policiers fouiller la propriété, Hilda sortit de la bâtisse et leur demanda s'ils avaient vérifié sous des tonneaux de chaux alignés contre la clôture. Et lorsque les investigateurs se mirent à y effectuer leurs recherches, Hilda se joignit à eux, souleva un tonneau vide, et... miracle... une boîte de balles et un revolver .22 long rifle enveloppés dans du papier journal se trouvaient là, comme un cadeau du Ciel.

Un policier, le détective John Foster, nota que selon la description d'Hilda, la trajectoire du projectile aurait dû être ascendante et dans la poitrine, pour le cas où l'assassin aurait tiré depuis l'extérieur, ou ascendante et dans le dos si la victime s'était retournée pour fuir ; le tir se faisant depuis l'extérieur et la victime à l'étage. Or il fallut bien se rendre à l'évidence : cette fameuse trajectoire était *descendante et dans le dos* et ne correspondait à aucun scénario décrit par Hilda. Ce fut ce que l'autopsie démontra. De plus, le tir avait été exécuté *à bout portant* et non pas à 8 ou 10 mètres (depuis la rue), car la poudre brûlée avait enflammé la robe de la victime. Le premier coup de feu (manqué) avait atteint le plafond dans une trajectoire qui ne pouvait provenir de la rue non plus.

---

1 •Cette rue, appelée rue *Victoria* (bien sûr), deviendra bientôt un tronçon de la fameuse *Route Transcanadienne*, longue de près de 8.000 km, d'un océan à l'autre. Jusqu'à ce que le Gouvernement fédéral crée une déviation par le nord de la ville. Cette rue Victoria est aujourd'hui la Transcanadienne-bis (1-A).

Devant ces singulières contre-vérités, le policier commença à soupçonner Hilda Blake. L'enquête devenait plus précise. Réinterrogée, Hilda répéta son histoire de mendiant Métis. Mais, le policier n'ignorait pas que, là aussi, depuis l'Insurrection du Nord-Ouest, les Métis-Français jouaient dans les Plaines de l'Ouest le rôle de boucs-émissaires que les noirs tenaient avec persévérance et résignation en Ontario et aux États-Unis, au profit des criminels blancs qui souhaitaient lancer les investigateurs sur de fausses pistes. Pour expliquer son long retard à sortir de la maison à la suite de la victime, Hilda ajouta que, quand Madame Lane blessée s'était précipitée dehors, elle avait tenté de la suivre pour l'aider mais qu'elle avait trébuché dans le couloir et s'était assommée. Lorsqu'elle avait enfin pu sortir, les voisins étaient arrivés, ce qui présupposait qu'un laps de temps assez prolongé s'était écoulé.

Quel assassin excentrique aurait eu l'idée singulière d'envelopper son arme et ses munitions avant de s'en débarrasser, si ce n'est une servante obsédée par l'ordre et la propreté ? Alors, après l'interrogatoire en règle d'Hilda, Foster perquisitionna sa chambre à coucher. Il y trouva les flacons de *laudanum* et une broche enveloppée dans un morceau de papier journal. Or, le papier venait du même journal que celui qui avait enveloppé le pistolet et les cartouches. Convaincu de la responsabilité de Hilda dans la mort de Madame Lane, les enquêteurs libérèrent Pierre Germain et lui suggérèrent avec fermeté d'aller momentanément quémander son pain dans une autre région s'il ne voulait pas que quelque sigisbée d'Albion le pende haut et court à une branche de pommier, au milieu des fruits rouges et bien joufflus.

Hilda Blake fut donc arrêtée le dimanche 9 juillet, et incarcérée dans la cellule de *garde-à-vue* du poste de police pour y être soigneusement interrogée. De ce fait, le château de sable de son déni ne pouvait espérer résister longtemps aux vagues persistantes des interrogatoires policiers. Après quinze petites minutes de résistance, elle céda et admit avoir perpétré le crime sans en avouer la motivation, qui, croyait-elle, risquait de flétrir son honneur et surtout celui d'*une autre personne*. Elle l'expliqua plus tard. Elle déclara d'abord que ses relations avec Mary Lane étaient excellentes depuis le retour de voyage de Madame, et même depuis sa propre arrivée dans cette famille. Elle avoua que, pour sa part, elle avait projeté de se suicider —sans expliquer pourquoi— et que dans ce but, elle était allé acheter un pistolet de *calibre* .22 à Winnipeg, le 20 juin 1899, chez *Hingston-Smith Arms Co*. au 486-488 de la Rue Principale. Mais de retour à Brandon elle n'avait pas eu la force d'âme de mettre fin à ses jours. Elle avait aussi acheté de la drogue, du *laudanum*, mais n'avait pu se résoudre à en absorber en grande quantité afin de trouver le courage de quitter ce monde de misère.

Soucieuse de voiler un scandale familial qui ne manquerait pas de salir une personne qui lui était chère, la jeune femme modifia la réalité pour trouver un mobile logique à son geste, une explication qui sauvait l'honneur et les apparences. Le mercredi, dit-elle, un vagabond était passé pour solliciter du travail et, par la même occasion, au cas où le travail n'existerait pas, pour quémander au moins un morceau de pain. Madame Lane l'avait éconduit en lui refusant abruptement toute aide, probablement parce qu'il ne faisait pas partie de ses *pauvres attitrés*. Émue par ses propres antécédents fort misérables, Hilda s'était mise à la place du vagabond et avait ressenti en elle-même une grande exaspération contre Madame Lane. Elle était donc allé chercher le revolver dans sa chambre où elle le tenait caché, était redescendue auprès de Madame, l'avait embrassée sur la joue et lui avait tiré une balle dans le dos. Madame Lane s'était retournée d'un seul élan, l'avait frappée et envoyée brutalement au plancher, et, son violent coup de coude avait involontairement provoqué le deuxième coup de feu dont la balle était allée se perdre dans le plafond. Madame Lane avait ensuite franchi la porte d'entrée.

Le scénario était habilement travesti pour tempérer au moins sa culpabilité et permettre l'obtention de circonstances atténuantes qui lui éviteraient la peine capitale. Car, en dépit de son ardent désir de mettre fin à ses jours, la jeune fille ne souhaitait pas qu'on l'aidât à mourir. Dans son esprit désespéré, l'intrigue permettait surtout à une autre personne de rester dans l'ombre protectrice de l'anonymat : celui pour lequel elle voulait mourir, à défaut de pouvoir vivre en sa compagnie.

Ainsi Hilda avait avoué très rapidement son crime, mais, pour sauver sa tête, elle avait ajouté un détail important : son geste n'était pas prémédité. C'était d'ailleurs vraisemblable ! Certes le pistolet avait été acheté beaucoup plus tôt, mais c'était elle et elle seule qu'elle voulait détruire par désespoir. Le lundi 10 juillet, l'Enquête préliminaire, *dite* du Coroner, commença devant le juge Campbell qui en arriva rapidement à la conviction intime que le dossier d'Emilie-Hilda devait se poursuivre en Cour d'Assises.

♦

Le procès fut prévu pour le 14 novembre 1899 au Palais de Justice de Brandon, dans l'Avenue Victoria. Elle fut donc incarcérée au quartier des femmes de la Prison provinciale de Brandon[1]. Hilda tomba dans une dépression suicidaire plus profonde encore, sans doute en voyant que, en dépit de son crime, son Amour resterait un échec complet. Elle refusa d'abord toute nourriture, puis, progressivement, reprit goût à la vie et commença à écrire l'histoire de sa malheureuse existence de victime, véritable calvaire. Le gardien Nixon et sa femme l'aimaient bien, et elle leur témoigna une grande reconnaissance. Par contre, elle resta extrêmement réfractaire aux incitations à la repentance que lui prodigua l'aumônier protestant C.C. McLaurin au cours de ses fréquentes visites comminatoires. Pour ce qui fut de sa propre défense, elle refusa avec obstination tout avocat, même les *avocats d'office* désignés gratuitement par les autorités judi-

1 •Qui se trouvait aussi dans le quadrilatère des rues Victoria-Park-Lorne et Franklin. Une adresse qui correspond aujourd'hui à 525 Est, Avenue Victoria, Brandon, Manitoba, emplacement de *Rideau Park Personal Care Home*.

ciaires. Lorsqu'elle se présenta devant la Cour d'Assises, et qu'elle entendit le nom du juge —nommé Killam[1]— elle dut frémir, mais cela ne l'empêcha pas de débouter tout défenseur. En désespoir de cause, le juge ajourna la séance et envoya la prévenue dans une pièce voisine avec un avocat, Me Coldwell. Ce dernier tenta, par toutes les vertus de sa propre éloquence, de la persuader d'accepter auprès d'elle un défenseur professionnel. Peine perdue. Même après un long entretien et des efforts soutenus de la part de l'avocat, elle resta inflexible. De toute évidence, elle voulait fausser compagnie à cette vie qui ne lui avait réservé que des désagréments, se défaire sur place de ce corps comme on jette une guenille, pour se réfugier dans les bras apaisants de la mort. C'était un "suicide assisté" avant l'heure.

Lorsque le Greffier lui annonça :

— Emilie Hilda Blake, vous êtes inculpée du meurtre de Mary Lane. Plaidez-vous coupable ou non coupable ?

— Coupable ! répondit-elle sans la moindre hésitation.

Il lui demanda si elle avait quelque chose à ajouter :

— Oui, je suis coupable et j'exige le châtiment le plus lourd possible, répondit-elle froidement dans un silence glacial.

Tout le monde en fut stupéfait. La sacro-sainte Justice voulait bien tuer les gens mais refusait de les aider à se suicider dans un simulacre d'euthanasie, même si ce terme n'existait pas encore. C'était immoral ! Dilemme ! De grandes précautions doivent être prises avant de condamner une personne *sur de simples aveux.* L'avocat général doit plus que jamais peaufiner ses preuves afin d'éviter une confession suicidaire. Cela peut aussi se produire fréquemment dans l'espoir d'une libération promise par certains enquêteurs peu délicats[2]. Pour ce qui fut d'Emilie-Hilda Blake, les magistrats en prirent à leur aise : le procureur Patterson discuta longuement du problème avec le juge Killam. Ils déterminèrent carrément la sentence sans que l'avocat désigné pour

---

1 •*Killam* peut se prononcer comme *kill'em = tuez le !* ou *tuez-les !*

2 •"*Si vous avouez ce crime, vous rentrerez chez vous ce soir même !*" Le piège de l'enquêteur semble évident mais il fonctionne très bien avec certaines personnes fatiguées par un long et difficile interrogatoire.

la défense —un avocaillon volubile mais stratégiquement inapte— ne s'objecte le moindrement. C'était faire bien peu de cas de la Procédure criminelle qui aurait dû être respectée pour atteindre un jugement satisfaisant et impartial.

Le procès se poursuivit sans anicroche, sans véritable combat de la part de l'avocat indifférent qui contemplait *le spectacle* du procès comme s'il n'en était pas l'une des composantes essentielles. L'achat du pistolet quinze jours plus tôt incita finalement les jurés à donner un verdict de culpabilité et surtout de préméditation.

En s'appuyant sur le fait que, le 17 novembre 1899, Emilie-Hilda avait plaidé coupable, Killam, Patterson et les 12 individus qui se dissimulaient sous le masque de jurés, la trouvèrent coupable afin qu'elle fût *pendue par le cou jusqu'à ce que mort s'ensuive.* Brutale scélératesse de la Justice canadienne qui n'en était pas à son coup d'essai dans l'Ouest, puisque 14 ans plus tôt Louis Riel avait été lui-même condamné à mort pour des raisons politiques et sous le chef d'accusation de *trahison.* Ce qui était particulièrement absurde puisque le leader métis s'était battu pour son peuple qui l'avait élu à sa tête, et donc pour la Démocratie. Il n'avait trahi personne, pas plus que, dans nos temps modernes, Nelson Mandela qui, lui, subit 35 ans de prison pour des raisons similaires de pseudo trahison[1]. Dans les deux cas, les juges, perruqués de ridicules boucles blondes, avaient littéralement piétiné la Justice et les Droits de l'Homme.

Aussi dès le lendemain, Hilda reçut avec sérénité la sentence du juge... Killam.

— Pour le meurtre de Madame Mary Lane, Emily-Hilda Blake, vous serez pendue par le cou, le 27 décembre 1899, jusqu'à ce que mort s'ensuive.

Emilie-Hilda écouta la sentence avec calme et sang-froid. Le problème de la Clémence du gouvernement fédéral se posa immédiatement. Pourquoi Emilie-Hilda Blake avait-elle tout fait pour être exécutée ? Quels étaient ses mobiles ?

---

1 •Riel avait été pendu en 1885.

La plupart de ceux qui se penchèrent sur cette énigme conclurent qu'elle désirait effectivement se suicider. Elle avait tout bonnement confié à la Couronne le rôle d'exécuter son propre suicide. Or, comme précisé plus haut, la reine Victoria voulait bien la rayer de la surface du globe, mais surtout pas pour satisfaire un besoin suicidaire de disparaître de cette terre de souffrance.

Cette pauvre enfant, jamais aimée, était pleine de larmes qu'elle avait toujours retenues par fierté. Dans sa prison brandonnaise, ses sanglots commencèrent enfin à inonder ses yeux bleus d'une multitude de *perles de poète*, d'alexandrins. Sa souffrance se métamorphosa ainsi en œuvre d'art comme seuls savent le faire les poètes. Elle composa des poèmes qui faisaient allusion, métaphoriquement, à un être démoniaque qui avait précipité sa chute. Son souffle lyrique peut se représenter par le poème qui suit[1].

J'étais alors innocente, cœur léger et heureux,
Travaillant en chantant tout au long des longs jours ;
Étrangère au chagrin qui fuyait loin de moi,
Sourire aux yeux, sans la moindre tristesse.
Mais un jour le Démon, sous la forme d'un homme,
Me sourit et me dit :
"Tu peux en savoir plus, si tu cueilles
Joie et Plaisir dont tu n'as pas idée.
Tu vas les découvrir grâce à moi !"
J'ai suivi le Tentateur et la Facilité,
J'ai longtemps marché sans regarder derrière,
Sans esprit de retour.
Quand j'ai tourné la tête, le chemin semblait triste et solitaire
Mille étapes ont endolori mes pieds, tristement ;
Là, au bord de la route, immobile et en pleurs,
Épuisée, je me suis endormie.
Mais au réveil, libérée des fatigues,
J'ai vu le spectre du Plaisir, pointant son doigt vers moi ;
Dès lors, j'ai glissé dans l'idée
D'abandonner toute Prudence,
Et de poursuivre mon chemin périlleux.

---

1 •Ma Chute. Tiré de *Walk Towards the Gallows*, tel que publié dans le the *Western Sun*, du 14 décembre 1899. Tiré de "*My Downfall*" par Hilda Blake.

Alors, mon cœur perdit ses chansons,
Car le chemin devint rocailleux et sombre ;

Chaque pas me déchira les pieds,
Mon sang tacha le sol.
J'ai regardé le Tentateur ; dans ses yeux brillait une flamme ;
Je l'ai vu se dresser près d'un sombre ruisseau ;
Il clamait : «Viens, fais quelques pas de plus
Ton combat terminé, ton Destin prendra fin.»
Je me tins sur la rive de cette rivière,
Cœur affaibli, malade ;
Ce que je vis me fit frissonner.
Je crus que le Destin m'avait trahie.
Au-delà du cours d'eau, je ne vis que la Mort,
Plus de bonheur, plus de plaisir. À Satan je dis :
"Tous tes plaisirs sont là, cachés à notre vue,
Ils n'attendent que ton appel."
Et je vis que je foulais un sable meuble.
Je sursautai quand un cri frénétique
Frappa mes oreilles.
Trop tard, je vis que j'étais tombée dans l'Enfer ;
J'essayai de reculer, mais un mur terrible
Surgit pour m'enlever tout :
Jeunesse et Innocence.
Abandonnée par mes amis,
Je languis dans ma prison solitaire.
J'ai traversé ce fleuve sombre
Pour descendre du Ciel vers l'Enfer.
Vous, les hypocrites, qui plaidez au nom de Dieu,
Vous qui cherchez la gloire,
Prêts désormais à m'octroyer vos conseils
Quand je suis ivre de chagrin et de honte ;
Vous ne m'avez pas accordé votre aide en temps opportuns,
Vous ne m'avez pas tendu de main secourable ;
Pourquoi n'avoir pas vu que je sombrais
Quand je foulais ce sable perfide ?
Ô Ami parmi tous les Amis, qui gouvernez la Terre et la Mer,
Baissez sur moi vos yeux pleins de compassion ;
"Tu pardonneras mes péchés, dit le Livre le Meilleur",
Venez, vous qui êtes fatigués. Je vous donnerai le repos[1] *!*

Chaque jour, dans sa cellule étroite et sale, taraudée de

1 •L'adaptation française a été effectuée par l'auteur, sans aucune prétention.

remords et de culpabilité, torturée de repentance, cette pernicieuse repentance qui dévorait alors le cœur des femmes lorsqu'elles se laissaient aller à délecter de volupté celui qu'elles aimaient, sans pour autant réussir à capturer son âme pour la vie, chaque jour, donc, elle composait, chantait ou déclamait par son propre lyrisme, sa souffrance intense face à l'injustice. Son comportement finit par attirer l'attention de la *Ligue féminine* locale *de Tempérance* dont Amelia Yeomans était la présidente. Yeomans vit en Hilda l'exemple parfait qui illustrait la victimisation des femmes par les hommes. À juste titre ! Mais, finalement, fort incommodée d'entendre Hilda sombrer dans la repentance infinie, clamer ouvertement et sincèrement qu'elle était la meurtrière, et refuser de nier son crime ou d'en charger Robert Lane son lâche prédateur et amant, Amelia Yeomans —qui fut vraisemblablement l'objet de menaces ou d'intimidations de la part de la famille et des amis du mari—, l'abandonna à son funeste sort.

Vers la fin du mois de novembre 1899, un gardien découvrit qu'un barreau de la cellule d'Emilie-Hilda avait été scié presque de part en part en deux endroits. Tiens ! Tiens ! Le rossignol poète chercherait-il à s'enfuir à tire d'aile ? L'oiseau blessé avait-il changé d'idée ? Voulait-il vivre, désormais ? Avait-il vu que, finalement, la vie la plus perverse valait mieux que l'humus froid et humide du cimetière ? Le rossignol chantait-il chaque soir pour cacher le chuintement de la scie ? Sans divulguer ce qu'il avait vu, le surveillant se dissimula cette nuit-là dans les ténèbres et entendit la détenue scier. Il surgit à l'improviste dans son infâme cellule et fit avouer à la jeune-fille qu'une gardienne, Mme Emma Tripp, lui avait fourni la scie à métaux. Interrogée, la surveillante avoua son infraction au règlement carcéral, mais tenta d'excuser sa faute professionnelle en prétextant qu'Emilie-Hilda ne voulait pas vraiment s'évader mais *tuer le temps* (!) Ce qui était pour le moins surprenant de la part d'une personne qui était condamnée à mourir dans un délai aussi bref. En réalité la surveillante, apitoyée en voyant approcher la mort inexorable, avait voulu aider la jeune femme.

Certains, ne reculant devant aucune hypothèse plausible pour ajouter au récit une pincée de libertinage et d'érotisme, tentèrent de faire passer Emilie-Hilda pour une lesbienne qui avait tué sa maîtresse. Certes Madame Lane était incontestablement sa maîtresse ; mais d'un autre ordre. En fait cette légende vint de ce que, en prison, Emilie-Hilda tenta de séduire une surveillante, la même Emma Tripp, qui, elle, semble avoir été lesbienne, afin qu'elle l'aidât à s'évader. On ignore dans ce cas précis ce que put signifier le mot "séduire". Était-ce à connotation sexuelle ou une tentative de pousser l'amitié jusqu'à ses limites extrêmes afin d'utiliser la coopération de la gardienne pour prendre la clé des champs ? Elle lui fournit effectivement une scie à métaux. Par contre, pour cette faute professionnelle, Mme Tripp passa elle-même, le 25 janvier 1900, juste après la mort d'Hilda, devant une Cour d'Assise qui la condamna à deux mois de prison ferme dans l'une des cellules dont elle s'occupait... si bien.

Dans les derniers jours de l'année 1899 et de sa vie, Emilie-Hilda tâcha de retarder sa mort inexorable en révélant quelque éclairage sur les motivations du meurtre. Dans une lettre, elle mit en cause *un homme qui lui avait promis de l'épouser si elle tuait Madame Lane* ! C'était en clair la clé de ses poèmes. Certes, il ne fait pas l'ombre d'un doute que Robert Lane l'avait séduite pendant l'absence prolongée de sa femme. Mais le "*si elle tuait Madame Lane*" pourrait s'expliquer par les arguments habituels des séducteurs dépravés qui veulent obtenir leur plaisir sans s'engager à quitter leur épouse : «Quel dommage que je sois marié ! Sans ma femme, nous pourrions avoir une si belle vie, toi et moi, Chérie !» Telle fut très certainement la phrase boutefeu qui poussa la pauvre Hilda à ce crime inexpiable. Comme Jane Eyre, Tess d'Urbervilles et Nancy, elle voulut donner son coup de pouce à son propre Destin.

Cette hypothèse expliquerait aussi qu'Emilie-Hilda avoua si facilement au policier James Kirkaldy, avant de solliciter de sa part une punition exemplaire. Elle lui demanda tout bonnement de la tuer sur le champ. Bien entendu, le policier lui expliqua que ce n'était pas possible. Le châtiment était plutôt *dans les cordes* du bourreau !

En tout cas, Robert Lane, le lâche boutefeu, ne fut jamais inquiété. Sa position sociale lui épargna même de paraître à la barre des témoins. Pourtant, tout le monde connaissait le fin mot de l'affaire qui circula insidieusement dans la ville sous forme de rumeurs ! Pour son crime, son seul châtiment se limita à ces vagues racontars, déplaisants mais supportables.

♦

Il n'y a pas trop longtemps encore —dans les années 1950—, un groupe théâtral de Brandon organisait chaque année une visite du cimetière pour expliquer au public les différents événements qui avaient amené certains locataires dans ces trous marmoréens. Le public pouvait poser des questions indiscrètes. Alors, les descendants de Robert Lane firent interdire ces visites-guidées en objectant que c'était une sérieuse et inconvenante incursion dans l'histoire de leurs secrets de famille.

♦

L'*Exécuteur officiel des Hautes-Œuvres et des Décisions de Justice du Canada*, l'Anglais John Robert Radclive, passa le jour de Noël dans l'un des trains du *Canadien-Pacifique* pour venir appliquer à la jeune femme la Décision de Justice. Il se reposa le 26 décembre à la prison de Brandon. L'indécision était si grande chez le Gouverneur Général[1] —qui attendait sans doute une preuve divine, un miracle qui lui permit de douter de la culpabilité de Hilda et de la sauver—, qu'il ne signât *le rejet* de la Grâce royale que le 26,

1 •Gilbert John Elliot-Murray-Kynynmound, IVe comte de Minto, Membre de l'*Ordre de la Jarretière*, Membre du *Conseil Privé* de la Reine Victoria, Membre de l'*Ordre de l'Étoile des Indes*, Membre de l'*Ordre de Saint-Michel et de Saint-Georges*, Membre de l'*Ordre de l'Empire des Indes*. Il naquit en 1845 à Londres et mourut en 1914. Il fut aussi le VIIIe Gouverneur général du Canada, de 1898 à 1904, puis le XXIIIe Gouverneur général et XVIe vice-roi des Indes, de 1905 à 1910.

la veille de l'exécution. Il est vrai que la vie privée de ce Gouverneur-Général, dont la "Jarretière" était doublement symbolique, était faite pour le remplir de tolérance à l'égard des autres pécheurs égarés. Les Canadiens parlaient alors de la *petite Folie de Minto*, une certaine Lola Powell[1]. Mais dans le cas de Minto, l'épouse et la maîtresse s'entendaient à merveille, comme dans la meilleure société londonienne. Finalement, l'ordre royal de *refus* de Grâce fut télégraphié à Brandon. Et les préparatifs pour l'exécution se mirent immédiatement en branle.

Au petit matin, une procession de traîneaux serpenta à travers la brume légère qui enveloppait la ville de Brandon, et s'immobilisa devant la triste prison. Les jurés, des journalistes et deux amis invités par Hilda furent les seuls témoins. Elle fut amenée de sa cellule jusqu'au pied de l'escalier de l'échafaud qui, cette fois, comptait 16 marches. À plusieurs reprises elle retarda sa montée et le bourreau Radclive dut la rappeler à l'ordre, gentiment mais fermement, afin qu'elle se décidât à escalader les derniers degrés de sa vie.

Avant que la cagoule maléfique ne fût abaissée sur son visage stoïque, Emilie scruta la petite assemblée d'invités comme si elle cherchait quelqu'un. Elle espérait sans doute apercevoir l'homme qui l'avait emmenée en ces lieux. Vraisemblablement, quelques fragments de ses poèmes tristes, qu'elle connaissait si bien, lui traversèrent l'esprit et le cœur. Où était-il ce *Démon, qui sous la forme d'un homme souriant,* lui avait murmuré un jour : *"Je vais te faire découvrir, moi, un bonheur et un plaisir dont tu n'as pas idée !"* Elle avait suivi ce Tentateur, mais, lui, s'était bien gardé de la suivre jusqu'ici. Elle avait sans doute espéré que cet homme serait venu lui tenir la main pour l'aider à s'envoler vers son Destin, comme *l'Homme de Marc Chagall*[2].

Alors, calmement et avec grande dignité, voyant que cet homme avait été trop lâche pour venir lui souhaiter Bon

---

1 •*Minto's Folly* n'avait que 22 ans et Minto plus du double. Lola était la fille de William F. Powell député libéral de l'Ontario et shérif du comté de Carleton. Le politicien espérait que sa fille lui servirait de tremplin.

2 •Dans son fameux tableau "*Femme en apesanteur.*"

Voyage, elle se tint bien droite sur la trappe et mourut sur le champ.

♦

Emilie-Hilda fut enterrée dans le coin nord-est de la cour de la prison. L'investigateur James Kirkaldy ne divulgua pas le contenu de son histoire personnelle ni le contenu de la lettre qu'elle envoya *à un homme* de Brandon pour lui dire qu'*elle lui pardonnait* (?) Le détective resta bouche cousue... car la presse à scandale n'existait pas encore pour lui délier la langue en lui offrant une fortune qui lui soutirerait son secret. Une simple aventure sentimentale était devenue un drame irréparable pour la pauvre Emilie-Hilda Beauchamp Blake qui croyait être enfin capable de maîtriser sa Destinée en lui arrachant des lambeaux de bonheur bien mérités. Quant à Robert Lane, homme modèle, poli, bien élevé, vertueux, méthodiste jusqu'à la moelle, Emilie-Hilda ne fut pour lui qu'une banale passade, une parenthèse de liberté en l'absence de son épouse bien-aimée, qu'un simple *amour ancillaire* fugace et vite oublié.

Les yeux bleu-Méditerranée de la jeune et belle Emilie-Hilda se fermèrent définitivement le 27 décembre 1899 juste après 8h30, au lever du froid soleil d'hiver, dans la cour de la vieille prison aujourd'hui disparue. Avec ses vingt-et-un printemps, elle ne vit pas bourgeonner le XXe siècle qu'elle manqua d'un an et quatre jours. Elle fut la première femme pendue au Manitoba… enfin *première* en quelque chose !

Ses derniers mots furent de repentance : *Ne me jugez pas trop durement ! Au revoir !*

Elle mourut ainsi et tout le monde l'oublia car le vrai tombeau des morts c'est le cœur des vivants ; et si ces derniers s'efforcent d'oublier un événement triste ou culpabilisant, ils en oublient aussi les acteurs.

Puissent ces pages, servir de mémorial !

♦

En 1985, quand le plus que centenaire *Brandon Sun* rapporta l'excavation du terrain de la vieille prison de Brandon pour créer le *Rideau Park Personal Care Home,* on entendit de nombreuses spéculations sur la localisation de trois corps de suppliciés ; celui d'Emilie Hilda Blake, de William Webb et de Walter Gordon, exécutés au fil des années dans cette geôle[1]. Après bien des palabres, les corps furent finalement laissés en paix et l'établissement pour personnes âgées construit par-dessus.

Personne ne s'apitoya jamais sur le sort de l'autre victime, *la véritable victime* totalement oubliée : Madame Lane. Son infidèle époux se remaria prestement "*pour donner une maman à ses enfants*", et elle sombra dans l'oubli le plus complet.

♦

Le Gouvernement anglais a récemment demandé pardon aux descendants de ces 230.000 orphelins, littéralement vendus comme esclaves à travers le défunt Empire britannique, un empire de gloire et de paillettes qui cachait l'ignominie et le lucre.

♦

«Vous les hypocrites qui plaidez au nom de Dieu.
Vous qui cherchez la Gloire,
Vous ne m'avez pas tendu de main secourable !»

♦

1 •William Webb, pendu en 1888 et Walter Gordon en 1902.

-7-

Qui veut tout, perd tout

Le crime de Catherine Snow

La province canadienne de Terre-Neuve naquit en 1949, année où, curieusement, le Service militaire fut rendu universel et obligatoire en Angleterre[1], inutilement puisque la IIe Guerre mondiale venait de se terminer. Le bruit courut, à l'époque, au sein de la population de l'île, que ce fut par rancune contre l'Angleterre que Terre-Neuve opta pour divorcer d'elle et pour s'offrir à son nouvel époux, le Canada. En effet, la mère-patrie avait beaucoup abusé du sang de ses colonies durant la Première Guerre mondiale afin d'épargner le sien. Par exemple Terre-Neuve perdit *la totalité de ses jeunes,* envoyés en Europe durant la Première Guerre Mondiale, et 25% de sa jeunesse masculine durant la Deuxième Guerre Mondiale. Les soldats des diverses colonies de l'Empire furent ainsi forcés de se battre en première ligne et de mourir sur les champs de bataille européens afin d'épargner la jeunesse d'Angleterre[2].

Cent trente-six ans avant que cette île devienne une province canadienne, en l'année 1813, John William Snow, pêcheur terre-neuvien originaire de Bareneed, s'était installé dans la Baie de Conception. Il y avait rencontré une belle jeune-fille de 20 ans nommée Catherine Mandeville native d'Harbour Grace, bourgade voisine de la Baie de Conception. Tous deux s'étaient maritalement établis à *Salmon-*

1 •Il sera supprimé en 1954. Tant il est vrai que la guerre étant finie, les soldats anglais ne risquaient plus la mort sur les champs de bataille.

2 •Ce fut la principale raison qui poussa les Québécois à refuser la Conscription qui n'était pas obligatoire et générale en Angleterre, mais qui pratiquement l'était au Canada.

Cove près de *Port-de-Grave*. Durant les 15 ans qui suivirent, John et Catherine eurent beaucoup d'enfants, comme dans les anciens contes de fée : 7 en tout. En 1828, ils décidèrent de se marier, peut-être pour stabiliser leur vie de couple qui prenait une gîte dangereuse au contact des écueils de l'existence. Comme dans les mariages modernes, les enfants du couple assistèrent avec bonheur aux noces de leurs parents.

Le 30 octobre 1828, ils s'épousèrent donc, selon le rite de l'Église romaine, mais rares sont les passions vacillantes qui se trouvent raffermies et sauvées par un mariage intempestif. Les disputes s'exacerbèrent en nombre et en violence. La vaisselle familiale prit l'habitude de voler en éclats sous les coups de colère de Madame, agrémentés des jurons et des blasphèmes de Monsieur. Rien, et surtout pas l'Amour, ne résiste à l'usure du temps.

Aujourd'hui, la plupart des couples mettent un terme à leur union par un divorce. Mais à l'époque, il n'en était pas question à Terre-Neuve. Seuls les riches pouvaient s'offrir le divorce qui exigeait une loi spéciale du Parlement londonien pour *chacun* des couples en perdition. Un avocat était donc indispensable et les frais hors d'atteinte des pauvres déchus. À défaut de divorce, l'énergique et belle Catherine, fortement perturbée par une accablante crise de la quarantaine, crut pouvoir régler son problème conjugal par un crime. Au printemps de cette Année du Seigneur 1833, elle était devenue la maîtresse *passionnée* de Tobias Mandeville ; passionnée, certes, mais aussi *insatiable*, à ce que prétendaient certains hommes avec quelques étoiles dans les yeux. Son jeune cousin-germain à peine sorti de l'adolescence, affichait un physique harmonieux, embelli de son bouquet de 25 printemps. Troublée par la passion qui déforme la réalité et fausse la sagesse comme deux grands verres de Champagne, elle mit dans son crime une ardeur et une précipitation qui allaient lui coûter la vie.

Les lois infâmes du Test Act avaient été abrogées en 1829, et les catholiques romains pouvaient enfin jouir des mêmes droits que les protestants dans tout l'Empire britannique. Officiellement en tout cas. De ce fait, ils pouvaient par exemple devenir propriétaires d'une maison ou d'un commerce. Pour John William Snow, son époux, cette même année 1833 était à marquer d'une pierre blanche, car, à force de travail et de privations, il venait juste de réussir à devenir propriétaire de son propre bateau de pêche[1] et bien qu'il n'ait pas encore d'esclave, trop dispendieux à l'achat pour le moment, il avait toutefois acquis à son service un jeune "engagé", un nommé Arthur Springer, à peine âgé de 28 ans.

Ces *engagés*[2], sans avoir le statut d'esclave, en avaient presque la condition. Arthur Springer devenait pratiquement —selon les mandements de la législation anglaise— la propriété pleine et entière de son patron pendant des décennies. C'était prévu par la loi afin que le propriétaire se rembourse des frais encourus pour "importer" le travailleur au pays. L'engagé pouvait être comparé à l'immigrant clandestin d'aujourd'hui, sans papier, qui doit pendant de longues années rembourser à son *passeur* des sommes qui ne cessent de croître sous l'effet d'un intérêt usuraire. En période économiquement délicate ou ardue, il était difficile pour un engagé de survivre. Certains historiens anglais considèrent que 40% seulement des "*indentured servants*" survivaient à la violence de leur maître, au travail exténuant qui était exigé d'eux, aux molestations de canailles dépravées, et au refus de leur propriétaire de respecter les termes du contrat de servage[3], avant leur émancipation légale.

Par contre, les lois britanniques étaient si scélérates que, dans le cas où ces malheureux serviteurs ne respectaient pas, *à la lettre,* l'autorité de leur odieux propriétaire, une grêle de châtiments légaux s'abattait sur eux, aussi accablants que les Sept Plaies d'Égypte. S'ils s'enfuyaient loin de leurs maîtres abusifs, ils se trouvaient, là aussi, traqués par la

1 •Grâce à la l'abolition du Test Act qui venait d'être signé 6 ans plus tôt, en 1829 (par le Roman Catholic Relief Act) sous Georges IV de Hanovre, rappelons que jusque là, les catholiques de l'Empire britannique n'avaient pas le droit de posséder un commerce, une industrie ou un lopin de terre. Les Réglementations anti-catholiques de Terre-Neuve avaient donc été abolies et John Snow avait pu devenir propriétaire de son bateau de pêche.

2 •En anglais *indentured servant.*

3 •Par exemple en leur octroyant quelque argent de poche.

population comme des esclaves fugitifs, et la loi prévoyait même de punir sévèrement ceux qui leur apporteraient la moindre assistance durant l'escapade. Dans les journaux locaux, on trouvait parfois des annonces menaçantes ainsi rédigées : "En fuite depuis lundi dernier de la maison du souscripteur, Joseph Delaney, un apprenti "indentured", taille approximative 5 pieds, 3 pouces ; porte une veste de molesquine et un pantalon bleu. Quiconque abritera ou emploiera ledit apprenti, après cet Avis public, sera poursuivi avec toute la rigueur de la Loi. *Signé* John Berrigan, tailleur, Ville de Saint-Jean, le 6 juin 1833."

Devant ces violations de la liberté individuelle qui n'existait qu'en faveur des riches possédants, la fameuse *Grande Charte* –gardienne des Libertés des Anglais de religion protestante[1]– tournait pudiquement les yeux de l'autre côté.

♦

Libérée par l'abolition du Test Act, la famille de John William Snow vivait donc désormais financièrement fort à l'aise. De ce fait, Catherine pouvait se faire aider par une *bonne à tout faire* nommée Kit White. Le beau et jeune cousin de Catherine, Tobias Mandeville, venait fréquemment chez les Snow rendre de petites visites en invoquant mille bonnes excuses, mais en réalité pour les beaux yeux de Catherine, qui s'étaient remis à pétiller comme un Champagne du meilleur cru. En dépit de ses multiples grossesses, Catherine avait conservé un aspect attrayant qui semblait ravir les sens de Tobias. Peut-être y avait-il aussi dans l'esprit du jeune séducteur, l'intention secrète de profiter lui aussi un jour de la prospérité familiale, laborieusement moissonnée par la sueur de John William Snow ?

---

1 •Comme précisé ailleurs, les droits civiques des Anglais catholiques étaient supprimés par les lois du *Test Act.* La *Grande Charte*, d'ailleurs, n'avait eu pour fonction que de limiter le pouvoir royal au profit exclusif des grands barons et non pas du petit peuple. Selon plusieurs historiens français, elle avait été élaborée en France par des barons anglais exilés. Voir à ce sujet Charles d'Eszarly, , *La Magna Carta et son origine française*, Comptes Rendus des séances de l'Académie des Inscriptions et Belles-Lettres, 97e Année, N.1 1953. pp-57-59

De temps en temps, le jeune Mandeville aidait l'imprudent propriétaire dans son travail de tenue de livres comptables. De ce fait, il savait exactement à combien s'élevaient les bénéfices quotidiens ainsi que le capital familial. Catherine, taraudée par sa profonde crise de la quarantaine, trouvait en son jeune cousin Tobias une attention que son époux laborieux, fort occupé à capturer et à négocier ses morues, ne lui accordait plus, faute de temps et d'appétit.

Tobias Mandeville descendait d'un Huguenot français émigré en Hollande puis en Angleterre au XVIIIe siècle. Il avait fait scandale en critiquant au pays de Shakespeare l'hypocrisie de la société londonienne[1]. Un Grand Jury du... Middlesex avait violemment condamné son ouvrage polémique. Mais il faut croire que tout finit par dégénérer et que le descendant de ce vertueux Mandeville ne se montra pas à la hauteur morale de son ancêtre. Il est vrai que l'amour trouble le jugement comme le bon vin. Le jeune Tobias devint —tout au moins en apparence— si éperdument amoureux de sa cousine Catherine qu'il accepta de discuter le projet d'expédier l'encombrant John-William "dans le meilleur des mondes," dit-on, dans lequel les deux amoureux, la main dans la main, n'allaient d'ailleurs pas tarder à le rejoindre.

Dans l'entourage des Snow, Tobias et Catherine étaient loin d'être les seuls à souhaiter les plus grands malheurs —et même l'Enfer immédiat—, à John-William, tant il est vrai que la richesse est la mère de la jalousie, et donc la grand-mère de la haine. Le travail assidu produit l'aisance, laquelle, à son tour, apporte des avantages que ne manque pas de convoiter l'entourage moins laborieux. Avez-vous remarqué à quel point certains individus, besogneux et très économes, accumulent des fortunes somptueuses, mais, enchaînés par une avarice sordide, se trouvent totalement incapables de profiter de leur richesse ? Ils se traînent ainsi à travers une

---

1 •Son ancêtre Bernard Mandeville avait publié à Londres une fable en anglais (*The Fable of the Bees, or : Private Vice , Publick Benefits.*) puis en français (*La fable des Abeilles ou les Fripons devenus honnêtes gens.*) L'aristocratie et la bourgeoisie bien-pensante de l'époque furent épouvantées de se reconnaître dans cette description de la société anglaise, et, de ce fait, firent juger l'ouvrage de Bernard Mandeville pernicieux et diabolique. En dépit de son origine huguenote, le descendant de Bernard, Thomas Mandeville, était redevenu catholique.

existence misérable jusqu'à leur mort, au pied de ce «veau d'or» qu'ils n'osent ébrécher, sauf pour y ajouter quelques dollars économisés par de dures privations. Et longtemps avant leur mort, leurs héritiers se battent pour s'approprier cette fortune, prêts à tout, jusqu'à les faire déclarer "mentalement irresponsables et incompétents" afin de les précipiter dans une humiliante curatelle.

Dans ce cas précis, l'apprenti-pêcheur "*indentured*" de John, le jeune Arthur Springer, avait lui aussi de bonnes raisons de détester son patron enrichi : pour commencer, ce dernier ne lui accordait qu'un argent de poche extrêmement parcimonieux qui lui permettait à peine de boire pour oublier sa déchéance. En outre, il le payait avec un tel retard que le jeune homme ne pouvait pratiquement plus s'offrir ses voyages alcoolisés au pays du tord-boyaux. Le jeune Arthur Springer, qui n'était pas naïf, se rendait bien compte que plus s'alourdissait la somme due par son patron, plus la probabilité pour lui de la récupérer un jour s'amenuisait désespérément. En d'autres termes, il voyait qu'il travaillait pour rien ou presque, comme l'un des malheureux esclaves, ombres furtives qu'il pouvait apercevoir dans les rues de St-John's ou dans les jardins de la ville. L'abolition de l'esclavage n'eut lieu, chez les Anglais que le 1er janvier 1838, cinq ans après ces terribles événements[1].

Arthur Springer savait fort bien que John était systématiquement cocufié par son épouse infidèle, et cela ne lui déplaisait pas car il haïssait son patron si injuste, si ingrat, si avare. Il apprit même par la rumeur publique le projet de conspiration qui mûrissait comme un bolet-Satan dans l'esprit de l'amant cupide et de l'épouse félonne afin de les débarrasser du mari encombrant. Ce n'était pas la curatelle mais la mort pure et simple ! Et il se joignit bien imprudemment à eux lorsqu'on lui promit que les nouveaux propriétaires, To-

1 •En France, l'esclavage fut aboli par un décret du *4 février 1794* (16 pluviôse an II). Immédiatement les Britanniques envahirent les Antilles françaises pour le faire rétablir avant que ce mouvement ne contamine leurs propres esclaves. Bonaparte le fit rétablir en 1802 "*par souci d'ordre public*" pour arrêter la guerre anglaise. Il abolit de nouveau l'esclavage en 1814, mais ce fut sans effet à cause de son abdication immédiate.

bias et Catherine, lui paieraient immédiatement tous ses arrérages, *rubis sur l'ongle*. Plus encore, ils s'engagèrent à lui augmenter son argent de poche qui lui tenait lieu de salaire. C'était pour lui une occasion unique et inespérée de solder tous ses comptes avec son patron et, conséquemment, de finir au bout d'une corde... ou. dans l'éventualité improbable où le crime ne serait pas découvert, sous le couteau des Mandeville dans le cas ou les amants voudraient se débarrasser d'un témoin dangereux.

♦

Un matin du 31 août 1833, John William Snow embarqua dans sa chaloupe pour aller chercher à Bareneed celui qui se préparait à l'assassiner, Tobias Mandeville. Il avait besoin de son aide. Avant de partir, il annonça qu'il serait de retour dans l'après-midi. Désireuse d'éloigner ses deux filles adolescentes de ces lieux qui allaient être le théâtre de la mise à mort de leur père, Madame Snow les envoya passer la journée et la nuit à Harbour Grace, sous la surveillance minutieuse de la servante Kit White. Le domestique Arthur Springer resta à la maison avec Madame Snow. Quant aux cinq jeunes enfants, Catherine les envoya tout simplement au lit.

Le lendemain matin, lorsque les deux grandes filles revinrent de leur découchage exceptionnel, papa "n'était pas de retour." On leur expliqua qu'il était à la pêche et ne serait pas de retour avant un certain temps. Mais quelle ne fut pas la surprise de la servante Kit White, lorsque, en reprenant son service matinal, elle remarqua un pantalon d'homme abandonné dans la chambre de madame... et comme elle connaissait fort bien le linge de chaque membre de la famille, elle dut se rendre à l'évidence : Non ! Ce n'était pas un pantalon de Monsieur Snow ! Quelques heures plus tard, le mystérieux pantalon avait lui aussi pris la clé des champs. Par prudence, la servante Kit White se garda bien d'y faire la moindre allusion ; juste intuition féminine qui lui sauva la vie... sans aucun doute !

Au début, tout le monde crut –ou fit semblant de croire– à la version officielle : John Snow était à la pêche *en haute mer*, et Dieu seul sait combien de dangers guettent les pêcheurs imprudents au cours de ces expéditions hauturières. Pourtant, vers le 5 septembre, l'absence qui perdurait inconsidérément commença à inquiéter ses collègues marins-pêcheurs. La police et quelques volontaires commencèrent à chercher le long du littoral pour voir si l'impitoyable Océan n'avait pas rendu les restes de l'une de ses victimes après en avoir dévoré l'essentiel : la vie.

Les recherches, persévérantes mais infructueuses, engendrèrent pourtant quelques rumeurs. L'une d'elles prit son envol et se propagea avec la rapidité d'un grand-duc d'Amérique. Elle insinuait qu'il y avait quelque chose de singulier et même d'étrange dans cette disparition. Elle ajoutait que John avait été aperçu pour la dernière fois le 31 août en compagnie de son parent apprenti pêcheur Tobias Mandeville ; et que le domestique Arthur Springer était fort mécontent de la cupidité de son employeur qui ne voulait même pas lui donner son pauvre argent de poche qu'il était légalement tenu de lui octroyer périodiquement. Le jeune s'en plaignait amèrement. Tiens ! Tiens ! La situation commençait à fleurer l'immonde perfidie et l'infidélité, répugnantes comme une arum-titan, fleur nauséabonde entre toutes. Le plus étonnant fut que, lorsque les enquêteurs poussèrent l'indiscrétion jusqu'à vouloir poser quelques questions fort intéressante à l'épouse *éplorée*, elle avait disparu, elle aussi, comme une chimère craintive. Elle avait elle-même pris la clé des champs, comme le pantalon de son amant abandonné au pied du lit conjugal. C'était déjà fort curieux ! Et le mystère s'épaissit encore lorsque le magistrat Robert Pinsent qui avait lancé l'investigation, trouva des traces de sang séché entre la maison de John Snow et son embarcadère privé.

Pinsent interrogea alors la servante Kit White. Elle lui signala la présence du mystérieux pantalon d'homme dans la chambre à coucher même de l'épouse. Les investigateurs commencèrent alors à se demander si l'inconsolable Catherine était vraiment partie pour aller pleurer dans la solitude son cher époux disparu, ou si elle avait simplement fui pour toute autre raison moins avouable

Le domestique Arthur Springer fut alors convoqué au poste de police pour interrogatoire complémentaire. Et le garçon, habilement interrogé par l'investigateur en chef, "*se mit immédiatement à table*" en racontant une histoire d'horreur. Oui ! Le mari avait été assassiné ! Les conspirateurs avaient élaboré le projet d'exécution de la façon qui suit, raconta-t-il à l'enquêteur médusé : «Lorsque John Snow et le jeune Mandeville reviendraient à terre, Mandeville devrait s'arranger pour débarquer le premier sur le quai. Là, il se dirigerait vers la maison familiale suivi de Snow auquel il masquerait le piège. Lui, Springer, avait pour mission de mettre un terme à la vie de Monsieur Snow.

—Mon rôle était de les attendre derrière la porte avec le fusil de chasse de John, puis de surgir sur le perron en épaulant l'arme. Mandeville qui marchait en tête devrait alors faire un rapide écart de côté pour découvrir Snow qui marchait derrière lui et qui serait frappé de stupeur en voyant l'arme à feu au dernier moment. C'est alors que je l'abattrais d'un coup de feu !

Tel était le scénario de la mise à mort que les enquêteurs étonnés notèrent soigneusement sur leur calepin. C'était une mise en scène des plus hasardeuses pour le jeune Tobias Mandeville qui risquait fort de recevoir lui-même sa part de chevrotines tirées par le tueur Arthur Springer. En effet, il était à prévoir qu'Arthur allait fortement stimuler sa propre bravoure défaillante au moyen d'alcool frelaté vendu par la Hudson's Bay Co.

Et tout se passa d'abord comme prévu. Lorsque le bateau pénétra dans la petite baie, Catherine Snow tendit le fusil de chasse de son mari à Arthur Springer. Ce dernier s'en saisit et commença à descendre vers le quai en direction de Tobias Mandeville et de son patron, lequel marchait juste derrière, inconscient du danger. Mandeville fit enfin son

écart sur le côté pour dégager l'angle de tir du fusil. Arthur Springer épaula l'arme en direction de Snow qui suivait de très près Mandeville. C'est alors qu'un grain de sable vint bloquer le bon déroulement de la conspiration criminelle : Springer ne trouva pas la force morale –ou plutôt immorale– de tuer l'homme qui lui faisait face. Il se rendit compte, à son immense surprise, qu'il était incapable de tuer un homme sans défense, un homme qui le regardait dans les yeux avec étonnement. On n'est jamais aussi mauvais qu'on le pense ! Après deux ou trois tentatives, il jeta le fusil à terre comme si, ensorcelée, l'arme lui brûlait les doigts. Tobias se précipita alors sur la carabine en jurant de colère, la ramassa d'un seul mouvement, et la déchargea dans la poitrine de Snow qui s'était approché, incrédule devant les gestes stupéfiants de cet homme qu'il croyait son ami. Mais la stupéfaction de la victime ne dura qu'une fraction de seconde : John-Arthur Snow s'écroula d'un bloc sur l'immense grève ; mort sur le coup. On dit que lorsque le cœur cesse de battre, le cerveau continue de vivre durant quatre ou cinq minutes, jusqu'à ce que les neurones meurent les uns après les autres, asphyxiés par le manque d'oxygène. Il est concevable d'imaginer que, avant de mourir totalement, il entendit des commentaires de son épouse et de l'amant de celle-ci, qui lui firent comprendre que si la fortune est souhaitable, elle entraîne souvent l'infortune. Et ce précepte n'est pas une simple consolation à l'usage des pauvres gens.
–Aide-moi à l'attacher, maudit ! cria Tobias Mandeville pour donner quelque ressort à Springer qui restait comme prostré par l'assassinat.

Les deux hommes ligotèrent solidement le corps avec des cordes de marine, d'un calibre exactement similaire à celles qui allaient bientôt les pendre haut et court. Ils embarquèrent le cadavre et l'emmenèrent jusqu'au milieu de la *Baie de Conception.* Là, ils attachèrent une ancre au cou du malheureux époux encore chaud et le laissèrent glisser dans l'eau profonde et mystérieuse. Le corps plongea immédiatement et fut avalé d'un seul *plouf* goulu.

Telle fut la description de cet horrible crime selon Arthur Springer !

♦

Tobias Mandeville fut immédiatement arrêté à Bareneed et incarcéré. Mais il feignit de se montrer outragé par ces accusations *ahurissantes et même grotesques*, nia tout ce qui n'était pas irréfutable. Il n'était pour rien dans cet assassinat répugnant : «C'est Springer qui a tiré, et moi je n'ai absolument rien fait !» répétait-il inlassablement. Manifestement, l'un des deux mentait à outrance. Heureusement pour le menteur, il ne se trouvait dans cette île perdue aucun avocat chevronné capable de conférer à ces mensonges répugnants des airs de Vérité biblique. Comment trouver celui qui avait vraiment appuyé sur la queue de détente ? Les preuves étaient déjà là : l'ADN et les empreintes digitales ; mais ces sciences étaient encore totalement inconnues[1]. Peut-être Springer n'était-il qu'un fourbe et un lâche !

Le procès des prévenus commença le 10 janvier 1834 à Saint-Jean-de-Terre-Neuve. En dépit des aveux complets, tous plaidèrent non coupables. George Henry Emerson s'improvisa défenseur de Catherine et de Tobias, amants et cousins-germains diaboliques. Un autre bon samaritain, Bryan Robinson, se chargea de la défense d'Arthur Springer. Le Procureur expliqua au jury entièrement composé d'hommes, qu'il ignorait lequel des deux accusés avait tiré le coup de feu, mais que les deux étaient sur les lieux, au moment du crime. Quant à Catherine Mandeville, quoique plusieurs preuves circonstancielles l'aient présentée comme impliquée et compromise dans l'assassinat de son époux, le magistrat au cœur tendre ne put trouver aucune preuve *concrète et certaine* de son implication, même si tout le monde comprenait fort bien que l'épouse Snow était sans aucun doute le cerveau, le cœur du crime ; un cœur ardent épris de change-

---

1 •Les empreintes digitales étaient déjà connues en Chine, mais elles ne furent classées en fichiers criminels qu'en 1891, en Argentine. Ce fichier servit à identifier un criminel en 1892. Un fichier fut créé en 1901 en France.

ments.

D'ailleurs, comme nous l'avons dit, la jeune femme avait prudemment pris le large, et il fallait absolument la retrouver. Une battue monstre fut organisée dans la région. La chasse à l'homme –ou plutôt *à la femme*– ratissa tout le secteur et passa chaque vallon, chaque coulée, chaque coteau, chaque bosquet au peigne fin. En vain ! Tremblante comme une feuille d'érable dans le vent automnal, Catherine fut enfin retrouvée, une bonne semaine plus tard, cachée au domicile d'amis éloignés.

Fort généreuse dans l'attribution de la peine de mort, la Cour Suprême de Terre Neuve, qui ouvrit sa session au début de janvier 1834, inculpa treize personnes de meurtre. Treize ! Sans doute nostalgiques du Test Act qui venait d'être aboli, les juges terreneuviens voulaient vraisemblablement profiter de ce bon prétexte pour nettoyer le village de tous ses papistes. Les deux principaux inculpés étaient bien sûr Tobias Mandeville et Arthur Springer. Comme aucun des deux hommes n'incrimina Catherine Mandeville-Snow –probablement par amour pour elle–, elle faillit bien franchir cette épreuve sans la moindre égratignure en dépit de sa fuite éperdue qui la désignait comme coupable avec autant de certitudes qu'une flétrissure infâmante au fer rouge.

Pourtant, dans le seul but de rendre une justice pleine, équitable et entière qui demanderait des comptes à l'épouse, le juge Boulton composa un texte d'inculpation sophistiqué destiné au Grand Jury : «En ce qui concerne Catherine Snow, la veuve de la victime décédée John Snow, vous aurez la responsabilité de démontrer qu'elle a été –ou qu'elle n'a pas été– pour les deux autres complices l'instigatrice de ce crime horrible et contre nature. Dans son cas précis, vous observerez que rien dans les déclarations des deux détenus Springer et Mandeville ne peut être admis en preuve pour l'impliquer dans l'assassinat. Pourtant, si par le biais d'autres preuves, vous trouvez qu'elle a été, pour l'un ou pour les deux, l'instigatrice dans l'assassinat de son mari, vous la mettrez en accusation pour complicité.»

Après une étude serrée et une délibération byzantine, le Grand Jury accepta la mise en accusation pour meurtre des deux comparses (Springer et Mandeville), ainsi qu'une inculpation de complicité contre Madame Snow. La *triple* mise en accusation était plus justifiable que *treize*.

♦

À l'issue de l'Enquête du Coroner, le procès proprement dit s'ouvrit dans la matinée du 10 janvier 1834. Rarement procédure fut plus rapidement expédiée ; à peine moins rapide que les lynchages du KKK trente ans plus tard, mais tout de même très brève si l'on considère l'affligeante condamnation à la peine capitale, prévisible pour les prévenus. Pourquoi gaspiller l'argent des contribuables pour des papistes ? En dépit du grand nombre de témoins à charge et à décharge, le procès ne dura pas plus que la vie d'un insecte éphémère qui naît à l'aube, au lever du soleil, et meurt lorsque le jour bascule dans la nuit. Les témoins défilèrent rapidement, de Kit White aux filles Snow. Toujours sur le qui-vive, cabrée dans sa candeur et combative dans ses assauts hargneux, l'épouse de John Snow continuait de revendiquer son innocence et de la proclamer, sachant que c'était la seule façon pour elle de sauver sa tête. Mais cela n'empêcha pas les jurés, sans doute pressés d'aller souper chez eux après une longue et fatigante journée de travail, de décider en 30 petites minutes que les trois premiers prévenus étaient légalement coupables.

Le juge Boulton, fort pressé lui-aussi, enchaîna rapidement à la suite de la sentence attendue : le corps de Tobias Mandeville, après sa pendaison, sera "disséqué et anatomisé[1]." Arthur Springer, l'engagé, et Catherine, l'épouse de la victime, coupable de "Petit-Treason[2]", seraient aussi, après la

1 •*Dissected* and *anatomized* : les deux mots signifiaient *disséqués* mais le deuxième impliquait une observation des divers éléments constitutifs ; ce qui permettait aux étudiants en médecine de se les approprier.

2 •La plupart des termes juridiques légaux de la langue anglaise proviennent du vieux français de la province de Normandie d'où était originaire Guillaume le Bâtard.

mise à mort, donnés au barbier-chirurgien qui les dissèquerait.

Finalement, la *Gazette Royale* et le *Newfoundland Advertiser* du 14 janvier 1834 nous apprennent que, au lieu d'être disséqués, les deux cadavres furent *transportés* —c'est à dire *déportés*— à Port-Grave, chargés de chaînes et re-pendus au milieu de la communauté catholique des lieux, pour y servir d'avertissement à tous les papistes qui seraient tentés de commettre un crime.

Arthur Springer lui-même n'avait obtenu aucune miséricorde, aucune pitié, pour avoir démontré, par sa défaillance, qu'il avait conservé une certaine sensibilité en dépit de son rôle de "*premier couteau*".

C'était donc "la corde" pour les trois... *et pas plus tard que le lundi suivant, 13 janvier.* Trois petites journées de répit. Une mort plus expéditive que jamais ! L'exécution ne laissait même pas aux trois condamnés terrorisés le délai nécessaire pour faire Appel. Alors, le pseudo-avocat qui s'était chargé de la défense de Catherine Mandeville-Snow se leva d'un coup et réclama la parole ; et en bon magicien, il sortit –non pas de son chapeau mais de sa longue perruque blond-cendré qui retombait sur ses épaules comme deux oreilles de cocker-spaniel– un lapin blanc qui stupéfia tout le monde :
—Madame Snow ne peut pas être exécutée car... elle est enceinte !

Le lapin blanc était un bébé ! Si cette révélation n'était pas une ruse —alors invérifiable—, il était évident que le jeune cousin avait laissé plus que son pantalon dans la chambre conjugale du malheureux mari. Et ce faisant, il avait offert un sursis de vie à Catherine. En dépit de la sauvagerie des coutumes d'antan, on ne pendait pas les femmes enceintes car, dans ce cas, l'exécution d'un bébé innocent aurait été jugée illégale. Les embryons étaient alors qualifiés de personnes humaines, contrairement à aujourd'hui. Évolution rétrograde. Le juge ordonna aussitôt à un comité de matrones de vérifier si la révélation n'était pas une simple manœuvre dilatoire.

—Douze matrones respectables formeront un comité pour décider si les allégations de grossesse de la prisonnière sont réelles ou fictives !

Le samedi matin, après inspection en long, en large et en profondeur, les matrones vinrent déclarer que la condamnée n'avait pas menti. Un délai de grâce provisoire fut donc accordé à Catherine seule;... à elle seule!

♦

Le 13 janvier, les deux condamnés masculins gravirent comme prévu les 13 marches de l'échafaud. D'ailleurs Catherine put admirer leur courage silencieux depuis la petite fenêtre barreaudée de sa cellule. Par une faveur toute spéciale, on lui avait attribué celle qui avait une vue imprenable sur la potence. Peut-être espérait-on secrètement que l'horreur de l'exécution entraînerait une fausse couche nerveuse qui lui permettrait de les suivre plus rapidement sur le chemin éthéré de l'Au-delà ?

Un journaliste du *Public Ledger* écrivit le 14 janvier : «Mandeville vécut sa sortie de ce monde avec peu de souffrance et plongea dans l'Éternité avec à peine une légère hésitation. Son misérable compagnon soutint un combat avec la survie durant près de trois minutes avant que son souffle de vie animale ne s'éteigne. Après être restés pendus durant une demi-heure environ, les deux corps furent descendus et mis en bière. Il était prévu qu'ils seraient rependus à une autre potence à Spectacle Hill, tout près de l'endroit où le crime avait été perpétré, en guise d'avertissement salutaire aux candidats au crime sur les conséquences terribles encourues s'ils se laissaient aller à en commettre.» Ainsi fut fait !

La grossesse, la naissance prochaine de l'enfant et la pendaison qui allait immédiatement suivre l'avènement, réduisirent la santé de Catherine Mandeville-Snow à une piètre condition. On l'aurait été à moins. Comme on pouvait s'y attendre, le moral n'était pas au rendez-vous et les effets psychosomatiques compliquèrent le calendrier de l'exécution.

La mauvaise santé de Catherine retarda sa mort. Car, curieusement, il faut être en excellente santé physique pour mourir à la guerre ou sur l'échafaud.

L'évêque catholique de Terre-Neuve, Michael Fleming, tâcha de faire de la mort prochaine de Catherine une *cause célèbre*. Quant au gouverneur, Thomas John Cochrane, il n'accepta de retarder l'exécution que jusqu'à la naissance du bébé. On peut imaginer alors que l'avènement sur terre de cet orphelin ne fut pas un événement très serein.

Le 22 mars 1834, James Kelly et Gera Purcel, le parrain et la marraine du nouveau-né, présentèrent sur les fonts baptismaux de la chapelle catholique de la rue Henry, un bébé nommé Richard Snow. Il était —au moins officiellement—, le fils de la victime Richard Snow, et de Catherine Mandeville qui avait comploté la mort de son mari. Catherine dut immédiatement se préparer à mourir dès que son enfant serait sevré. L'aumônier de la prison, Thomas Waldon, celui-là même qui aurait la tâche atroce d'assister Catherine sur l'échafaud afin de lui dispenser quelque réconfort et de l'exhorter à la repentance, procéda au baptême de l'enfant.

Le 10 juillet 1834, Catherine fut donc présentée à un comité de magistrats composé des juges Boulton, Brenton, et Archibald. Elle se montra incapable d'afficher le moindre signe de contrition puisqu'elle s'obstinait à se déclarer totalement innocente de la mort de son époux. Pourquoi donc les juges cherchent-ils la satisfaction de faire avouer les criminels ? Est-ce pour se rassurer eux-mêmes du doute d'avoir fait une erreur judiciaire ou pour se justifier aux yeux de ceux qui pensent que le juge s'est tout simplement trompé ? Les juges lui assignèrent une nouvelle date d'exécution. La Cour d'Assise espérait au plus haut point qu'elle ne retomberait pas enceinte par les œuvres miséricordieuses d'un gardien compatissant qui souhaiterait faire sa BA[1] de cette façon. Rendez-vous fut pris pour le lundi 21 juillet. L'aumônier catholique de la prison tenta de faire circuler une péti-

1 •La BA est la *bonne action* que doivent faire les scouts, chaque jour; c'est le *good turn* des scouts anglo-canadiens.

tion à Saint-Jean, mais elle se heurta à une opposition sectaire, et, de ce fait, remporta peu de succès. La pétition fut donc écartée et au jour dit, Catherine, détenue dans sa prison de la rue Duckworth, dut monter sur la plate-forme, qui formait corniche à partir du deuxième étage du bâtiment pénitentiaire. La sinistre potence n'était qu'une poutre saillante au-dessus du balcon percé. Thomas Waldon, l'aumônier catholique, qui était venu baptiser son enfant, la soutenait avec une immense pitié. Devant la multitude de catholiques qui était venue lui rendre un dernier hommage, elle se plaça sur la trappe, courageusement, sans hésitation, mais en protestant fermement de son innocence.

– Je suis une femme infortunée, murmura-elle avant de mourir. Mais je suis aussi innocente de toute participation dans ce crime qu'un enfant avant sa naissance[1] !

Il était prévu que son corps devrait être enduit de goudron dans un but de conservation temporaire, en vue d'une pendaison supplémentaire à *Spectacle Hill*, comme l'avaient été ses compagnons, mais son curé catholique —convaincu de son innocence ou peut-être par esprit de clocher—, brava les décisions de Justice. Il fit immédiatement enlever la morte, la nuit même, pour l'inhumer dans les murs du cimetière de la paroisse catholique.

♦

Catherine Mandeville, épouse Snow, fut, à 41 ans, la dernière femme pendue à Terre-Neuve. Depuis cette époque, on raconte qu'un revenant hante le Palais de Justice. Certains pensent que c'est le fantôme de Catherine ou peut-être celui de son mari dont on n'a jamais retrouvé le corps. Mais en dépit de leur illusoire réputation de crédulité, la plupart des Terre-Neuviens ne croient pas à ces légendes absurdes.

♦

1 •Traduction aléatoire de : "I was a wretched woman, but I am as innocent of any participation in the crime of murder as an unborn child."

Le 1er avril 2012, soit 178 ans après son exécution, un pseudo tribunal populaire organisé par les mouvements féministes de l'île, re-jouèrent un simulacre du procès (de Madame seulement !). Catherine fut bien sûr acquittée et la plupart des Terre-neuviens pensèrent qu'elle l'avait été à l'unanimité car ce fut présenté ainsi par les Associations organisatrices. Mais ce ne fut pas le cas ; 250 jurés seulement l'acquittèrent de l'assassinat de son mari. Mais un petit détail fut soigneusement dissimulé : 200 autres jurés déclarèrent que son dossier ne comportait pas suffisamment de preuves pour l'innocenter. Et quatre jurés plus audacieux s'enhardirent même à voter *la culpabilité*. Les journalistes de Radio-Canada qui rapportèrent le fait, ainsi que ceux du journal local *The Telegram*, se contentèrent de ne mentionner que l'acquittement, laissant croire qu'il avait été décidé *à l'unanimité* des 454 membres du jury. «Le jugement correctif déclare *non coupable* la dernière femme pendue[1].» Les organisations féministes souhaitaient ainsi prouver par ce petit mensonge que, en notre siècle éclairé, notre société était devenue juste et équitable envers les femmes, et qu'on ne les condamnait plus pour de banales infidélités à l'encontre de leur mari. Les anciennes condamnations de femmes[2] pour infidélité, restent encore bien vivaces dans l'esprit de tous. Dans ce cas précis, Catherine ne fut pas condamnée pour infidélité mais pour *complicité d'assassinat prémédité dans le but de s'emparer des biens du couple*. Et elle fut condamnée pour ce crime pervers et non pas pour avoir *sganarellisé*[3] son époux comme dans un vaudeville de boulevard.

Qui a prétendu que les journalistes peuvent parfois mutiler la vérité ?

---

1 •Traduction approximative de la manchette suivante : "Retrial Finds Last Hanged Woman Not Guilty".

2 •Appelée: "*slut-blaming* et *slut-punishing*" dans les textes féministes.

3 •*Sganarelle ou le Cocu imaginaire* est une pièce de Molière de 1660. Sganarelliser = rendre cocu.

-8-

Pour le bien du mâle

Dossier Florence Lassandro, 1923

La Grande Guerre s'était terminée peu auparavant, mais la Camarde faucheuse, toujours insatiable, avait eu la satisfaction de prolonger les tueries par la terrible Grippe espagnole qui avait plus que doublé l'hécatombe. Cette pandémie fit 30 millions de morts selon l'*Institut Pasteur* contre 34 millions pour la *Peste Noire* du lointain Moyen-Âge. Au Canada comme partout ailleurs, la Grippe espagnole dévasta des villages entiers. De nombreux morts, non enterrés pour cause de pergélisol ou de manque de bras, furent dévorés par les loups affamés[1].

Mais une autre souffrance, une autre persécution incubait depuis longtemps déjà en Amérique du Nord. Poussée par les vents d'intolérance soufflés par les *teetotallers*[2] et leurs Ligues de Tempérance de filiation protestante, l'idée d'interdire officiellement l'alcool commença à se répandre aux États-Unis à partir des années 1880[3]. Au Canada, le Gouvernement fédéral de Wilfrid Laurier tint en 1898 un référendum sur l'interdiction de l'alcool, mais l'opposition de la population du Québec —à majorité catholique— fit qu'il laissa chaque province décider par elle-même. Ainsi, les provinces anglophones, généralement pasticheuses des États-Unis dans la plupart des domaines, déclarèrent l'alcool *En-*

---

1 •1 408 000 morts en France pour une population globale de 39.000.000 d'habitants. Les 7,5 millions de Canadiens subirent 60.000 tués au combat et presque autant de morts par les œuvres de la grippe dite espagnole. En fait, loin d'être espagnole, elle était "asiatique" comme la plupart des grippes, mais la censure militaire avait interdit la divulgation de ses méfaits dans toute l'Europe en guerre. Seuls les journaux de l'Espagne neutre pouvaient évoquer ses ravages.

2 •Les *teetotallers* (ou *Total Temperance*) étaient les membres fanatisés de ces sociétés de tempérance à tout prix.

3 •Elle devint effective et totale aux États-Unis en 1920.

nemi public No1. Seul le Québec sut se tenir à l'écart de ces lois intolérantes qui faisaient de l'alcool la quintessence diabolique du Péché.

Seule dérogation[1] à la règle draconienne qui interdisait de consommer de l'alcool en public, partout au Canada, une loi spéciale permettait l'utilisation de l'alcool *en public* pour les célébrations rituelles de la messe dominicale chez les catholiques[2]. Dans les années soixante-dix, une secte (*The Church of Holly Smoke*) tenta même de postuler pour obtenir le même privilège avec un narcotique qu'elle utilisait "*pour créer un lien ésotérique avec Dieu*", prétendaient ses adeptes ; comme les Mayas. Leur candidature fut rejetée.

L'Empereur Pic
Collection privée.

Partout en Amérique du Nord, les organisations criminelles —de même que les individus qui avaient l'esprit prompt à saisir au passage les opportunités frauduleuses— se frottèrent les mains en voyant dans la Prohibition une manne providentielle pour le "business". Si ce furent des intégristes protestants qui engendrèrent cet interdit nouveau, en voulant imposer leurs utopies par la force, ce furent essentiellement des groupes d'obédience catholique ou juive qui s'y opposèrent et virent là une opportunité de fraude.

Sur la frontière québéco-américaine, on vit même des bars se construire, à cheval sur l'exacte ligne frontalière. Ainsi les clients américains pouvaient entrer de leur côté, boire par-dessus le comptoir qui servait de frontière intérieure, et repartir sans s'attirer le moindre désagrément de la part des policiers furieux d'avoir été bernés.

♦

1 •Sans parler bien entendu de l'utilisation de l'alcool à des fins médicales.

2 •Aussi bien, d'ailleurs, les catholiques rattachés à Rome que ceux soumis à la Monarchie anglaise (les Anglicans, qui se considèrent aussi comme des catholiques).

Dans la toute nouvelle province d'Alberta, fondée à peine 11 ans plus tôt, la Prohibition devint loi le 1er juillet 1916 ; et en Colombie-Canadienne en 1917. L'interdiction de l'alcool fut finalement imposée à partir du 1er avril 1918 à la Province d'Alberta. Ce fut un mauvais Poisson d'Avril pour beaucoup d'Albertains connus jusque-là pour l'ouverture de leur esprit... et de leur gosier toujours sec et aride. Les Américains venaient séjourner en Alberta méridionale réputée pour ses belles-de-nuit, et tout le monde savait que le billet de 2 $ —aujourd'hui remplacé par des pièces de métal— représentait le prix de l'amour éphémère. Les *gens bien-pensants*, suivant l'expression au parfum désuet de Georges Brassens, étaient persuadés que chaque billet de 2 $ portait la poisse et inspirait le dégoût, car il avait à un moment ou à un autre transité dans un lupanar. Et on le nommait avec ironie la *coupure de* 2 $. Le sud de l'Alberta, peuplé d'immigrants récents —surtout d'Italiens catholiques qui fuyaient la pauvreté et la guerre en Europe—, avait voté en faveur de l'Opposition, c'est à dire *contre* la Prohibition. Ils considéraient l'interdiction de l'alcool comme une absurdité qui allait carrément à l'encontre de leurs traditions séculaires. De ce fait, les contrebandiers trouvèrent dans cette région beaucoup d'aide morale et même physique.

La Buick McLaughlin
Coll. privée

En Alberta méridionale régnait un certain Emilio Picariello, *alias* le Roi de la Bouteille, *alias* l'Empereur Pic. C'était un Calabrais de naissance, né en 1875, cinq ans seulement après l'unification totale de l'Italie. L'avide classe aristocratique de cette Italie monarchique[1] et les différentes ma-

1 •Cette Monarchie tombera en 1946 pour être remplacée par la République. L'écrivain-historien italien Edmondo de Amicis, grand admirateur d'Émile Zola, a décrit cette misère de l'émigration italienne dans son célèbre ouvrage : *Sull'oceano*, traduit en français sous le titre de : *Sur l'océan; émigrants et signori de Gênes à Montevideo*. Éditions Payot & Rivages. Paris, 2004.

fias[1] possédaient le sol et refusaient bien entendu la réforme agraire. Ces deux groupes sociaux d'un égoïsme forcené exploitaient le peuple italien avec un cynisme, une brutalité et une indifférence remarquables à l'égard de la souffrance du peuple.

Picariello avait débarqué à Toronto vers 1900 comme réfugié économique[2]. En 1911, il déménagea à Fernie[3] avec ses 7 enfants. À l'ouverture de la Première Guerre mondiale, il avait déjà pris l'aspect d'un homme d'affaire prospère et plantureux, avec ses 90 kilos et son travail acharné. Il est remarquable de voir à quel point les minorités, opprimées dans leur pays d'origine (les Irlandais, les Écossais, les Italiens...), se sont épanouies très rapidement en étant transplantées dans un pays libre qui ne les maintenait pas artificiellement dans un état de disgrâce sociale. La carrière de Pic commença dans une fabrique de macaroni. Il fraternisa rapidement avec un autre Italien de Fernie, P. Carosella, qui tenait le magasin des alcools de la ville, et il se rendit compte que ce paradis artificiel représentait un potentiel d'avenir aussi lucratif que la drogue en ce XXIe siècle. Il se lança alors à corps perdu dans la vente d'alcool à la population comme dans une croisade contre la sottise. Il eut le génie de donner à son activité criminelle une apparence de lutte politique *contre l'intolérance* d'un Gouvernement en place ; comme le fit le gangster Jacques Mesrine cinquante ans plus tard. Ce trafic devint rapidement une activité plus que fructueuse qui fit de nombreux adeptes, sans pour autant nécessiter le moindre prosélytisme. La fortune était au rendez-vous pour ces misérables immigrants ca-

Filumena Constazo
alias **Florence Lassandro**

1 •La *Cosa Nostra* en Sicile, la *Camorra* dans la province de Naples (Campanie), la *Ndrangheta* en Calabre, la *Stidda* en Sicile occidentale, la *Sacra Corona Unita* dans les Pouilles...

2 •L'expression n'existait pas encore.

3 •Bourg des Montagnes-Rocheuses canadiennes.

labrais, si méprisés, en Italie même, par les Padaniens de la Plaine du Pô. Des 15 000 000 de pauvres émigrants italiens qui s'exilèrent hors de l'Italie entre 1880 et 1914 (50% de la population de ce pays en 1900), les artisans et les plus instruits[1] allèrent peupler l'Argentine et le Brésil, tandis que les plus misérables (ceux du sud de l'Italie) se dirigèrent vers les États-Unis et le Canada. Devenu un homme très riche, il fut bientôt considéré, parmi les milliers de contrebandiers qui trafiquaient à la petite semaine, comme le plus puissant du sud de l'Alberta et même de toutes les Prairies canadiennes.

Stimulé par sa peur de la pauvreté et par sa volonté de démontrer à son village calabrais d'origine qu'il avait prodigieusement réussi, mieux encore que l'aristocratie italienne, propriétaire de la Botte italique, Picariello devint rapidement non seulement gérant de la fabrique de macaroni mais *seul et unique* représentant dans l'Ouest de la *Pollock Wine Company,* organe de la mafia juive américaine. De ce fait, il pouvait importer, transporter, vendre et acheter de l'alcool à la barbe des policiers, frustrés de constater que la Loi ne faisait que protéger les criminels qui réussissaient à contrôler les politiciens locaux en les gangrénant par la corruption. Toujours en recherche de nouveaux débouchés, il fonda aussi une petite manufacture de cigares, et plus tard de crème glacée. Il inventa même le *recyclage* avant l'heure, car il instaura la collecte des bouteilles vides dans la ville, comme le faisaient à la même époque de nombreux immigrants juifs qui, par leur travail incessant, devinrent millionnaires durant la première partie du XXe siècle (Steinberg, Pollack, Greenberg...) On peut affirmer sans l'ombre d'un doute que si les événements que nous relatons n'avaient pas conduit l'Empereur Pic au gibet, il serait vraisemblablement devenu aussi riche que Dame Ida Steinberg de Québec qui avait commencé sa carrière en recyclant les vieux chiffons et les bouteilles vides

---

1 •En provenance du Nord de l'Italie et de la Plaine du Pô.

des Québécois dans une vieille poussette d'enfant[1]. La fortune sourit encore plus aux laborieux qu'aux audacieux. Picariello accumula une fortune colossale, au même titre que les trafiquants de drogue d'aujourd'hui. En 1918, il acheta l'Hôtel Alberta à Blaimore puis un siège au Conseil municipal de Blaimore. Ses six Buick McLaughlin[2] qui lui permettaient de faire ses transports d'alcool, furent pour cette raison surnommées les *Whisky-Sixes.*

L'infatuation monte facilement à la tête des "Nouveaux Riches", qui sont "d'Anciens Pauvres" et qui, de ce fait, sont fiers du chemin parcouru et de cette ascension sociale qu'ils n'attribuent qu'à leur propre intelligence ; alors que l'enrichissement implique aussi des défauts moins avouables : l'égoïsme, la rapacité, le vampirisme économique.... Pour ce qui fut de son statut social, *l'Empereur Pic* en vint petit à petit à se croire aussi invulnérable dans l'Ouest que ne le devint, plus tard, Al Capone dans l'Est. Il était d'autant plus intouchable que –jouant sur tous les claviers – il renseignait la police sur les gangs rivaux. Les policiers canadiens se comportant habituellement de façon moins corruptible et vénale que leurs collègues américains, Pic devait jouer au chat et à la souris avec l'APP, la Police Provinciale de l'Alberta et la Police Montée du Nord-Ouest. Avec le temps. ce gangster de haut vol serait sans doute devenu aussi célèbre que son compatriote de Chicago, lequel commençait à peine sa carrière de criminel[3]. Face à l'Empereur Pic, le sergent James Scott de la Police Provinciale de l'Alberta joua le rôle que tiendra devant Capone le futur Eliot Ness, l'incorruptible. Le plus grand rêve de Scott était de *coffrer* Pic, mais pour cela il devait le prendre la main dans le sac, avec un chargement d'alcool dans ses voitures car les lois des pays anglo-saxons –influencées en sous-main par les lobbies mercantis– protègent

1 •Nées au Québec, les chaînes de magasins Steinberg couvraient tout l'Est du Canada et vendaient de tout : alimentation, habillement, médicaments. Des querelles d'héritage provoquèrent la faillite et la disparition des multiples compagnies fondées par Ida Steinberg à la fin du XX siècle. Ida était juive hongroise.

2 •Qui ressemblaient à des *Ford T.*

3 •Capone était certes d'origine italienne, mais né à New York.

surtout les margoulins sous prétexte de sauvegarder les droits individuels. Les avocats de Pic qui savaient *jouer de la Loi* comme Antonio Stradivarius de son fameux violon, trouvaient toujours l'erreur de Procédure pour faire acquitter les magouilleurs qui les payaient grassement.

Dès que l'Italie décida de se lancer dans la Première Guerre mondiale aux côtés de la France[1], de la Russie et de l'Angleterre, Picariello prit pour 50.000 $ de *Bons de Guerre* et fonda une œuvre de charité destinée à distribuer, par exemple, des paniers de Noël. C'était une action fort louable, quoique moins périlleuse pour lui que de se porter volontaire pour aller défendre la mère-patrie italienne qui subissait les assauts impétueux de l'armée impériale autrichienne dans les tranchées de la Haute-Adige. Il est vrai que l'Italie ne se battait pas encore pour des motivations idéologiques mais territoriales.

♦

Le second anti-héros de cette tragédie que certains ont présentée comme cornélienne[2] fut une femme, Florence Lassandro. Née la dernière année du XIXe siècle (1900), à Cosenza-di-Calabria, au pays du Bel Canto et de la Ndrangheta, sous le nom exotique de Filumena Constazo, elle suivit sa famille à Fernie dans le sud de l'Alberta où elle grandit en âge mais beaucoup moins en sagesse. Filumena prit au

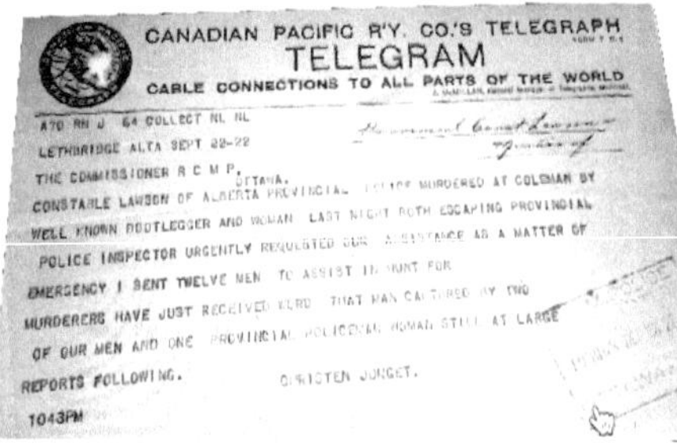
CANADIAN PACIFIC R'Y. CO.'S TELEGRAPH
TELEGRAM
CABLE CONNECTIONS TO ALL PARTS OF THE WORLD

A70 RH J 64 COLLECT NL NL
LETHBRIDGE ALTA SEPT 22-22
THE COMMISSIONER R C M P,
OTTAWA.
CONSTABLE LAWSON OF ALBERTA PROVINCIAL POLICE MURDERED AT COLEMAN BY
WELL KNOWN BOOTLEGGER AND WOMAN LAST NIGHT BOTH ESCAPING PROVINCIAL
POLICE INSPECTOR URGENTLY REQUESTED OUR ASSISTANCE AS A MATTER OF
EMERGENCY I SENT TWELVE MEN TO ASSIST IN HUNT FOR
MURDERERS HAVE JUST RECEIVED WORD THAT MAN CAPTURED BY TWO
OF OUR MEN AND ONE PROVINCIAL POLICEMAN WOMAN STILL AT LARGE
REPORTS FOLLOWING. CHRISTEN JUNGET.
1043PM

Télégramme annonçant l'assassinat du gendarme
Source : Archives Nationales, Ottawa

1 •En avril 1915, après de longues négociations avec les Français d'un côté et les Allemands de l'autre, le Gouvernement italien choisit de se battre avec ceux qui lui accordaient le plus d'avantages matériels, sauf que 1.240.000 Italiens moururent en conséquence de ce marchandage de diplomates-négociants, et un autre million resta handicapé. Les politiciens qui déclarent les guerres sans bonne raison devraient être soumis à se battre en première ligne.

2 •En un sens, la situation fut cornélienne puisque la passion de Florence s'opposa à l'honneur.

Canada le prénom plus commun de Florence. Elle épousa le 16 octobre 1915, à l'âge tendre de 15 ans, un autre immigrant italien nommé Carlo Sanfidele qui, lui, prit le nom de Charles Lassandro. Tous ces changements anthroponymiques étaient fort utiles à l'intégration des immigrants dans la communauté nationale. Lassandro devint le mécanicien de l'Empereur Pic.

Selon les rumeurs, il s'établit rapidement un lien affectif assez fort entre la jeune Filumena-Florence et le vieux boss Picariello. Il braconnait l'amour et cueillait les fleurs du mal au sein de sa communauté culturelle et de son organisation criminelle. Ce n'était qu'un droit de cuissage.

Fernie n'était alors qu'un groupe de cabanes et de magasins à fausse façade de bois, le long de la nouvelle ligne transcontinentale du Canadien-Pacifique qui venait de franchir le *Col du Nid de Corbeau* pour rejoindre la province Pacifique du Canada, *la Colombie-Britannique*. Cette dernière province avait été créée en 1871 pour éviter que la multitude de chercheurs d'or américains ne demandent le rattachement de la Nouvelle-Calédonie aux États-Unis[1]. L'adjectif "*britannique*" indiquait sans ambiguïté aux Américains qu'ils entraient dans un territoire appartenant alors à l'Angleterre. Dans cette région canadienne, comme partout ailleurs aux États-Unis et dans certaines régions isolées de l'Ouest, la plupart des hommes et beaucoup de femmes portaient une arme. Ainsi, il arrivait que de simples algarades se transforment en tueries féroces sous l'effet de la peur.

♦

Lorsque, le 1er avril 1918, la Prohibition fut imposée à l'Alberta, Picariello y vit une occasion exceptionnelle de *faire du business*. Les Calabrais allaient trouver en Amérique

---

1 •Comme cela avait eu lieu au Texas et dans les autres États du Sud-Ouest américain que les États-Unis avaient pacifiquement envahis puis arrachés en utilisant le subterfuge de la pseudo démocratie. Similairement, les Russes arrachèrent la Crimée à l'Ukraine en mars 2014. Lorsque les colons sont assez nombreux, ils demandent l'indépendance. La partie continentale de l'actuelle Colombie-Britannique portait le nom de *Nouvelle-Calédonie*. L'île actuelle de Nouvelle-Calédonie avait été nommée 50 ans plus tôt par le navigateur écossais James Cook, lui même écossais (Caledonia est le nom romain de l'Écosse).

un terreau fertile pour faire éclore leur génie, dans le bien comme dans le mal. Ainsi la Prohibition allait amener la famille Picariello —comme les Kennedy à Boston, les Capone à Chicago, ou Meyer Lansky[1] partout ailleurs—, à accéder à une immense fortune, tremplin de nombreuses carrières politiques destinées à respectabiliser ces familles et à dorer leur blason flambant neuf.

Pour le transport du whisky de contrebande, Picariello équipa donc ses voitures de pare-chocs faits de tuyaux métalliques remplis de ciment, de façon à pouvoir repousser dans le fossé, comme avec un bélier, n'importe quelle voiture plus légère. À la fin de 1918, il remplaça même ses *Ford T* par des McLaughlin-Sixes, qui devinrent les "*Citroën*" des gangsters. C'était alors les voitures les plus puissantes sur le marché. Citroën améliora encore ces qualités en y surajoutant la *traction-avant,* à partir de 1934.

Désireux de jouer au chat et à la souris avec les policiers et de disparaître comme le magicien Robert-Houdin[2], Pic fit secrètement creuser un vaste entrepôt souterrain sous son hôtel qui lui servait de Quartier-Général. Il créa une véritable souricière de tunnels qui, en cas de siège trop prolongé, donnaient accès à la fuite ou au ravitaillement clandestin, et permettaient de disparaître sans laisser d'adresse et de se volatiliser dans la nature luxuriante des Montagnes Rocheuses. L'entrée de l'entrepôt secret était camouflée et escamotée par du tissu de sac, et devant ce rideau s'empilaient des tonneaux pleins de bouteilles vides dont le tintement donnait l'alerte en cas d'effraction. Pour voiler le bruit qui pouvait provenir du sous-sol, le pianiste de l'hôtel avait ordre de jouer très bruyamment tous les morceaux du répertoire, *forte, fortissimo* et même *fortississimo* : *la Gigue* d'Arnold, certaines valses de Brahms, *le Menuet Français* d'Anglebert...

---

1 •Après la IIe Guerre mondiale, Lansky, pourchassé par le FBI se réfugia en Israël pour bénéficier de la *Loi du Retour.* Mais sous la pression financière américaine (car Israël est le pays qui reçoit le plus d'aide militaire des États-Unis), il fut l'un des trois seuls juifs auxquels Israël refusa de bénéficier de la Loi du Retour qui donne aussi refuge et asile aux malfrats.

2 •Jean Eugène Robert-Houdin (1805-1871) fut le père de la magie moderne. Le Hongrois Erik Weisz emprunta son nom, et par le fait même une partie de sa célébrité, pour créer son personnage de Harry Houdini.

L'Empereur Pic chargeait ses voitures d'un mur de sacs de farine derrière lequel était entassé le précieux whisky. La voiture ou le camion pouvait accéder à la salle secrète et la farine était distribuée gratuitement à des familles italiennes dans le besoin qui l'appréciaient au plus haut point en ces temps de "vaches maigres" et même de disette. Ainsi, comme le Cartel de Medellin qui investissait dans le social, Pic pouvait jouer les *Robin-des-Bois* qui, soi-disant, volaient la riche noblesse franco-normande et l'Administration coloniale pour donner aux pauvres Saxons d'Angleterre.

Tout le monde savait dans l'Ouest encore à demi sauvage que ce Pic, si apprécié de la communauté italienne des Montagnes-Rocheuses, se livrait impunément au trafic d'alcool et suivait des pistes et des sentiers muletiers à peine praticables à travers la région du Nid-de-Corbeau en direction de la frontière américaine du Montana, région que les contrebandiers appelaient le *Col-du-Whisky*[1]. Un jour, même, enlisé dans la boue d'un orage terrible, Pic tomba sur deux policiers à cheval qui, pour le sortir de l'ornière, utilisèrent gentiment leur monture pour tirer sa voiture pleine de whisky de contrebande. Le gangster contait l'anecdote à qui voulait l'entendre en se moquant des policiers trop serviables.

Mais quand on s'arme jusqu'aux dents pour jouer au chat et à la souris avec la Police Montée et la Justice, on finit par causer une bavure ; et quand ce *faux pas* est le meurtre d'un policier, on risque la corde. Cette erreur se produisit le 21 septembre 1922, en un temps où les juges canadiens "*avaient la corde facile*". Ils pendaient en moyenne 7 personnes par année[2]. Voici, tel que rapporté par les minutes du procès d'Assises —déposées aux Archives Nationales d'Ottawa— qui suivit, le déroulement de cette terrible affaire criminelle.

Tout commença au milieu des Montagnes-Rocheuses, dans le village minier de Frank (Alberta), tout près du Col du

1 •*Whisky Gap* peut aussi se traduire par le Trou-du-Whisky ou la Porte-du-Whisky.

2 •Alors que la Justice de Nouvelle-France envoyait en moyenne 0,77 personne à la potence chaque année.

Nid-de-Corbeau. La frontière interprovinciale n'était autre que la *ligne de partage des eaux* entre le Bassin hydrographique du Pacifique et celui de l'Atlantique[1]. Voilà que le constable Stephen (ou Steve) Lawson du poste de Coleman[2] avait averti le sergent James O. Scott du poste de Frank que les contrebandiers du gang Picariello devaient partir pour Blaimore avec un chargement de whisky. Le sergent Scott se porta donc rapidement sur place avec le constable Day. Ils se postèrent debout au beau milieu de la rue Principale de Coleman, juste devant l'Hôtel d'Alberta, toisant le propriétaire Emilio Picariello qui, lui-aussi, se tenait debout, bras croisés avec ostentation, devant l'un de ses bolides McLaughlin construits au Canada[3]. L'Empereur Pic dévisageait les petits flics Scott et Day avec un sourire méprisant et même sardonique, comme pour leur dire : «Vous allez voir quel tour je vais vous jouer, mes pauvres niaiseux sous-payés !» car il n'y a pas comme les *anciens-pauvres enrichis,* pour mépriser ceux qui restent pauvres toute leur vie *par honnêteté.* C'est leur consolation.

Soudain, Picariello, sans quitter les gendarmes des yeux, tendit la main vers sa voiture et donna un coup d'avertisseur que l'on appelle aujourd'hui *klaxon.* À ce signal, surgit à plein gaz, de derrière l'hôtel, une autre McLaughlin, capote relevée. Dans sa précipitation, la voiture manqua d'un cheveu les deux policiers qui se tenaient sur leur passage. Elle était surchargée jusqu'à la capote de caisses de whisky, et son chauffeur n'était autre que Stefano (Steve), le fils aîné de Pic à peine sorti de l'adolescence (20 ans)[4].

Voyant que la voiture de police allait se lancer à la poursuite de Stefano, l'Empereur Pic sauta au volant de la sienne et démarra en trombe dans un nuage de poussière

---

1 •Le Bassin hydrographique de la Baie d'Hudson fait partie de celui de l'Atlantique. La frontière interprovinciale est celle entre l'Alberta et la Colombie-Britannique.

2 •À 1,7 km à l'ouest de Coleman entre Coleman et Frank. Lawson est le patronyme *Lauson* anglicisé

3 •La marque McLaughlin sera plus tard absorbée par Buick. McLaughlin fut le fondateur de General Motors du Canada.

4 •Emilio Picariello et son épouse Marianino Marucci avaient sept enfants : Steve (Stefano), Julie (Angelina), Carmine, Louie (Luigi), Chuck (Charles), Albert, et enfin Helen (Florence Eleanor)

gris-opale, car, à l'époque, ce chemin étroit, inégal et non asphalté n'était pas encore la belle *Route du Nid-de-Corbeau*, qui se déroule aujourd'hui comme un ruban de satin gris-alpaga le long de la ligne de chemin de fer du Pacifique-Canadien, parallèlement à la Rivière-à-l'Élan[1]. En s'intercalant avec vivacité et détermination entre son fils et les policiers, Picariello cherchait manifestement à empêcher les policiers de rattraper Stefano, les privant ainsi de la satisfaction de procéder à son arrestation "en flagrant délit". Les voitures pétaradaient dans un bruit infernal et les oiseaux épouvantés se réfugiaient dans le vert majestueux des arbres, qui, au passage, saluaient les automobiles de quelques balancements de leur houppelande de feuillages. Soudain l'aventureux sergent Scott, dans une audacieuse embardée qui se termina presque par un tête-à-queue mortel, réussit à se couler, au péril de sa vie, sur le bas-côté gris-anthracite de la route. Il dépassa Picariello qui tenta sans succès de l'en empêcher en le coinçant contre le fossé. En plusieurs embardées, la voiture des policiers manqua d'un cheveu finir sa course folle dans le fossé puis contre les arbres centenaires, droits comme des mâts de navire, qui le hélaient de leur toupet de verdure.

Stefano, téméraire jusqu'à la mort, roulait décidément trop vite pour être rattrapé par les policiers. Aussi, devant l'inefficacité désespérante de la poursuite, Scott décida de faire une courte halte devant l'Hôtel Greenhill afin que le constable Day puisse aller téléphoner au poste de Coleman. Stefano, quant à lui, continua sa course débridée et bruyante, à une vitesse vertigineuse pour l'époque et pour la mauvaise qualité de cette chaussée de terre battue. Les roues soulevaient des nuages de poussière opale que le Chinouk des Rocheuses enlevait en un instant vers le ciel bleu-azur. Les deux policiers reprirent ensuite la poursuite à vitesse modérée. Les trois voitures approchaient de la frontière interprovinciale de la Colombie-Britannique toute proche. Scott pensa alors qu'il n'était plus nécessaire pour lui de prolonger

---

1 •Elk River, aujourd'hui.

cette poursuite infernale, sachant que le constable Lawson[1] tenterait d'appréhender le jeune contrebandier à Coleman en installant un barrage-chicane de madriers en travers de la route. Dès que Pic constata que les policiers renonçaient à la poursuite, il ralentit lui-aussi.

À Coleman, le constable Lawson reçut le message téléphonique de son collègue Day et entra immédiatement en action. Il érigea sa barrière en travers de la route et se plaça devant, au milieu du chemin, pour intercepter la voiture du bandit. Mais l'exemple étant le meilleur critère d'éducation, le jeune Stefano n'était pas homme à se montrer moins "irréductible" que son père. Grisé par sa fuite éperdue, par la vitesse, par le bruit infernal du moteur, et par le haut sentiment d'être le Dauphin de l'Empereur Pic, il refusa d'obtempérer. Alors le policier Lawson tira sur lui deux coups de semonce sans réussir à le convaincre de s'arrêter. Furieux, Lawson et Houghton réquisitionnèrent immédiatement dans le village un véhicule civil, et à leur tour, se lancèrent à la poursuite du jeune voyou. S'étant approchés du fuyard, ils tirèrent même un troisième coup de semonce qui n'amena, — pas plus que les deux premiers projectiles—, le jeune bandit à immobiliser son véhicule pour se soumettre aux dures exigences de la loi. C'était contre son honneur de gangster macho, qui ne devait absolument pas se comporter moins "héroïquement" que son père, s'il voulait gagner une place de chef dans la dynastie malfaisante et nuisible des Picariello !

Mais la Nature elle-même entrava la Loi. Les cailloux et les nids de poules qui constellaient le grand-chemin de terre battue, parfois aux teintes opale, parfois ardoise ou même anthracite, eurent raison des pneus et des gentes des deux policiers. Conséquemment, ce handicap mit un terme à leur opiniâtreté et à leur hardiesse. Ils finirent par interrompre la poursuite et revinrent lentement vers Coleman avec un pneu crevé afin de rendre au propriétaire furieux sa voiture endommagée en le remerciant pour son esprit ci-

---

1 •Le grade anglo-canadien *constable* vient du grade français médiéval *conestable* puis *connétable* (comte des étables).

vique.

À son retour au village, l'Empereur Pic qui avait fait demi-tour plus tôt, se permit de les narguer en les hélant ironiquement :

— Hein! T'as pas réussi à nous piquer le chargement !

— C'est loin d'être terminé, croyez-moi ! Votre fils sera poursuivi pour violation de la *Loi sur les Véhicules-Moteur.*

Sans le moindre échantillon de l'alcool transporté par le jeune gangster, il n'était pas question de le poursuivre pour transport de boissons illicites. Il ne restait dans l'arsenal de la Police-Montée que quelques modestes infractions pour conduite dangereuse, refus d'obtempérer et excès de vitesse.

— De toute façon j'ai sauvé mon chargement ! répondit Pic en ricanant. Et j'en ai rien à foutre de t'avoir poussé vers le fossé. Lawson a beaucoup de chance de ne pas avoir tué mon fils… je l'aurais tué de mes mains !

Ainsi, il était évident qu'un appel téléphonique avait déjà répandu la nouvelle selon laquelle des coups de feu de semonce avaient été tirés et qu'un ricochet avait légèrement blessé le jeune bandit.

Comme on peut s'en rendre compte en lisant ces lignes : certains immigrants de 1922 ne choisissaient pas plus le chemin de la légalité que ceux de maintenant. Mais, alors qu'aujourd'hui la loi se montre extrêmement permissive avec les criminels et même les terroristes[1], au début du XXe siècle, il fallait à ces immigrants beaucoup plus de courage ou d'inconscience, car en cas de crime, ils finissaient au bout d'une corde. À la suite de cet événement du 21 septembre 1922, la Police Montée allait décréter ce qu'aujourd'hui nous appelons la *Tolérance* 0.

♦

Ce fut au soir de cette journée fort agitée que se produisit un autre événement —capital ô combien ! puisqu'il en-

1 •Par exemple la non-incarcération pour de nombreux délits, la réduction des peines pour bonne conduite, la mise en liberté provisoire pour réadaptation à la liberté et au monde moderne…

traîna deux peines capitales. Alors que le soir s'assoupissait sur l'épaule de la nuit, la lune complaisante mettait le jour en veilleuse pour permettre aux humains de prendre quelque repos. Mais le diable en personne allait profiter du calme serein du soir pour inspirer un crime. Sa journée de service achevée, après cette longue et fort éprouvante poursuite ratée du fils de l'Empereur Pic, le gendarme Stephen Lawson rentra chez lui, embrassa sa femme et sa fille Pearl, à peine âgée de 9 ans, et suspendit à un clou sa veste d'uniforme et son pistolet de service. Soudain, Pearl l'appela :

— Papa, il y a une voiture dehors. Quelqu'un vient sans doute te voir.

Sans arme, Lawson sortit dans la cour. Des coups de feu éclatèrent aussitôt, provenant de deux silhouettes tassées dans une McLaughlin. Le policier fit rapidement demi-tour pour se réfugier chez lui afin de récupérer son arme. Mais le tir continua rageusement et Lawson ne parvint pas à se mettre à l'abri. Il tomba la face contre terre, raide mort. La puissante voiture noire démarra en trombe dans un long crissement de pneus, pour disparaître au plus vite comme un fantôme fugitif dans un nuage de poussière. Le sergent Scott fut immédiatement alerté par l'épouse de Lawson.

Scott interrogea la jeune Pearl qui avait été le premier témoin de l'assassinat. Elle raconta ce qu'elle avait vu : «Une dame, dans la voiture avait tiré des coups de feu sur son papa. Elle portait un béret amarante.» Scott se dirigea aussitôt vers l'hôtel du bandit où il procéda à l'arrestation de Lassandro, mécanicien de l'Empereur Pic. Après quoi, désireux de rassembler le plus de preuves possibles, il écuma longuement la ville pour localiser la McLaughlin, totalement introuvable ! Le gangster avait disparu comme un mirage cauchemardesque.

Au retour de cette quête presque infructueuse, un coup de téléphone lui apprit que, comme prévu, le jeune Stefano Picariello venait d'être arrêté et incarcéré en tentant de forcer le barrage-chicane de poutrelles, juste après avoir franchi la frontière de la province de Colombie-Britannique. Il transportait son gros chargement de whisky. La cargaison d'alcool et la McLaughlin avaient aussitôt été confisquées et légalement saisies. L'un des projectiles tirés par le policier Lawson au cours de la poursuite, avait touché Stefano à la main droite, sans gravité. Tout s'expliquait ! Le meurtre de Lawson n'était en fait qu'un acte de représailles des gangsters à l'annonce de cette blessure et de cette arrestation.

Mais qui était donc cette "*pistolera*" ; cette tireuse, à béret rouge-amarante. Picariello contrôlait trop ses nerfs et ses humeurs pour assassiner un policier. Il savait très bien que, dans la culture canadienne, la vie d'un policier est sacrosainte, car ceux d'Angleterre n'étaient autrefois jamais armés. Et même si les gendarmes canadiens étaient armés jusqu'aux dents, la coutume restait de les respecter ; partout au Canada, sauf au Québec où les Québécois, naturellement frondeurs et insoumis, les considéraient avec beaucoup plus de désinvolture.

En bon mafioso, Pic préférait utiliser, avec les forces de l'ordre, *la corruption* plutôt que les armes à feu. Il était bien trop roublard pour se mettre dans un pareil pétrin. Tout le monde avait même été très surpris qu'il ait pu trouver l'audace et l'imprudence de rétorquer à un policier : «Lawson a eu beaucoup de chance de ne pas tuer mon fils… je l'aurais tué de mes mains !» Fallait-il que le puissant arôme de son argent commençât à le griser et à troubler son discernement ! Cette pseudo "sagesse" avec les forces de l'ordre l'avaient souvent poussé à manquer de "droiture" avec les autres gangsters. Il mangeait à tous les râteliers. Comme précisé plus haut, il avait même servi d'indicateur à la Police provinciale de l'Alberta quelques années auparavant pour faire plonger un gang rival qui lui faisait concurrence. Il n'avait pas hésité à pousser la forfaiture jusqu'à transporter des policiers dans ses puissances voitures de contrebande pour aider les forces de l'ordre à épingler un autre gang. Tout compte fait, la police avait sans doute montré une trop grande tolérance à son égard… pour *services rendus*. La mansuétude de la Loi est néfaste avec les enfants gâtés de même qu'avec les gangsters !

Après un tel crime, la collaboration et la complicité bienveillante étaient définitivement rompues entre Picariello et les policiers locaux. Le Rubicon était franchi. La Police Provinciale de Colombie-Britannique et celle de l'Alberta dépêchèrent immédiatement en renfort des cavaliers et des véhicules pour mettre un terme à la carrière criminelle de ces malfaisants. La Police-Montée (fédérale) se joignit à eux. Les tueurs allaient cher payer leur crime, et pas plus tard que le jour même. Ceci prouve une fois de plus que le crime ne se développe que dans un terreau favorable : lorsque les autorités le tolèrent par mollesse ou vénalité.

Une souricière fut subrepticement tendue par le sergent Scott et le constable Moriarty autour du refuge des contrebandiers, le fameux hôtel-repère, aussi criblé de tunnels et de chambres secrètes qu'un fromage Emmental[1]. Vers 3h00 du matin, à une heure où les souris pensent que les chats dorment profondément, le ronronnement d'une McLaughlin annonça que les bandits regagnaient enfin leurs trous dans le fromage hôtelier.

— HALTE ! hurla Scott en agitant rageusement une lampe de la main gauche et un pistolet de la droite.

Le gros véhicule s'immobilisa. La lanterne éclaira le visage effrayé d'Alberto Dorenzo, un chauffeur de taxi de la région. C'était la voiture du crime.

— Sortez de cette voiture. Où l'avez-vous trouvée ? cria le sergent.

— Près d'une cabane après l'*Hôtel Cosmopolitain*[2] à Blairmore. J'ai pensé que je devais la ramener à son propriétaire.

Scott examina la voiture à la lumière de sa lampe. Une balle avait fendu le pare-brise, une autre avait cassé le compteur de vitesse avant de ricocher sur le bloc-moteur pour aller se ficher dans le plancher. Sur le siège avant, reposait une cartouche non explosée de calibre .32 automatique. Il nota

---

1 •Aussi nommé *Gruyère français*. Le Gruyère suisse n'a pas de trous, contrairement à l'opinion générale.

2 •Cet hôtel existe encore ; dans la vingtième Avenue.

sur le plancher un bouton de tissu vert. La plupart de ces constatations furent faites au lever du jour.

Dès que le soleil eut rendu ses couleurs au paysage, comme un peintre génial, Dorenzo dut conduire les policiers à l'endroit où il avait trouvé le véhicule des bandits. La voiture avait été dissimulée dans un sous-bois au fond d'une *coulée*, d'un talweg. Dans la mousse dense, Scott trouva la trace très nette d'une chaussure à talon haut. La jeune Pearl ne s'était donc pas trompée ; c'était bien une femme qui avait fait le coup. Scott se porta alors sur les lieux du crime et trouva 4 douilles de calibre .32 de marque Dominion, similaires à celle trouvée dans la voiture.

Il fallait désormais retrouver les tueurs. Avec le renfort d'autres fonctionnaires de police, une battue systématique fut organisée pour ratisser le secteur de la *coulée* dans laquelle avait été dissimulée la voiture. En fin de soirée, en pleine montagne, apparut enfin le visage hagard et apeuré de l'Empereur Pic, aussi lamentable que la tête de Sadam Hussein capturé par les Américains 80 ans plus tard.

— Je me rends, implora-t-il.

Toute arrogance avait disparu de son attitude. Il savait qu'un policier avait été assassiné et que désormais sa carrière criminelle était terminée, de même que... son séjour terrestre. Vraisemblablement !

— Haut-les-mains ! hurla, fou de rage, Bradner de la Police Provinciale.

Picariello se laissa désarmer sans la moindre résistance et demanda sur un ton doucereux :

— Dites-moi la vérité, mon fils Stefano… Il est mort ?

— Il a été légèrement touché à la main, aboya le policier.

Le visage du contrebandier sembla refléter le soulagement ; ou peut-être n'était ce que le spectre de la corde qui le plongeait dans l'appréhension et l'angoisse. Il s'aventura à demander à voix basse :

— Et le policier Lawson ?

— Il est mort ! rugit Bradner.

Le monde s'écroula pour le contrebandier. Le temps de la gloire et de la fortune était définitivement clos. Il accusa le coup par une grosse ride qui lui laboura instantanément le front. Enchaîné comme un forçat, il fut conduit sous bonne garde à la prison de Lethbridge en Alberta. En chemin, il révéla servilement que la mystérieuse femme au béret rouge-amarante n'était autre que Filumena Constazo *alias* Florence Lassandro, la femme de son mécanicien. Elle n'avait que 22 ans. Et, selon son mari, arrêté peu auparavant, elle se cachait sans doute à la Ferme des Dubois dont elle fréquentait l'épouse.

Les policiers se portèrent donc immédiatement à la Ferme Dubois où ils furent accueillis par une jeune femme mince aux longs cheveux. Elle était allongée sur un canapé *à la Récamier.* Florence tira une longue cigarette de ses lèvres pour inviter les policiers à s'asseoir. Elle n'avait pas encore réalisé que son amant, l'Empereur Pic, était tombé de son piédestal :

— Je suppose que vous savez pourquoi nous sommes ici, dit Scott.

— Je n'en ai pas la moindre idée, répondit Filumena-Florence, sans se démonter, en ouvrant de grands yeux pleins de faux étonnement.

— C'est au sujet du meurtre du constable Lawson, répondit Scott. N'ayez pas peur !

— Il est mort et je suis vivante, s'exclama-elle avec un rire cristallin où perçait la raillerie. Je n'ai vraiment pas de raison d'avoir peur ?

— C'est ça, oui ! C'est ce qu'on va voir ! Prenez vos affaires. Vous venez avec nous !

Elle alla dans la chambre et revint avec un manteau vert dont un bouton manquait, et... un béret amarante-rouge. Par ce geste, elle signait son arrêt de mort. Scott tira le bouton de tissu vert de sa poche et le compara au manteau. C'était le même tissu.

— Où l'avez-vous trouvé ? Je croyais que je l'avais perdu ! lança-t-elle en riant de plaisir.

— Vous l'aviez perdu ! lança Scott. Vous l'aviez perdu... dans la voiture avec laquelle les meurtriers ont assassiné Lawson !

Elle encaissa le coup avec une espèce d'indifférence ; une sorte de froideur apparente. Mais la crainte sous-jacente perça la surface de flegme quand elle s'écria, défensivement :

— Sergent, ça fait des années que vous nous harcelez ! Ne me dites pas que vous voulez me faire porter le chapeau pour ce meurtre !

Voulait-elle rejeter ses responsabilités sur la police ? Scott trouva son pistolet automatique chargé de cartouches de calibre 32 chez Madame Gibeau, une autre amie francophone de Filumena-Florence, dans une ferme voisine.

♦

Les procès de Filumena-Florence Lassandro et de l'Empereur Pic furent planifiés pour le 27 novembre 1922, au Palais de Justice de Calgary. Grande fut l'exaltation dans tout l'Ouest lorsqu'on apprit que les deux contrebandiers allaient être jugés pour l'assassinat du policier.

— Ces maudits immigrants papistes ; c'est vraiment de la racaille ! juraient les uns.

— Je te parie que ces truands vont encore s'en tirer en achetant la police et les juges ! rageaient les autres.

Le 27 novembre, le Palais de Justice de Calgary regorgeait de curieux. Dans le box des accusés, Pic regardait modestement le plancher. Florence, sans doute trop confiante dans la puissance de l'argent de son patron et amant, entra au Palais de Justice, tirée à quatre épingles, à la manière de Fanny Milgleys, la nouvelle starlette hollywoodienne qui venait de tourner *Le Jeune Rajah* avec Rudolph Valentino. Elle ébaucha un geste amical vers ses amies tassées en rangs serrés —moins serrés que d'habitude, pourtant— et leur lança d'une voix frivole :

— Ne vous inquiétez pas, mes amies. Je serai bientôt parmi vous !

Les débats commencèrent sans tarder. On apprit par les minutes du premier interrogatoire de Filumena-Florence, que Picariello avait reçu un coup de téléphone lui annonçant que son fils avait été abattu (shot) par une balle de Lawson. Que voulait dire ce mot "abattu" ? Tué ou blessé ? Convaincu que son fils avait cessé de vivre et possédé par une espèce de folie désespérée et par un reste de prétention d'être *au-dessus des lois*, il avait sauté au volant de sa voiture, pour retrouver Lawson au poste de Coleman et mettre sa promesse à exécution. La jeune femme qui ne le quittait jamais, ni le jour ni la nuit, siégeait à ses côtés, aussi furieuse que son maître, par mimétisme social et par allégeance hiérarchique ou romanesque.

— Où est mon fils ? avait hurlé Picariello.

— Je n'en sais rien ! avait répondu Lawson.

— Vous allez venir avec moi pour le trouver ! avait menacé l'Empereur Pic, ivre d'une colère totalement cabotine qui montrait que l'homme se laissait prendre lui-même à sa propre esbroufe.

Et voyant que le policier désarmé semblait ne pas vouloir obéir à son empereur et maître, Filumena-Florence s'était mise à tirer sur lui. Elle n'avait peut-être pas remarqué qu'il avait laissé son arme de poing à la maison, car, en cours d'enquête du Coroner, elle mentit en invoquant deux coups de feu tirés par la victime elle-même :

— C'est à ce moment-là que j'ai entendu deux détonations, inventa Filumena-Florence dans sa propre déposition. L'une des balles a éraflé ma jambe et l'autre a frappé le pare-brise. Pic et Lawson se battaient. J'ai pris peur et j'ai tiré une couple de cartouches *en l'air* mais ce n'est pas moi qui ai tiré sur Lawson !

Elle sortait à peine de l'adolescence et pensait se tirer d'affaire en niant simplement les faits, comme une écolière tricheuse prise à consulter une antisèche. Durant le procès d'Assises qui suivit, le policier Scott vint à la barre pour démontrer que tout cela n'était que le fruit de son imagination créatrice. Selon les trajectoires, tous les coups de feu provenaient de l'intérieur de la voiture. Il ajouta que les projectiles, retrouvés, provenaient du pistolet de Filumena-Florence. Pic n'avait pas tiré !

Un témoin, T.F. Brown de Blaimore, déclara qu'il avait entendu Picariello jurer qu'il ôterait la vie, sans hésiter et sans le moindre état d'âme, à tout policier qui tuerait son fils. Il se croyait encore dans les Serres montagneuses de Calabre où tout se réglait à l'ancienne mode : par la violence. Puis, après avoir exprimé ces horreurs, l'Empereur Pic avait embrassé son arme comme pour rendre grâce au "Vengeur", garant de l'*Honneur de la Famille* par la vendetta. Il aurait dû tourner sa langue sept fois dans sa bouche avant de proférer ces vantardises qui allaient le mener tout droit à la potence, alors que ce n'était pas lui qui avait tué le policier. Mais peut-être le gangster avait-il suggéré à sa maîtresse de punir elle-même le policier afin que lui-même ne risque pas cette terrible conséquence !

La petite Pearl Lawson, qui avait tristement assisté à l'assassinat de son cher papa, vint témoigner devant le jury de six personnes pour désigner la meurtrière :
— C'est cette dame-là qui a tiré sur mon papa ! affirma la gamine de neuf ans en pointant son petit index si fragile dans la direction de Filumena-Florence.

Directement incriminée, cette dernière fronça les sourcils et secoua la tête en guise de dénégation. Ce fut alors que le sergent Scott présenta le béret rouge-amarante de la tueuse, trouvé dans sa chambre. La jeune femme resta figée.

En dépit de toutes ces preuves de culpabilité qui s'accumulaient dangereusement sur sa jeune tête de bichon frisé, l'énergique Filumena-Florence reprit vite du poil de la bête. Elle s'appuya de toutes ses forces sur le précédent selon lequel les femmes n'étaient plus exécutées depuis vingt-cinq ans dans cette région, pour se forger un moral d'acier, au point qu'elle en arriva même à risquer quelques plaisanteries avec les gardiens sur l'invraisemblance de son exécution. En fait, elle devint si confiante qu'elle imagina —peut-être à l'instigation de l'Empereur Pic détrôné—, que si elle prenait entièrement le crime sur sa propre tête, personne ne serait exécuté ; elle, parce qu'elle était une femme, et lui parce qu'il n'était évidemment pas le tueur selon le témoignage même de la petite Pearl. Totalement innocenté —ou tout au moins insuffisamment incriminé pour mériter la peine de mort—, Picariello serait libéré après quelques tergiversations administratives, et il pourrait ainsi consacrer son immense fortune à corrompre les magistrats, les avocats, les politiciens si nécessaire, tous ceux qui étaient à vendre au sein de la hiérarchie sociale albertaine, c'est à dire tout le monde, car la jeune femme savait déjà que tout le monde a un prix. Grâce à cela, il ferait libérer cette amie si dévouée, légalement ou autrement. Fit-elle ce don d'elle-même par esprit de sacrifice, par calcul ou… par amour, puisqu'il était largement connu qu'elle accordait à l'Empereur Pic des privilèges particuliers sur sa propre libido, selon la tradition solidement établie chez les Parrains des mafias, chez les puissants et chez les riches qui obtiennent de telles faveurs et gratifications sans même en quémander ? Nul ne le sut avec une totale certitude ! Mais rien n'est absolument certain en ce monde imparfait.

La jeune femme finit donc par avouer avoir été derrière le pistolet qui avait tué le policier, mais elle chercha à édulcorer sa responsabilité : ce crime apparent n'était qu'un regrettable accident. Certes, le patron de son mari conduisait malencontreusement le véhicule, mais —conformément à un pacte non écrit—elle assura qu'il n'y était pour rien ! Absolument rien ! Il se trouvait là, oui, mais... par hasard ! Il ignorait totalement qu'elle allait tirer dans la direction du policier... pour l'effrayer, seulement ! Elle prit donc tout sur sa tête et commit l'imprudence capitale de signer sa confession de sa plus belle écriture.

Ce crime déclencha dans l'Ouest canadien tout entier un tsunami d'exaspération et de rage anti-italienne. Certes, les Italiens ne furent pas les seuls à passer dans la batteuse du racisme, car, avant eux, il y avait eu les Allemands, les Chinois, les East-Indians, sans parler des Amérindiens et des

Métis —conjointement avec les juifs qui, eux, tenaient pleinement leur rôle avec persévérance, depuis que le monde est monde. Puis ce furent les Japonais[1]. C'était une époque gangrenée et malsaine où le racisme le plus pervers colorait les attitudes de nombreux Albertains issus eux-mêmes de l'immigration. À travers les siècles et dans toutes les civilisations, la dernière vague d'immigrants a toujours polarisé les attaques des gens en place et des immigrants déjà parvenus, fort heureux d'écarter loin d'eux-mêmes la méchanceté et la bêtise humaine. Ce phénomène d'ostracisme ne fut pas concentré en Alberta. L'année 1920 vit l'irruption en territoire canadien d'une lèpre nauséabonde, le Ku Klux Klan. Pendant que la France pleurait ses millions de tués de la Grande Guerre, le Canada se couvrait d'un pullulement de cellules malsaines du KKK, prêtes à tout pour «écraser l'infâme papiste.» Ce fut dans le journal anglais *Daily Star* de Montréal, que le Klan américain dévoila son «programme» canadien : «Bien que nous soyons anti-juifs et anti-nègres, nos interventions ne se borneront pas à ces sectes ou couleurs.» À partir de 1924, les croix du Klan commencèrent à illuminer de leurs flammes infernales les nuits des Provinces-Maritimes, puis l'Ouest tout entier, afin d'effrayer ou de tuer tout ce qui était papiste et francophone[2]. Le *Test Act* avait été aboli au XIXe siècle, mais sa perversion subsistait dans les esprits car le *Surhomme* du Klan était représenté par *un Chevalier Blanc brandissant l'Union Jack,* de même que *le Chevalier Teutonique blanc à la sauce Nazie portait la swastika.* Les deux affichaient sans vergogne la croix chrétienne de Saint-Georges, sauf que l'une était *rouge* et l'autre *noire.* Où donc se cachait la non-violence de Jésus de Naza-

---

1 •Les Allemands au moment des Guerres mondiales, les Japonais au moment de la Guerre du Pacifique, les Chinois au début du siècle (ils furent contraints de payer une taxe spéciale, et furent interdits d'immigration au Canada par une loi de 1923). Les East-Indians au début du siècle, quoiqu'ils fussent "britanniques", un vaisseau d'immigrants resta bloqué de longs mois à l'ancre, au large de Vancouver, soumis à un refus de débarquer du Gouvernement. Ils furent les premiers boat-peoples. Quant aux handicapés canadiens, ils furent stérilisés par les autorités de Colombie-Britannique et d'Alberta.

2 •En 1922, le Klan incendia le Collège de Saint-Boniface au Manitoba, parce qu'il était francophone et catholique. Une dizaine d'étudiants furent brûlés vifs. Ce fut en Alberta (en 1928) et en Colombie-Britannique (en 1933) que le *Sexual Sterilisation Act* permit de stériliser les handicapés et les malades mentaux. Hitler n'eut qu'à prendre modèle.

reth[1] ?

D'ailleurs, dans ce procès de Filumena-Florence, l'avocat écossais de la défense, John McKinley Cameron, exhorta longuement les jurés afin qu'ils fassent abstraction de la xénophobie ambiante dans les difficiles délibérations qu'ils devaient mener à bien afin de ne pas violer Dame Justice.

La foule qui piétinait d'impatience devant la salle d'audience trop exiguë du Palais de Justice de Calgary, grondait de colère, en proie à une telle surexcitation, à une telle violence verbale et même physique, qu'un acquittement aurait très certainement déclenché une émeute sanglante. Heureusement pour les policiers chargés du maintien de l'ordre, fort inquiets, qui craignaient de devoir contenir ou mater la furie populacière, une rumeur courut soudain selon laquelle les deux verdicts étaient tombés : les *deux prévenus étaient déclarés coupables.* La rumeur fut bientôt avérée et l'agitation ne dégénéra pas. L'héroïque (ou audacieuse) tactique de Filumena-Florence avait fait *long feu.* Elle avait joué sa propre existence à la roulette russe pour sauver celle de son maître, et elle avait tout perdu.

Alors, le juge Walsh condamna sans surprise les co-accusés à mourir par pendaison pour payer leur dette à la Justice, selon la très archaïque Loi biblique du talion, *œil pour œil, dent pour dent*, la mort pour la mort[2]. Tous deux seraient exécutés le 21 février 1923 au pénitencier de *Fort Saskatchewan*, à 20 km au Nord-Est d'Edmonton. À l'annonce de la sentence, Filumena-Florence s'évanouit soudainement et s'écroula sur le sol avec fracas, tandis que l'Empereur Pic, les jambes tremblantes, fut ramené en cellule. Ah ! Il était loin le temps où il narguait les policiers "qui gagnaient en un

---

1 •Non violence qui transpirait de sa fameuse phrase : "*Si l'on vous frappe sur une joue, tendez l'autre !*"

2 •La loi juive du talion (du latin talis : tel, similaire) permettait la vengeance à condition qu'elle fut équivalente. Aujourd'hui, la loi du talion (ou légitime défense) n'entraîne une riposte égale que pour sauvegarder la sécurité de la victime. La vengeance est interdite après coup. La Charia islamique pour sa part accorde à la famille de la victime une triple alternative : 1-le pardon. 2-l'application du talion. 3-un dédommagement financier. Celui qui choisit l'un doit renoncer aux autres.

an autant que lui en une seule journée[1]."

♦

Le temps pervers fuyait comme le vent d'hiver. Lui qui s'attarde et flâne avec délice dans les fanges du Malheur, se hâte de franchir au plus vite les roseraies du Bonheur. On arriva ainsi à une semaine de la double exécution. Un juge en confirma la date. Heureusement, Filumena-Florence était persuadée qu'un miracle allait se produire à l'ultime seconde afin de sauver *l'Aimée de Dieu*[2]. Toutefois, elle regardait avec appréhension les derniers grains de sable du Grand Sablier de son Existence qui s'écoulaient avec une cruelle indifférence. Partout au Canada, les Mouvements féministes multipliaient les pétitions auprès du *Ministère de la Justice* dans le but d'épargner la tête de la jeune femme. Filumena-Florence était une femme, une Génitrice dont *l'Origine du Monde* du peintre Gustave Courbet symbolisait bien le rôle essentiel. Et pour cette seule raison, la Loi du talion n'avait pas à lui être appliquée. Filumena devait survivre. Pourtant, même si le *Ministère de la Justice* est le seul à porter le nom d'une Vertu cardinale[3], Lomer Gouin, l'homme qui chevauchait ce ministère, ne montra à son égard aucune bienveillance particulière[4]. Malgré cette indifférence apparente, partout au Canada et spécialement dans l'Ouest, la plupart des colons admirèrent l'esprit d'abnégation de la jeune femme qui s'était sacrifiée pour sauver la tête de celui que tout le monde considérait comme le véritable assassin du policier, la tête pensante. Malheureusement, toutes les Madonnes d'Italie du Sud semblaient avoir l'esprit ailleurs. La *Madonne de Polsi* semblait distraite par la mafia *Ndrangheta* calabraise qui rackettait la région depuis le plus lointain Em-

---

1 •Comme le fit d'ailleurs l'ancien chanteur Dick River dans sa lointaine jeunesse arrogante.

2 •*Filumena* signifie *Aimée de l'Esprit*, en grec.

3 •Les quatre *Vertus cardinales* sont : la Prudence, la Justice, la Tempérance et le Courage.

4 •Lomer Gouin fut ministre de la Justice du Canada de décembre 1921 à janvier 1924, sous le gouvernement du Premier ministre William Lyon Mackenzie-King.

pire romain[1]. La *Madonna delle Lacrima di Siracusa* était trop occupée à pleurer ses larmes humaines, quant à la *Madonna della Bruna*, Dieu seul savait ce qui la distrayait. Aucun secours divin n'arriva ! En ces derniers jours d'avril, les chemins d'Ottawa restèrent vides de tout Messager d'Espoir ; seule *l'herbe verdoyait et le soleil poudroyait désespérément*, comme dans le conte de Barbe-Bleue.

Le 1er mai 1923, 24 heures avant la date de l'exécution de la sentence, il n'y avait aucune nouvelle positive, aucun espoir de Clémence ou de commutation, ni du Ciel, ni des hommes.

♦

Le soleil du 2 mai refusa de se lever ce matin-là, car Filumena-Florence allait mourir en compagnie de son amant. Le ciel était nuageux, sombre et angoissant. Cela faisait deux mois et demi qu'ils avaient été condamnés à mort à Calgary et l'exécution devait avoir lieu à Fort-Saskatchewan, une prison située à 20 km au Nord-Est d'Edmonton. Fort loin des zones d'habitation, cette geôle n'était pas propice aux émeutes, fomentées soit par les racistes, soit par les opposants à la mise à mort d'une femme.

L'exécution fut ainsi décrite dans le journal *Calgary Herald* du 3 mai 1923 : «Le 2 mai 1923. À l'intérieur des murs infranchissables de la prison, ici, dans l'aube lugubre, sous les nuages bas qui couraient à toute allure à travers le ciel larmoyant du matin, Mary Florence Lassandro a suivi aujourd'hui Emilio Picariello sur l'échafaud. Le soleil s'était à peine montré au-dessus de l'horizon que fut écrit l'ultime chapitre de cette fatale tragédie albertaine de la contrebande. Ainsi la Loi a enfin été vengée pour la mort de son représen-

1 •Cette région très isolée avait été peuplée par les premiers chrétiens fugitifs qui craignaient les Romains. Une partie de ces paysans avaient fini par s'enrichir dans cette région. Ils avaient formé une espèce d'aristocratie agraire qui avait donné naissance à la Ndrangheta. *La Madonne de Polsi,* vénérée dans le sanctuaire de Polsi à San Luca est aussi appelée la *Vierge de la Montagne.* Or San Luca est la capitale de la *Ndrangheta* calabraise, la mafia qui écume le sud de la Botte italienne. Le nom Ndrangheta vient du grec *andragathos* = homme noble ou de bonne naissance - ἀνήρ, ἀνδρός = homme adulte par opposition à enfant + ἀγαθὸς = bon, de bonne qualité. Comme précisé, cette région montagneuse fut au temps des Romains un refuge de chrétiens pourchassés.

tant, le constable Steve Lawson, survenue en septembre dernier à Coleman. L'aube venait juste de commencer à éclaircir l'horizon oriental, quand le petit groupe solennel d'officiels de la prison s'est approché de la cellule des condamnés à mort où Picariello avait été incarcéré durant les quatre derniers mois. La porte a grincé pour la dernière fois sur ses gonds, et le prisonnier en est sorti sans espoir d'y retourner. Précédé par le gardien-chef Griggs et le shérif Rae accompagné de trois gardiens, et suivi par le père Fidélis, moine franciscain et curé de la petite église paroissiale catholique des lieux, Picariello a marché *d'un pas ferme* vers l'échafaud. Lorsque le bourreau Wakefield s'est avancé vers lui pour lui passer la cagoule noire, Picariello s'est récrié :

— Éloignez cette abominable chose. Je peux faire face à ce qui va m'arriver en gardant les yeux ouverts.

Il lui fut expliqué que la loi exigeait que la cagoule noire soit en place sur la tête du condamné, mais la requête fut encore refusée.

— Vous pendez un innocent ! Que Dieu me vienne en aide, ajouta Picariello, en prenant place au centre de la trappe. Il était précisément 5h15.

Dix minutes après, le corps fut enlevé. Dans l'heure même Madame Filumena-Florence Lassandro suivit Picariello sur l'échafaud. Elle avait passé la nuit en prière avec un prêtre. Elle refusa son petit-déjeuner, ce qui fit grand contraste avec les œufs au bacon, les tartines de beurre et le café de Picariello, juste avant de mourir. D'un pas ferme et déterminé, Filumena-Florence Lassandro commença sa longue marche qui la mena du bâtiment des femmes, à travers la cour de la prison, jusqu'à la porte de l'Éternité. Elle hésita un instant en atteignant le triste échafaud. Le chant modulé d'un moineau déversa ses notes soudaines et saisissantes dans le matin lugubre, comme une lueur d'espoir.

— Pourquoi me pendent-ils alors que je n'ai rien fait ? demanda-t-elle au petit groupe qui se tenait immobile au pied de l'échafaud... N'y a-t-il personne ici qui ait la moindre sympathie pour moi ? ... Je pardonne à tout le monde.

Onze minutes après, fut emporté le corps de la seule femme blanche pendue par Décision de Justice en Alberta.» Le journaliste ne précisa pas s'il y eut des femmes *non-blanches*.

♦

Les deux condamnés moururent avec courage et dignité ; même Picariello qui, d'un point de vue strictement légal, n'aurait pas dû mourir sur la potence puisque ce n'était pas lui qui tenait l'arme à feu. Il affronta la mort comme un vrai centurion romain. En fait, il ne fut pendu que pour justifier la mort de Filumena-Florence. S'il ne l'avait pas été, la femme seule n'aurait jamais pu être exécutée.

En lisant le document officiel de statistique criminelle —celui, précisément, d'Emilio Picariello situé en dernière page du présent chapitre—, on peut voir que, en dépit de l'abolition du Test Act par Georges IV dans tout l'Empire, la coutume restait dans l'Administration de signaler la religion afin d'en tenir compte dans les décisions. Ainsi un catholique, candidat à l'université pouvait se voir refuser par l'administration d'Angleterre. Pour ce qui fut de Filumena-Florence, des mouvements culturels italo-canado-féministes condamnèrent radicalement son exécution; et, pour bien stigmatiser ce que les femmes considèrent comme une injustice, elles produisirent un opéra précisément nommé *Filumena*. Cet opéra canadien –créé par John Estacio, libretto[1] de John Murrell–, s'ouvrit au *Centre des Arts de Banff*, à l'occasion du Festival d'été de cette ville, lors de la saison artistique 2002-2003. Ce ne fut pas un succès éclatant !

Ainsi mourut Filumena-Florence Lassandro pour avoir cru qu'elle était vraiment la maîtresse d'un empereur au-dessus des lois.

Curieusement, la seule injustice dans cette exécution fut la mort de l'Empereur Pic lui-même, car il n'avait tué personne.

---

1 •Libretto = Texte.

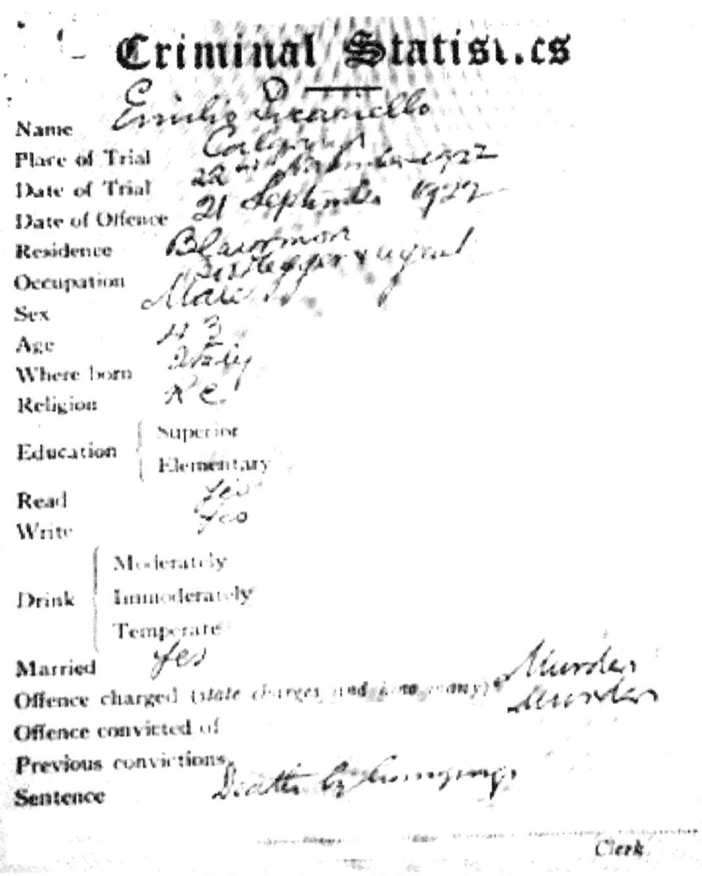

Criminal Statistics

Name Emilio Picariello
Place of Trial Calgary
Date of Trial 22nd November 1922
Date of Offence 21 September 1922
Residence Blairmore
Occupation
Sex Male
Age 43
Where born Italy
Religion R.C.
Education Superior / Elementary
Read Yes
Write Yes
Drink Moderately / Immoderately / Temperate
Married Yes
Offence charged (state charges ...) Murder
Offence convicted of Murder
Previous convictions
Sentence Death by hanging

Clerk

Fiche signalétique d'Emilio Picariello.

On peut voir que la religion est mentionnée : RC (Roman Catholic) Source : Archives Nationales.

(Ottawa)

SOURCES BIBLIOGRAPHIQUES GÉNÉRALES

♦Acoca, L. & Austin, J. 1996. *The Crisis: Women in Prison.* Women Offender Sentencing Study. San Francisco, CA. ♦Anderson. *A, Dance with Death* de Franck W.

♦Archives nationales - (Ottawa) - Dossier RG 13, vol. 1592, vol. 1593, dossier CC422; 1934-1935. Tommasina Teolis.

♦Archives nationales - (Ottawa) - Dossier RG 13, vol. 1410, dossier 64A; 1873, 1940. Elizabeth Workman.

♦Archives nationales - (Ottawa) - Dossier RG 13, vol. 1598, vol.1599, dossier CC437; 1935. Elizabeth Ann Tilford.

♦Archives nationales (Ottawa) - Dossier RG 13, dossier 316A. Emily Hilda Blake.

♦Archives nationales -(Ottawa) - Dossier RG 13, vol 1616, vol. 1617, dossier CC491, 1936-1944. Marie-Louise Cloutier.

♦Archives nationales (Ottawa) - Dossier RG 13, vol. 1409, dossier 47A; 1872-1898. Phoebe Campbell.

♦Archives nationales (Ottawa) - Dossier RG 13, vol. 1435, 1436, 1437, dossier 304A; 1899-1958. Cordélia Viau.

♦Archives nationales -(Ottawa) - Dossier RG 13, vol. 1555, Dossier CC304; 1929. Marie Beaulne.

♦Archives nationales -(Ottawa) - Dossier RG 13, vol. 1659, Dossier CC610, 1946-1947. Elizabeth Popovitch.

♦Archives nationales (Ottawa) - Dossier RG 13, vol. 1695, 1696, Dossier CC719; 1951-1953. Marguerite Ruest.

♦Austin, J., L. Chan et W. Elms. 1993. *Indiana Department of Corrections Women Classification Study.* San Francisco, CA: NCCD.

♦Beaudry, David-Hercule, 1822-1876. *Précis historique de l'exécution de Jean-Baptiste Desforges et de Marie-Anne Crispin, veuve Jean-Baptiste Gobier dit Be-lisle* [microform] : meurtriers de Catherine Prévost, femme d'Antoine Desforges, 25 juin 1858 / par Hercule Beaudry. Publié à Montréal, s.n., 1858.

♦Bibliothèque nationale (Ottawa) - Dossier fichier CIHM, fiche 29 599. Mary Aylward.

♦Blackburn, Robin, *The Making of New Word Slavery*, 1492-1800, London, 1997.

♦Boissery, Beverley, & Greenwood, Frank Murray, Frank, Uncertain Justice (en ligne).

♦Boyko, John, *Last Steps of Freedom*, J. Gordon Shillingford, Toronto, 1998.

♦Brennan, T. & Austin, J. 1997. *Women in Jail: Classification Issues.* Washington DC: US Department of Justice National Institute of Corrections. Canada. 2003.

♦Brennan, T. 1998. "Institutional Classification for Females: Problems and some Proposals for Reform." In *Female Offenders: Critical Perspectives and Effective Interventions* sous la direction de R.T. Zaplin. Gaithersburg, MD: Aspen Publishers Inc.

♦Cooper, Afua, *The Hanging of Angélique*, Harper Collins Publishers Ltd, Toronto, 2006.

♦Dansereau, Dollard, *Causes célèbres du Québec*, Éditions Leméac, Montréal, 1974.

♦De Oliveira Marques, A.H., *History of Portugal*, Columbia University Press, New York, 1972.
♦Duguay, Roger, *L'échafaud : J'ai vu les dernières pendaisons à la prison de Bordeaux*, Québécor, Montréal, 1979.
♦Fichier CIHM - fiche N°29599 - *The Aywards and Their Orphans; Unjust hanging of Prisoners at Belleville C.W. Trial for Murder and Proof of their innocence; A full Report of all the Facts for Public Information and to Call fort Sympathy for the Orphans*. Printed by LP Normand St-Roch.
♦Gadoury, L. et A. Lechasseur (1992) *Les condamnés à la peine de mort au Canada, 1867-1976*; un répertoire des dossiers individuels conservés dans les archives du Ministère de la Justice, Ottawa.
♦Godsell, Philip H., *Outlaws & Lawmen of Western Canada*, Volume 3, ISBN 0-919214-88-6
♦Green, Joyce, article intitulé *Towards a Detente with History : Confronting Canadas's Colonial Legacy*, in International Journal of canadian Studies 12 (Automne) : pp.85-105.
♦Greenwood F. Murray & Boissery Beverley, *Uncertain Justice : Canadian Women and Capital Punishment 1754-1953*, Dundern Press, Toronto, 2000.
♦Hannah-Moffat, K. & Shaw, M.. 2001. *Taking Risks: Incorporating Gender and Culture into Classification and Assessment of Federally Sentenced Women*, Ottawa, Canada: Condition féminine Women Canada.
♦Hannah-Moffat, K. 1999. "*Moral Agent or Actuarial Subject: Risk and Canadian Women's Imprisonment.*" Theoretical Criminology 3.
♦Hannah-Moffat, K. 2000. "Reforming the Prison, Rethinking Our Ideals." Publié dans *An Ideal Prison? Critical Essays On Women's Imprisonment in Canada* sous la direction de K. Hannah-Moffat et M. Shaw.Halifax, Canada: Fernwood Publishing.
♦Johnson, Mat. *The Great Negro Plot, A Tale of Conspiracy and Murder in Eighteenth Century New York*, Bloomsbury (USA), 2007.
♦Journal The Globe du 17 décembre 1935
♦Journaux : *The Newfoundlander, The Royal Gazette* (de Terre-Neuve), et *The Newfoundland Advertiser* qui reproduisent une grande partie de l'information sur le dossier de Catherine Mandeville peuvent être trouvés sous forme de microfilms dans la Salle de la Division des Archives Provinciales de Terre-Neuve.
♦Kelley, Thomas, *Famous Canadian Crimes*, Collins White Circle, Toronto 1949.
♦Kidman, *John, The Canadian Prisons*, The Story of a Tragedy, The Ryerson Press, Toronto, 1947.
♦Krauter, Joseph, F., & Davis, Morris, *Minority Canadians : Ethnic Groups*, Methuen, Toronto, 1978.
♦Lampkin, Lorna, *Visible Minorities in Canada*, in Rosalie Silberman Abella (maison d`édition), Research Studies of the Commission on Equity in Employment, Supply and Services Canada, Ottawa, 1985.
♦Le Bris, Michel, *préface de Confession d'un négrier*, de Théodore Canot, Phébus Libretto, Paris, 1989.
♦Malet, Albert, & Isaac, Jules, *Histoire romaine*, Hachette, Paris, 1923.
♦Malet, Albert, & Isaac, Jules, *L'Orient et la Grèce*, Hachette, Paris, 1924.
♦McCarthy, M. J. "The Irish in Early Newfoundland", *Newfoundland Quarterly*

83:43–48 (1988)
♦Mensah, Joseph, *Black Canadians; history, experiences, social conditions*, Fernwood Publishing, Halifax, 2002.
♦Mitchell, Tom & Kramer, Reinhold, Walk Towards the Gallows : *The Tragedy of Hilda Blake, Hanged 1899*, Oxford University Press, Oxford, 2002.
♦Murphy, Angela, *Canadian Crimes & Capers, A Rogue's Gallery of Notorious Escapades*, Folklore Publishing, Toronto, 2004.
♦Prebble, John, *The Highland Clearances*, Martin Secker & Warburg Ltd, Londres, 1963.
♦*Rapport du vérificateur général du Canada à la Chambre des communes - Chapitre 4 Service correctionnel du Canada, la réinsertion sociale des femmes.* Ottawa, Canada: Bureau du vérificateur général.
♦Singh B. Bolaria & Peter S. Li, *Racial Oppression in Canada*, Garamond, Toronto, 1998.
♦Sur la toile : *Canadian Journal of Law and Society* 20.1 (2005) 171-192 Copyright © 2005 The Canadian Law and Society Association. All rights reserved. *Justice Not Done : The Hanging of Elizabeth Workman Scott M. Gaffield*
♦Strowbridge, Nellie P., *Catherine Snow,* Flanker Press, Saint-Jean de Terre-Neuve, 2009.
♦Trudel, Marcel, *Dictionnaire des esclaves et de leurs propriétaires au Canada*, Hurtubise, Ville-La-Salle, 1990.
♦Trudel, Marcel, *L'esclavage au Canada français*. PUL, Québec, 1960.
♦Walker, James, W., *A History of Blacks in Canada*, Minister of State and Multiculturalism, Ottawa, 1980.
♦Winks, Jack, *The Blacks in Canada* : *A History*, Yale University Press, New Haven and London, 1971.
♦Anderson, Frank, W. *A Dance with Death: Canadian Women on the Gallows 1754-1954*, Fifth House Publishers,
♦Hustak, Alan, *They Were Hanged*, James Lorimer & Company, Formac Pub Co Ltd., Halifax, 1987.
♦Jones, James Edmund, *Pioneer Crimes and Punishments in Toronto and Home District*, Éditeur G.N. Morang, Toronto, 1924.
♦The Aylwards and their Orphans, Printed by L.P. Normand, Quebec, 1868.

L'Empereur Pic au moment du crime (Archives Nationales)

Table des matières du Tome I

Table des matières du Tome II

www.ingramcontent.com/pod-product-compliance
Ingram Content Group UK Ltd.
Pitfield, Milton Keynes, MK11 3LW, UK
UKHW040602210726
13854UKWH00008B/1832

9 782921 668439